U0622310

Sixiang De
Gongxiang Yu Chuangxin

徐修德 著
XU XIU—DE

思想的共享
与创新

知识管理与创新的关系研究

本书系国家社科基金研究项目、教育部人文社
会科学研究项目，并得到青岛大学学术著作出
版基金的部分资助。

人民出版社

目　　录

中篇：理论篇

下篇：实践篇

语言开智（代序）

　　嘴是用来吃饭与说话的，一个连着胃，是动物的通有能力，一个连着脑，是人的特有能力，只吃不说是饭桶，嘴的功能只发挥了一半，而且是起码的一半，不是高级的一半。鸟语不是语，仅仅传达本能信息，而人的语言开智，使万物灵长的精神生动起来。说话放大了说者，进到别人的理解中，"小我"成了"大我"，这是社会化过程。孩子从学说话开始学做人，人类也一样，会说话了，野生动物就成了文明人类。高考应该只测语文与数学，一个是文字，一个是数字，都是"字"（亦即符号——更抽象的语言），前者训练右脑，后者训练左脑，足够丰富了。德国哲学家黑格尔认为，语言之外的世界对于人是"有之非有"，"存在着的无"。有了语言，"有"就变为"现实"，没有语言，"有"依然为"纯在"，不是意义天地。语言既是世界的积极界限——指向社会发展，也是消极界限——指向普通生活。

　　某领导离不得秘书，那"笔杆子"考虑得很周到，为了让上司省心，有时在发言稿上标明"念到此处停一停，此处可能有掌声"，我问，"如若此处无掌声，那该怎么办?"他诡秘地笑道，"请再停一停。"人能说，就成了精灵，语言退化了，思想也会生锈，便成了庸者。说的质量高，就有话语权，质量低，占据话语位置也不等于有话语权，因为没人听，或者敷衍着听。孔子教书"不悱不发"，"悱"就是学生想说又说不出来的当口，这是教师点石成金的最好时机。语言即思想。说的智慧是心的智慧，智慧地说升华了说者之思。浙江大学的郑强教授对双语教学不以为然，他认为精深内容用母语描述才透彻，外语外行，不论他的看法是否正确，述说深度确实值得重视。为了口头表达，我们需要整理思想，为了书面表达，我们需要缜密地整理思想，这是两级深化。《左传·襄公二十四年》记载了叔孙豹的"三不朽"："太上有立德，其次有立功，其次有立言。"操守、业绩与著述被胡适先生概括为"三 W"（worth work words）。立言传世，是最高成就，有沉淀价值的文章，通向大智慧，尽管有时言不尽意——那是元智慧。

徐修德教授的著作指出，人类的认识能力一直慢条斯理进化着，到了十六、十七世纪突然加速，"人类从那时开始变得更聪明了"。社会经济、科学技术、传播媒介三条发展曲线惊人地相似，语言使知识共享成为可能，传播使知识共享成为广泛的可能，交流提升了每个人的能力，知识管理使人力资源充分地进入社会，个人本领有机会成为大宗公共价值。语言靠嘴，嘴是肉的，写作靠字，字是笔画的，电脑靠波，波是物理的，符号运动摆脱了实物传播的局限，离人越远，离人的创造性就越近。在符号学家看来，我们所处的不是"讲述话语"的时代，而是"话语讲述"时代，不是"人在说话"，而是"话在说人"，语言不但表达生活，还制造生活，媒体赞叹：超女多好，姑娘们便照着活过去了，即使爹娘看不惯时尚的浮躁，也白生气，"形象大于本质"。美元作为符号，也是财富语言，高速印钞机所描绘的世界与真实产生了距离，泡沫孕育了危机。充满创造奇幻的符号是天使，也是魔鬼，失去理智，就会错乱。

徐修德教授关注尚未编码的隐性知识，它们是潜在的显性知识。真隐智慧可意会，不可言传，拒绝编码，是灵性的元气之聚，靠悟性，不靠理性。《庄子》中有这样一个故事，某日，齐桓公在堂上读书，堂下削制车轮的轮扁问，"您读的是什么书？""圣人的书。""圣人还活着吗？""已经死了。""那么，您读的是垃圾。"桓公大怒，一个小小的工匠竟敢亵渎圣人之言，还把我这春秋五霸之首看得如此愚蠢，真是活腻歪了，便喝令他讲出道理，否则杀头。轮扁说，自己做榫眼松紧适宜，功夫在手上，诀窍在心里，始终说不清楚，无法传授给儿子，所以七十多岁了还这样辛劳。好东西随身而动，人死了，玩意儿也就跟着走了，真经随圣人驾鹤西去，后人读的自然是他们排出体外的渣滓，庄子的故事到此结束，没说轮扁的命运，我想爱才的齐桓公不会动凶念的，因为轮扁是难得的聪明人，他用语言表达了语言的局限，同时展示了语言的精彩。

中国的文化语言发达，科学语言不发达，科学语言由简见繁，文化语言由繁见丰。反应到文字上，象形文字的优点就是缺点，强于描述，弱于分析。语言学家王力先生认为先秦无"系词"，如果他的判断是正确的，汉语在根上就忽略"定义"，而"界定"是科学逻辑的基础。现代汉语向西语学习，开始周全了，但是创建活力依然不如拼音文字，英语前后缀的巧变就会生出新词，而且自成系统。如今，有的权威人士提议恢复繁体汉字，真不嫌麻烦，让国人活得简单点儿多好。我们要朝后看，也要朝前看，深沉地朝后看是为了朝前看时更有张力。电脑的原生符号只有两个——0 与 1，但是可以幻化出无限的音响与画面世界。简化即优化。"不折腾"真是好主张。

徐宏力

2009 年 6 月 2 日于青岛大学

导　言

1. 问题的提出

创新的源泉在于继承和借鉴他人的思想，创新的源泉在于与他人沟通和交流思想。

继承和借鉴他人的思想需要符号工具，我们之所以能"站在巨人的肩膀上"，得益于我们人类创造并掌握了符号。人类之所以比动物更聪明在于人类之间可以共享思想，人类之所以可以共享思想得益于人类创造和使用符号（主要是语言，包括口头语言和书面语言）。利用符号，人类既可以跨越历史，以共享我们前人的思想，也可以跨越地域，共享来自其他国家和民族的智慧。

德国哲学家卡西尔认为：符号是人的本性之提示。因为有了符号，"人不再单纯生活在一个单纯的物理宇宙之中，而是生活在一个符号宇宙之中。语言、神话、艺术和宗教则是这个符号宇宙的各部分，它们是组成符号之网的不同丝线，是人类经验的交织之网。人类在思想和经验之中取得的一切进步都使这个符号之网更为精巧和牢固。"①据此，卡西尔把人定义为符号的动物（animal symbolicum），以取代把人定义为理性的动物。在卡西尔看来，"符号思维和符号活动是人类生活中最富有代表性的特征，并且人类文化的全部发展都依赖于这种条件"②。

人类最主要的符号形式是语言。关于语言的起源，恩格斯认为：劳动创造了人本身。"首先是劳动，然后是语言和劳动一起，成了两个最主要的推动力，在它们的影响下，猿的脑髓就逐渐地变成人的脑髓。"从某种意义上说，人类创造了符号，符号也创造了人类。说人类创造了符号，是说人类在劳动中，彼此间协作的场合增多了，"这些正在形成中的人，已经到了彼此间有些什么非说不可的地步了"③，因此，人类创造了语言。另一方面，语言的使用又促进了人类的进化。首先，语言的使用促进了人发音器官的进化。比较类人猿和现代人的发音器官可知，类人猿的口腔和喉管基本呈直线状态，喉头直接突入口腔。除了现代人之外，所有哺乳动物的喉部都位于喉咙的高处，因而在能呼吸和饮水的同时，限制了发音功能。人类通过创造和使用语言促进了发音器官的进化。其次，语言的使用促进了大脑机能的进化。解剖学的研究结果表明：人的语言能力需要大脑的颞叶、顶叶、额叶，甚至枕叶的协调活动才能发挥功效。语言的使用促进了人类大脑语言中枢的形成和发展。还有，人类的劳动是一种相互协调合作的劳动，劳动具有社会性，劳动的这种社会性也促进了人类思维的发展和人脑的进化。

许多动物也具有非常高的智慧。蜜蜂建造蜂巢的技术足以使每个建筑学家为之赞叹，猴子在人的调教下可以学会骑自行车、

---

① ［德］恩斯特·卡西尔著：《人论》，上海译文出版社 1985 年 12 月版，第 33 页。

② ［德］恩斯特·卡西尔著：《人论》，上海译文出版社 1985 年 12 月版，第 8 页。

③ ［德］恩格斯著：《马克思恩格斯选集》第 3 卷，人民出版社 1995 年版，第 510—511 页。

耍杂技等技能，草原上田鼠建造的巢穴其通风系统足以与高明的建筑师相媲美，狗、老鼠等动物经过训练会形成条件反射，这说明这些动物是可以驯化的。然而，动物的这些技能除因其本能的因素而能够传给下一代之外，其后天习得的知识很难准确地传给其他地域的同伴或下一代，更不用说隔代相传了。动物之间没有真正意义的语言，它们之间的沟通是有限的，动物只能通过叫声、气味等自然的信号系统进行有限的沟通，动物不能人工创造符号。因此，动物的知识得不到积累，也得不到广泛传播。动物的进化是为了适应自然环境而产生的自然进化，也仅仅是自然进化而已。所以，只有人才是这个星球上的主宰。与动物不同，人类不仅能自如地运用口头语言，还创造了书面语言，人是世界上唯一能够创造和利用人工书面符号的生物。正因为人类掌握和使用书面语言，人们才得以超越时间和空间的局限共享全人类的思想。

人类进化的历史可以追溯到几千万年以前。森林古猿是现代猿和人的直接祖先，距今约 3000 万到 1200 万年前，它们活跃于相当广阔的地区，拉玛古猿存活于距今 1200 万到 1400 万年之前，它们都是四肢行走，拉玛古猿的牙齿与原始人类相近。距今 800 万到 400 万年之前的猿人化石几乎是一片空白，当 400 万年前的猿人的化石被发现时，猿人的骨骼肌肉系统已经几乎完全适用于两足行走。20 世纪 50 年代在非洲东部和南部出土的一系列化石证明，生活在 250 万年前的能人是最先使用人工打制石器的原始人类。一般认为口头语言在 3.5 万年前基本形成，书面语言的形成距今已有 5000 多年的历史，自人类创造语言文字以后，人类进化的历程大大加快了。人类创造和使用文字仅仅只有 5000 多年的历史，5000 多年相对于人开始学会制造工具的 250 万年只是短短的瞬间，然而，就是在这短短的瞬间，人类创造了比以往漫长进化过程中多得多的文明。因此，我们有理由这样认为：因为有了语言和文字，人类思想的沟通更加频繁，人类的知识和经验得以跨越时空进行传播，因此，人类的创造能力有了明显的提高，创新速度明显地加快，特别是印刷术的出现以及后来电子传播媒介的诞生，使人类创新的脚步进一步加快。语言和文字都是传播思想的媒介，加拿大学者马歇尔·麦克卢汉把交通工具也纳为媒介加以研究。麦克卢汉认为：媒介是人的延伸。任何一种新的发明和技术都是新的媒介，都是人的肢体或中枢神经系统的延伸，都将反过来影响人的生活、思维和历史进程。"比如轮子，它是脚的延伸，文字与货币媒介加速交换过程……电力技术到来之后，人延伸出（或者说在体外建立了）一个活生生的神经中枢系统的模式"①。如果我们回头看一下人类自己的历史，我们会发现：每一次传播媒介的变革都带来了人类创新的飞跃，对促进创新起到了重要的推动作用。书面语言的产生，促使人类告别了石器时代，进入铜器和铁器文明；轮子的发明和使用，促进了人类的交往和文化的传播；印刷机的发明促进了人类知识、思想的共享；蒸汽动力的应用以及电能的开发，极大地促进了人类改造自然的能力，极大地促进了生产力的发展。计算机以及互联网的普及，把人类变成了一个"地球村"，使知识得以在瞬间传遍世界。

美国学者法里德·扎米利亚认为：知识的传播是我们这个时代的主流，它超越了纯粹的科学研究。他说："想像这样一条曲线，它始于人类在地球上出现之时，然后随着社会经济发展的轨迹向前延伸。这条曲线会是一条长长的平直线条，直到十六世纪晚期或十七世纪早期，曲线才开始向上伸展。人类从那时开始变得更聪明了。"② 人类果真是变得更聪明了吗？或许是因为人类

---

① ［加］马歇尔·麦克卢汉著：《理解传媒——论人的延伸》，商务印书馆2000年10月版，第76页。

② 美国《新闻周刊》网站，2005年12月3日，转引《参考消息》，2005年12月5日第6版。

的思想和知识因为新的传播媒介以及新的交通工具的出现而传播得更快的缘故。在英国工业革命以后，知识传播逐渐开始频繁起来，随着交通条件的改善以及电报、电话等新传播媒介的出现，人类知识开始在更广的范围内传播。这种知识传播在最近几十年更加频繁，互联网可以把思想和信息在瞬间传遍全世界，移动电话可以在任何时间、任何地点联系到人们想联系的人，这些新媒介的产生改变了人类的生活，以至于人们的思维方式也因新媒介的诞生而改变。据此，加拿大学者麦克卢汉提出了"媒介即是讯息"的论断。麦克卢汉的这个论断席卷了整个世界。以往人们对媒介形式的革命性力量视而不见、听而不闻，今天人们再也不能漠视符号媒介这种革命性力量了，因为任何漠视这种力量的组织和个人都将被无情地淘汰。不管你愿意还是不愿意，思想会在整个世界范围内流动和传播。

自上个世纪 80 年代以来，随着计算机技术、网络技术以及通讯技术的发展，思想、科学技术的共享和传播方式与以往有了很大的不同，特别是数字技术的发展和普及，极大地提高了知识和技术的传播速度和效率。人们首先把各种符号信息转变为数字信号，接收数字信号的仪器收到信号后再将其转变为原来的各类信息符号，结果，人类更快、更完整地得到了所需要的信息。这是一场革命，一场静悄悄的革命，其影响远比英国工业革命要大得多，也深远得多。在今天，任何一个重大的理论发现和重要的技术发明在瞬间就会传遍全世界。如今知识和思想的共享是在整个世界层面上进行的，这就是新媒介与传统符号媒介的本质区别。在新媒介的条件下，我们的结论是：思想的共享是创新的关键，知识传播是生产力，媒介的传播方式和传播效率对创新有重要影响。不论是在个人层面，还是在组织层面甚至国家层面都是如此。

2. 本书的构成

本书是作者长期以来关于隐性知识共享与创新之间关系的思考，这些思考是在知识管理的理论和方法指导下展开的。知识管理是上个世纪 80 年代末 90 年代初兴起的管理理论，研究的内容主要是组织应当怎样收集知识和共享知识，从而促进知识创新。知识管理把知识分为显性知识和隐性知识，认为隐性知识的共享比显性知识共享更为重要。因此，本研究的一个重要内容是研究在创新活动中，怎样促进隐性知识（思想）在不同创新主体之间的共享和转移问题。由于不同创新主体的地域不尽相同，所以，研究不同地域间的知识共享和知识转移问题也是本研究的一个重要内容。

沟通在知识共享和知识转移中发挥着重要作用，语言是沟通最重要的工具，不管是书面交流还是面对面的交流都是如此。在考察沟通对促进创新的作用问题时，我们发现语言在促进人类进化过程中同样发挥了重要作用，这是因为有了沟通的需要，人类创造了语言，创造和使用语言是人类区别于动物的最本质特征之一。在人类文明发展史中，沟通媒介与交通工具的发展水平常常制约着人类文化知识的传播和发展，制约着思想的传播和进步。所以，要研究创新就不可避免地要考察沟通媒介、传播方式的演变以及不同传播媒介的效率等问题。

本书由思想篇、理论篇以及实践篇三个部分组成，各部分之间有着内在的逻辑关系。上篇是思想篇，在这一部分中，主要就符号（主要指语言）的产生、符号产生的意义、符号与思维的关系问题进行了阐述。符号活动和符号思维是人类生活最富代表性的特征，也是人类区别于动物的最本质特征之一，没有符号就没有人类的思维。然而，任何符号的传播都是通过具体的传播媒介实现的，因此，在这一部分中还探讨了媒介发展与思想传播的关系问题。中篇是理论篇，在这一部分中，主要就知识管理的有关理论、国家创新体系的有关理论、知识管理与国家创新体系的关系问题进行了阐述。此外，还就组织内部以及组织间的知识转移问题进行了研究，考察了虚拟组织中的知识转移问题。在虚拟组织管理中，正确选择沟通媒介对提高沟通效率，促进知识转移有重要意义。因此，这一部分还就不同传播媒介与传播效率的关系，以及怎样通过选择沟通媒介提高沟通效率等问题进行了研究。下篇是实践篇，在这一部分中，主要分析了美国、日本等国在构建国家创新体系方面的做法和经验，考察了中国建设国家创新体系的现状和不足，列举了部分通过共享思想促进知识创新的案例，阐明了共享思想在知识创新中的重要作用。

　　思想的共享是创新永不枯竭的源泉。

上篇：

思 想 篇

1. 符号的起源及其产生的意义

1-1. 关于符号

人类之所以比动物更聪明在于人类之间可以共享思想，人类之所以可以共享思想得益于人类创造和使用符号（主要是语言，包括口头语言和书面语言）。利用符号，人们既可以跨越历史，也可以跨越地域，我们之所以能"站在巨人的肩膀上"，得益于我们人类创造并掌握了符号。

什么是符号？符号是人类赋予事物的一种规定性，它规定了事物是此而不是彼。另一方面，符号是通过约定形成的，没有约定，就不能称其为符号。从符号的特征上看，较为被学者接受的观点是把符号看作是"社会信息的物质载体"，并由此概括出符号的三个必备特征：①符号必须是物质的；②符号必须传递一种本质上不同于载体本身的信息，代表其他东西；③符号必须传递一种社会信息，即是由社会习惯所约定的，而不是个人赋予的特殊意义。这一观点把符号的物质性和功能性有机地统一起来，因此得到了大多数学者的认可。关于符号的分类，李延福教授以符号的主、客观性质关系为依据，将符号分为两大类——客观性质的逻辑分类及主观性质的美学分类。连甫认为，将生活中的语言以外的各种符号归为如下五种主要形式似乎更为合适：广告符号、实物符号、行为符号、音像符号和自然符号等等。还有的学者认为，可以对符号进行"指谓关系"分类，即以符号的能指与所指关系性质为依据进行分类。这种方法把符号概括为五大类：①征兆符号——这是一种广义上的符号，或称准符号，其媒介与信息之间有着自然的、有机的联系（如林中起烟表示篝火，水面波动表示有鱼）；②象征符号——这类符号以所传达信息和自身的特征和性质作为符号（如五角星和"八一"象征中国人民解放军，鸽子图案象征和平）；③感应符号——以视觉物或听觉物作为载体传递信息的符号（如我国古战场上的击鼓进攻、鸣锣收兵，城市道路交叉口的红绿灯）；④语言符号——因为语言是音（形）、义结合的统一体，所以它构成交际和信息符号的基本形式，被称为特殊的，也是最重要的符号系统；⑤替代符号——这类符号不是代表事物、现象或概念，而是替代第一性符号，所以也称第二性符号（如数理化中的各种符号、谓词逻辑中的操作关系符号、人造语言等）。

符号的产生为人类认识事物提供了标的物，没有这个标的物，世界会是一片混沌。生活在这个世界上的生物，除了人类之外，其他都生活在自然状态之下，它们对自然界所能做的仅仅是适应，而不是改变。只有人类在不断地改变着这个世界，改变着自然界，而人类改变自然界最有力的武器是对自然界的认识——知识和经验。人类之所以能把知识和经验总结出来并加以传承，在于人类创造并使用符号，如果没有符号，人类的精神世界将回到混沌的自然状态，也正是因为人类能够使用符号，我们才得以认识客观世界的规律，并利用客观规律不断改造这个世界。德国哲学家卡西尔认为：符号是人的本性之提示。因为有了符号，"人不再单纯生活在一个单纯的物理宇宙之中，而是生活在一个符号宇宙之中。语言、神话、艺术和宗教则是这个符号宇宙的各部分，它们是组成符号之网的不同丝线，是人类经验的交织之网。人类在思想和经验中取得的一切进步都使这个符号之网更为精巧和牢固。"据此，卡西尔把人定义为符号的动物（animal symbolicum）以取代把人定义为理性的动物。在卡西尔看来"符号思维和符号活动是人类生活中最富有代表性的特征，并且人类文化的全部发展都依赖于这种条件"①。因此，卡西尔也被看作是现代符号学的奠基人之一，他是第一位站在哲学高度从符号思维和符号活动的视角考察全部人类成就的人，这是他与索绪尔和皮尔士致力于符号本身的探索所不同的地方。卡西尔认为，人是进行符号活动的动物。人类利用符号创造文化，一切人类的文化现象和精神活动，如语言、神话、宗教、艺术和科学等，都是在运用符号方式表达人类的种种经验，符号表现是人类意识的基本功能，这种功能对于理解科学结构必不可少，对于理解神话、宗教、语言、艺术和历史的结构同样重要，各种符号形式的生成，构成了人类精神成长的历史。

许多动物也具有非常高的智慧。蜜蜂建造蜂巢的技术足以使每个建筑学家为之赞叹，猴子在人的调教下可以学会骑自行车、耍杂技等技能，草原上田鼠建造的巢穴其通风系统足以与高明的建筑师相媲美，狗、老鼠等动物经过训练可以形成条件反射，因此这些动物可以被驯化。狗的嗅觉是人类的 100 万倍，经过训练，甚至可以嗅出癫痫病和皮肤癌发病前的气味，狗在刑侦领域的作用是大家熟知的，经过训练狗可以在缉毒、救灾等领域发挥特有的作用。

2004 年，美国亚特兰大约克斯国家灵长类研究中心的德瓦尔教授及他的两位助手杰克和汉斯，用了 3 个月的时间，对栖息在南美洲委内瑞拉中部的野生卷尾猴进行了深入细致的考察研究，目睹了它们神奇的魅力。

这些野生的卷尾猴们为了吃到美味的棕榈果表现出了极高的

---

① ［德］恩斯特·卡西尔著：《人论》，上海译文出版社 1985 年 12 月版，第 35 页。

智慧。它们在树上先用前爪轻轻拍打棕榈果，以便从中找出相对成熟的果实，然后剥掉外壳，扔到阳光下暴晒，这样可以加快果实的成熟。暴晒几天以后，它们把这些棕榈果运到巨石上，然后用石块把这些棕榈果砸碎，以便吃到硬壳里的果实。这个工程设计得非常完美，包括选择相对成熟的果实、剥皮、暴晒、砸碎硬壳。而且，在暴晒与砸碎硬壳之间还需要间隔几天的时间，以便果实经过暴晒后加速成熟。如果没有较高智商是完不成这个过程的。在这个过程中，卷尾猴不仅表现了出色的智慧，而且还使用了工具（石块），这在自然状态下的动物中是非常罕见的。

在南美洲的热带森林中，生活着一种叫马蝇的寄生苍蝇，这种苍蝇会在猴子皮下产卵，产生可怕的脓疮。有一种"千足虫"会分泌一种叫做苯醌的毒性很强的化学物质，可以驱赶马蝇。卷尾猴竟然懂得把"千足虫"分泌的化学物质抹在自己的毛皮上，以防马蝇。这些卷尾猴还懂得把树枝弯曲成 90 度，将石块放在弯曲的树枝梢部树杈上，然后猛然松手，凭借树枝的弹力，发射石块以攻击美洲虎。

德瓦尔在掌握了大量卷尾猴的资料后，筹备着新的研究方案，进一步考察卷尾猴的智慧。他切了一些黄瓜片，坐在帐篷前吃，有个卷尾猴可怜兮兮地过来试探着讨要，德瓦尔不给，杰克和汉斯就假装用硬币买，递一枚硬币，给一片黄瓜。如此反复，直到黄瓜片吃完。一连几天，德瓦尔等 3 人都在做吃黄瓜买黄瓜的游戏。

起初，卷尾猴对得不到黄瓜片很恼火，几天后，它们就安静了，常常静静地坐在一边观察。有一天，一只卷尾猴走上前来，拿出一块光滑的石头，递给德瓦尔，德瓦尔接过石头，立即给了它一片黄瓜。这时，群猴拥上来，纷纷用石头"购买"黄瓜片。过了一会儿，当一个卷尾猴再次"购买"黄瓜片时，德瓦尔故意给了一颗葡萄而不是黄瓜，其他猴子立刻不满，它们把黄瓜片扔到地上，伸手要葡萄。猴子们明白，葡萄比黄瓜珍贵，德瓦尔只好"卖"给每只猴一颗葡萄。买卖结束后，3人发现这些石头均光滑美丽，是从河滩上捡来的。当晚，德瓦尔在他的实验记录中写道："卷尾猴善于思维，有初步的经济意识和公平交换意识，并懂得不同物品的不同价值。"

两只卷尾猴分别走进德瓦尔设置的 A、B 两个玻璃房间。A房中有一个玻璃罐，卷尾猴试图打开，但没有成功，急得团团转；B房中有一把锤子。A房中的卷尾猴对着玻璃墙洞口叫了几声，B房中的卷尾猴便迅速将锤子从洞口递给了 A 房中的卷尾猴。A房中的卷尾猴接过锤子，用锤子打破玻璃罐，取出 6 颗板栗。经过思考以后，A房中的卷尾猴把其中的 3 颗板栗从洞口递给了 B 房中的卷尾猴。这个事例表明卷尾猴既懂得合作，又懂得公平分享。德瓦尔把他们以上的研究经历撰写成论文，发表在著名的《自然》杂志上，引起全世界的轰动。

动物虽然也有很高的智慧，但是动物没有真正意义的语言，动物不能描述事物，不能描述过去和预测未来，动物之间的沟通是有限的，它们只能通过叫声、气味等自然信号系统进行有限的沟通，动物不能创造人工符号。因此，动物的沟通仅限于小群体内的沟通，它们的知识难以得到积累，也难以得到广泛传播。动物的进化是为了适应自然环境而产生的自然进化，也仅仅是自然进化而已。只有人类才能创造和使用人工符号，这是人类区别于动物的最本质特征之一，所以，只有人才是这个星球的主宰。

对人来说，最重要的符号系统莫过于语言符号（包括口头语言和书面语言）。因为有了语言，人类可以彼此交流思想；因为有了语言，人类可以传承文化和知识；因为有了语言，人类从动物中分离出来。因此，关于语言以及语言的起源问题，不仅成为语言文化学研究的内容，同时也成为哲学、心理学、人类学、传播学等学科研究的重要内容。

1－2. 口头语言符号的产生

由于符号在人类社会活动中的重要地位，关于符号学的研究受到了哲学、语言学、心理学等学科的关注，这方面的研究成果也非常丰富。在研究符号学方面人们最关注的还是语言符号的起源问题。恩格斯认为：劳动创造了人本身。"劳动的发展必然促使社会成员更紧密地互相结合起来，因为它使相互帮助和共同协作的场合增多了，并且使每个人都清楚地意识到这种共同协作的好处。一句话，这些正在形成中的人已经到了彼此间有些什么非说不可的地步了。需要产生了自己的器官。""语言是从劳动中并和劳动一起产生出来的，这是唯一正确的解释。"在这里，劳动的需求和相互协作的愿望是语言产生的根源，劳动产生了自己的器官。"首先是劳动，然后是语言和劳动一起，成了两个最主要的推动力，在它们的影响下，猿的脑髓就逐渐地变成了人的脑髓；后者和前者虽然十分相似，但是就大小和完善的程度来说，远远超过前者。"① 这里，恩格斯表达了一个重要思想，人类创造了语言，反过来，语言的使用又促进了人类自身的进化。

非洲肯尼亚的卢多尔夫湖东部地区发现的人骨距今 290 万年，在距今 260 万年的地层中发现了砾石工具，这说明早在 260 万年以前地球上就已经有了人类活动。我国的"元谋猿人"距今 170 万年，北京周口店发现的"北京人"距今 40－50 万年。"元谋猿人"和"北京人"都已经有了用火和使用工具的痕迹，他们过着群居的生活，从事渔猎活动。原始人的活动说明，人与人之间有一种与动物不同的特殊关系，即生产关系。正是这种生产关系，以及由它产生的其他社会关系，形成了人类社会。这种人类

---

① ［德］恩格斯著：《马克思恩格斯选集》第 3 卷，人民出版社 1975 年版，第 510－512 页。

社会与动物的群居生活有着本质的不同，有些动物也过着群居的生活，但是，它们的活动是本能的，适应性的，它们不会制造工具，不会从事生产劳动。而人类通过制造工具，从事渔猎等生产活动，形成了人类特有的生产关系。为了组织狩猎等生产活动，在人类语言产生之前，人们通过声音、面部表情以及身体语言彼此传递信息，尽管这种交流有许多不确定性，信息的内容在信息传播者与信息接受者之间是模糊的，但是，原始人就是在这种模糊性和不确定性中传递信息，开展围猎、耕作等生产劳动的。"元谋猿人"和"北京人"过着群居的生活，他们已经开始使用火，开展围猎等活动，而在这些活动中群体内部的沟通是必不可少的。现有的资料表明"人类远在50万年前，即所谓的'印欧阶段'尚未开始时，已经停止了彼此间的'咕噜'，而开始使用语言。但一般人还是认为，大约在9－4万年前，位于今天非洲的克罗马农人（人类迄今发现的最早祖先）才最早开始使用语言。到大约距今3.5万年的时候，语言基本形成。"①

　　如果说人类早在40万、50万年前就开始创造和使用语言（有的学者认为更早），一直到3.5万年前语言基本形成，这其间经历了漫长的岁月。为何人类语言的产生会需要这么漫长的时间呢？在人的进化过程中，人的思维能力、语言以及人脑的机能是在不断地相互促进、互为条件的基础上完善和发展起来的，离开其中的任何一个条件都是不完善和不可想象的。

　　人类语言的产生需要人脑机能不断进化和完善的支撑，人类大脑皮层的某些特定区域以及一定的脑量是产生语言的基础。现代医学的研究成果表明，人的语言能力受大脑左半球的支配，需要大脑的颞叶、顶叶、额叶，以及枕叶的协调活动才能发挥作用。颞叶是人类大脑语言中枢所在，这是人类不断进化的结果，甚至连类人猿也没有能够进化出语言中枢。人脑的独特之处不仅

---

① 安思国著：《媒介交流研究》，中国传媒大学出版社2005年8月版，第5页。

在于它的体积和脑量，而且在于人类大脑不断产生的那些特殊的区域，正是这些特殊的区域使人类同动物产生了本质的区别。通过比较旧石器时代晚期智人的脑量可以发现，晚期智人的脑量已同现代人的脑量基本相同，就思维能力的发展水平而言，已经具备了产生语言的条件（参见表1－1）。

表1－1　不同时期猿人与现代人的脑量比较表

分　期	代表类型	年　代	脑容量（毫升）
早期猿人	东非人	300－200－150 万年前	600－800
晚期猿人	北京人	200－150－40/30 万年前	780－1075
早期智人	尼安德特人	30/20－5 万年前	1300－1350
晚期智人	山顶洞人	5－1.5 万年前	1400
现 代 人			1500

资料来源：何俊芳编著：《语言人类学教程》，2005 年 8 月版，第 4 页。

通过以上的分析，我们可以做这样的假设：人类具有很高的模仿能力，人们可以把听到的声音重新再现出来。直立行走，使人的双手得到解放，这促使人类可以用手去做各种各样细致的工作，这也促进了人类手指关节的进化，促进了人脑机能的进化和发展。原始人的狩猎等集体生产活动，需要他们相互之间能够协调行动。在人类语言产生之前，原始人之间要形成协调是很不容易的，这需要成员之间的默契，然而，要达成默契本身就是一件困难的事情。在没有语言和文字的情况下，要达成默契，沟通双方需要有一种约定，然而，在没有语言的环境下，这种约定很难实现，因为约定方必须要把约定的内容准确地告知对方才能形成确切的约定。经过反复的劳动实践，原始人发现，通过"呀呀"的不成熟的语言，配合手势等身体语言或者借助于在地上或在岩壁上画一些图画或符号，可以使彼此的约定更加具体，甚至我们今天有时为了表述一个复杂问题时，也需要借助书写符号来更清楚地表达思想。因此，我们认为：在人类语言产生的过程中（如概念的约定），书面符号发挥了重要作用。书面符号既可以描述不在眼前的事物，也可以描述抽象的事物，而以上两点只靠"呀呀"的声音和身体语言是难以做到的。许多语言学家和哲学家认为，文字起源于图画。当人类的祖先借助这种人为符号进行沟通时，人类便开始了创造语言和文字的历程，虽然这些原始符号也许仅仅是一些简单的图画，还不是真正意义上的文字，但是在传递信息和建立默契方面，这些符号对促进语言、思维以及人脑的发展无疑起到了不可替代的作用。早期的书面符号很有可能是一些象形的图画，通过这些象形图画，人们彼此沟通信息，通过这些象形图画，人们赋予不同事物（动物或自然物）以简单的名称，我们的祖先渐渐学会通过事物的名称进行思维，就像儿童牙牙学语时逐渐知道每一个物体都有一个名称一样。通过事物的名称进行思维，这是一个不小的进步，这些名称渐渐得到固定，形成模糊的概念，从而促进了人类思维的发展，也促进了人脑机能的进化。另一方面，在人的思维和人脑机能进化的同时，也促进了人类发音器官的不断完善和语言的形成。当然，这是一个漫长的过程，这个过程可能持续了几万年，甚至是数十万年。没有这种缓慢的进化过程，人类不可能突然学会和使用语言，因为语言的产生既受发音器官的制约，也受大脑机能的制约。没有渐渐的进化，人类的器官发不出想要发出的声音来；没有渐渐的进化，人类的大脑学不会使用语言。类人猿的脑是不会一下子就变成人脑的，人不能一下子就掌握了语言，又一下子从猿变成人。因此，我们这样假设，口头语言的形成，促进了人脑和发音器官的进化和发展。这个假设可以得到大脑解剖学方面的支持。弗莱克西希（Flechsig）发现：大脑 39 区和 40 区的神经元是大脑皮层表面最晚髓鞘化的。这两个脑区的髓鞘化延迟到出生后和树突生长后才发生，而且神经细胞的成熟化要到童年晚期才完成。这些发现表明，39 区和 40 区是新近种系发生的新皮层区。这一结论也和这两个脑区在猩猩脑里几乎不存在的事实相吻合。与黑猩猩的脑相比，生活在 200 多万年前的能人大脑不仅下前叶明显"饱满"许多，而且下顶叶也是如此，这表明 39 区和 40 区的种系发生已经开始。人们公认直立人的前后语言区都有进一步的发展，而尼安德特人的则可能完全发展到了现代人的水平。进化演变通常只是以已存的结构为基础有所发展，从而具备不同的、但多半和原先功能有关的功能。但 39 区和 40 区的情况很不一样：以进化时间尺度衡量，这两个脑区是以惊人的速度从上颞叶的上缘像开花那样生长了出来，同时把视觉脑区推向后端而主要占据枕叶正中面的位置。①

格施温德（Geschwind）指出，大脑 39 区和 40 区是人脑进化中仅有的全新结构。他认为，39 区对语言有特定功能，是由于该脑区位于视觉和触觉信息交汇处而专门涉及这两种信息的相关性。②

原始人在漫长的社会活动中由于围猎等劳动的需要，促使人们之间经常协调合作，这种需要促进了人类语言的产生。另一方面，语言的产生又促进了人类的进化。首先，语言的产生和使用促进了大脑机能的进化。其次，语言的使用促进了人类发音器官的进化。语言的产生促进了人类大脑语言中枢的形成和发展，生理学方面的研究成果也从客观上印证了这一观点。生理学的研究成果表明，人的大脑分左右两半球，大脑与双目以及四肢间的信息交流是交叉进行的，进入左视野的信息以及左边肢体的活动是由大脑右半球处理和支配的；进入右视野的信息以及右边肢体的活动是由大脑左半球处理和支配的。绝大部分人的语言中枢位于大脑左半球，大脑左半球主要擅长对事物的描述和反应想象细

---

① Flechsig, P, Anatomie des Menschlichen Gehirns und Riicrenmarks auf Myelogenetischen Grundlage，Leipzig：Thieme.

② Geschwind, N, "Disconnection syndromes in animal and man. Part l", Brain 88.

节，也擅长运算和分析，这主要是源于其口头语言和构思能力以及与自我意识的联系。大脑的右半球具有高度发达的空间图像和几何功能，在视觉输入（书写笔迹或印刷字体）方面具有优越性。Basser 认为：婴儿的大脑两半球起初都参与语言功能。在幼儿的成长中通常左半球在言语功能方面（包括言语解释和言语表达）逐步占据优势，这可能是由于其神经学上的先天优势。与此同时，右半球在言语生成方面功能则有所退化，仅保留了一定的语言理解功能。Kimura 认为：这个语言单侧化过程通常在幼儿四五岁时就已经完成。最近的研究成果表明：大脑两半球实际上各有一套完整的智力功能和体力功能。当两半球完整无损时，各有侧重地分工协作；如果其中一侧发生病变，该侧的功能便可由另一侧全部代偿。2008 年 3 月初，湖北省十堰市人民医院收治了一名癫痫病患者，患者因出生时左脑缺氧缺血，造成左脑细胞大量软化坏死，左脑功能基本丧失，其左脑的功能由右脑代偿。患者 12 岁时出现全身抽搐病状，经诊断为顽固性癫痫病。2008 年 3 月 8 日，十堰市人民医院神经外科戬翰升教授为这名 19 岁患者实施左半脑切除手术。手术非常成功，术后 10 余天，患者语言和行动能力基本恢复正常，2009 年 2 月，央视《走近科学》栏目对此做了专题报道。从术后到节目播出的 9 个月间，患者的癫痫病没有复发。这一病例验证了人脑左右半球具有代偿功能，患者因婴儿时期左脑坏死，其右脑代替了左脑的大部分功能，由于语言环境的影响，在关键期内，其右脑发育出了语言脑区，从而使患者的语言功能没有受到大的影响，这也说明人的语言和行为对人脑的发育和进化具有重要意义。奥格登（Ogden）也曾记录过两个病人，其左半球在婴儿期严重损伤，这两个病人在 17 岁和 18 岁的时候实施了大脑左半球的切除手术，切除了几乎整个左半球。引人注目的是，病人的状况得到改善，他们右半球的功能特性智商、言语智商和视觉空间任务指标大约达到正常人80％的水平。特别引人注目的是由于左半球在婴儿期严重损伤，他们的右半球变成了语言半球。然而，右半球的正常功能以及右半球后天获得的语言功能都有所欠缺。① 心理学研究成果表明，儿童的成长过程中有个关键期，如果儿童在关键期中未使用其语言脑区，他们就会丧失学习语言的能力。美国洛杉矶一位名叫吉妮（Genie）的女孩曾与语言环境隔绝多年，13 年后她被解救时不会说话，尽管得到了精心照顾和帮助，但由于她在关键期中曾与世隔绝，其大脑左半球的语言区没有得到发展而严重受到损害，其右半球仅仅恢复了一些简单的语言功能。尽管大脑的两半球有明确的分工，但是大脑的两半球是协同合作的，脑的一些复杂的功能常常需要两个半球的合作才能完成。利维（Levy）认为人类大脑两半球处于一种共栖关系，两半球在功能上和付诸行动的动机上都是互补的。

布劳德曼于 1909 年绘制了一幅人脑分区图，将人脑划分为数十个不同的脑区，人的语言受语言脑区的控制。根据彭费尔德和罗伯茨的定义，毛斯认为：最广义的韦尼克语言脑区包括 39 区和 40 区，21 区和 22 区的后部以及 37 区的一部分，而布罗卡前语言区则包括了 44 区和 45 区。对黑猩猩脑区的研究表明：大多数人类语言脑区在黑猩猩脑中并不存在。就韦尼克语言区而言，黑猩猩至多只有 21 区和 22 区的后部以及 40 区的一部分，而布罗卡前语言区的 44 区和 45 区根本就不存在，黑猩猩缺乏专门控制人类语言的脑区。②

帕保谢的研究表明，人类婴儿不停地咿呀学语，不断地改进语音音素的发音。帕保谢等人将人类婴儿独处时所发的声音大量系统地记录在磁带上。记录的结果表明人类婴儿有一个自动学习

① Ogden, J. A "Language and memory functions after long recovery periods in left—hemispherectomized subjects". Neuropsychologia 26：64—659.

② Mauss, T, "Die Faserarchitektonische Gliederung des Cortex cerebri der snthropomorphen Affen", J Psych Neuiol.

规程，他们每天会练习几个小时，他们先是能说简单的字词，而后最终能说多音字词和句子。相比之下，黑猩猩婴儿则默不作声，结论是黑猩猩的大脑器官并没有驱使它们去做发声练习的构造。①

我们知道，人类与动物的区别，最终体现在脑容量的差别上。从以上的研究成果看，人类大脑中关于语言的区域大部分是黑猩猩所没有的，因此可以断定，原始人类特有的行为对人脑机能的进化具有重要意义。那么，人类哪些行为是非人类灵长类动物所没有的呢？制造工具和使用语言是动物所不具备的。因此，可以推断，制造工具和语言的应用对人脑机能的进化有着巨大的推动作用。

此外，生理学的研究成果还表明：解剖上左右对称的人脑两半球，功能上具有非常显著的不对称性，这一点与动物有着很大的区别。"对猴和狒猴大脑所作的观测没有发现任何不对称性。"② 和非人灵长类相比，原始人进化过程给解剖上对称的左右半球带来了巨大的功能不对称性，这些功能上的不对称性在做过大脑联合部切开术的病人身上尤其明显。最显著的不对称性是语言脑区。左侧顶叶和颞叶的大部分脑区专门负责语言识别和语言产生的语义功能。而右半球的镜像对应区域则和语言几乎毫无功能联系。这两个脑区在左侧和特定的语言功能有关，右侧的39区涉及将视觉输入（书写笔迹或印刷字体）转换成意思，而40区可以涉及听觉输入。对右半球脑损伤病人的临床研究鉴别出数种功能紊乱和障碍：体觉不能症、精神性运动不能症和对空间信息的理解障碍。

---

① Papousek, M, Papousek, H. And Bornstein, M "The naturalistic vocal environment of young infants: on the significance of homogeneity and variability in parental speech", in T. M. Field and N. Fox (eds) Social perception in In—in Fants, Norwood, NJ: Allen Publishing Corp, pp. 269—297.

② ［澳］约翰·C·埃克尔斯著，潘泓译：《脑的进化》，上海科技教育出版社2004年12月版，第210页。

思想的共享与创新

"著名神经解剖学家布罗达尔于 1972 年 4 月蒙受了右顶叶脑损伤。大约一年以后，他就自己亲身经历的功能障碍以及功能的逐渐恢复过程作了饶有兴趣的记述（Brodal）。他集中注意的能力、对上下句连续记忆的能力和对抽象符号（比如数字）的短时记忆能力都有所下降。这说明，右半球具有比迄今公认的多得多的语言功能。"① 也就是说，人类脑区中左侧顶叶和颞叶的大部分脑区专门负责语言识别和语言产生的语义功能。其右半球的39 区涉及将视觉输入（书写笔迹或印刷字体）转换成意义，而40 区可以涉及听觉输入。以上脑区都是动物所没有的，是经过后来的进化产生的。如果说，人类左半球左侧顶叶和颞叶的大部分脑区机能的进化与语言的产生有关的话，那么，右半球的 39区和 40 区的进化又与人类的何种活动有关呢？关于对古化石的研究成果表明，距今 400 万年前的古猿已经完全适应了直立行走，但是，其脑量并没有很大的增加，而距今 200 多万年前能人的脑量则较距今 300 万年前的南方古猿有了较大增加。能人与南方古猿所不同的是已经开始使用工具，可能也已经开始使用初级的语言。因此，我们还应当从原始人制造工具或语言产生的过程中寻求答案。通过表情、肢体语言、声音以及书写符号，原始人彼此间得以实现约定，从而使沟通具体化。而这些通过视觉反映到大脑的视觉符号与制造工具的活动一起，也许正是促进右半球39 区和 40 区大脑视觉机能进化的原因。我们认为：口头语言的形成与书写符号的完善和使用以及用手制造工具等因素交织在一起，共同促进了人类思维能力的发展和大脑机能的进化，人类大脑右半球 39 区和 40 区机能形成的原因正是以上共同作用的结果。只有这样才能解释 39 区和 40 区这两个脑区为何得以以惊人的速度从上颞叶的上缘生长出来的原因（新皮层的生成）。

---

① Brodal，A. "Self—observations and neuro—anatomical considerations after a strkoe"，Brain 96.

另一方面，语言的产生不仅需要不断发展的思维能力和人脑机能的支撑，同时还需要发音器官的不断完善。有研究表明，所有哺乳动物的发音器官都与人类不同。哺乳动物的喉部位于喉咙高处，因而可以同时进行呼吸和饮水，但却制约了发音功能。为了适应呼吸和吸奶并举的需要，婴儿和哺乳动物的喉部位置一样，但在出生三个月后开始下移，逐渐达到成人的位置。比较类人猿与现代人的发音器官可以发现，类人猿的口腔和喉管基本呈直线状态，喉头直接突入口腔。这样的声道系统难以通过改变舌头的形状来改变气流的方向，因而发不出清晰的声音。现代人之所以能发出清晰的音节和不同的音素，是因为喉部位置较低，在声带之上有一个较大的音室——咽腔。"美国科学家选择了生存在距今 4.5 万年前的一个尼安德特人成年男子的化石，解剖学家爱德蒙·克里林（E. Crelin）制作了这位古典尼人的模拟声道，语言学家菲利普·利伯曼（P. Lieberman）根据化石构拟了人类远祖的发音器官，然后跟婴儿、成人、灵长目动物的发音器官进行比较，用电脑模拟的方法，考察他们的发音能力。结果发现，非洲南猿、尼安德特人和灵长目动物（黑猩猩）、婴儿一样，都不能清晰地发出 a、i、u 这样几个元音，而这些元音正是人类有声语言中最基本的。据此可知，尼安德特人还不可能掌握有声语言。语言学家和解剖学家进一步把尼安德特人的声道与现代婴儿及成年人的声道系统地进行了比较研究，结果发现，现代新生儿的声道和尼安德特人非常相似。解剖学家的研究结果表明，尼安德特人有可能只会发出几个前辅音和类似中元音的语音，还不能区分鼻音和口腔音，即使是这样的语言能力，也已经大大超过了当代的灵长目动物。"① 也就是说尽管尼安德特人已经可以发出几个前辅音和类似中元音的语音，但是还不能清晰地发出 a、i、

① 何俊芳编著：《语言人类学教程》，中央民族大学出版社 2005 年 8 月版，第41 页。

u 这样几个元音和鼻音以及口腔音，尼安德特人的发音器官还没有进化到能发出纯正人类语言的器官。尼安德特人是 7.5 万（亦有 10 万年之说）至 3.5 万年前生活在欧洲的人种，约在 3.5 万年前，尼安德特人突然灭绝了。尼安德特人的脑量与现代人的大致相同，但在体力上，人类的祖先现代人不如尼安德特人健壮。按照常理，被淘汰的应该是人类的祖先，但为何尼安德特人最后灭绝了呢？英国学者保尔·梅乐斯认为：复杂的语言技巧是现代人类取胜尼安德特人的关键。互相沟通的能力，使原始人能更有效地从事狩猎等合作活动，他们在分享食物源地信息方面也更具优势，这对于度过严冬来说是至关重要的。

孔狄亚克认为书面语言起源于绘画。"出于刻画我们思想的需要，图画理应作为书写的起源，这是极有可能的。而这种需要，无疑曾是有助于动作言语的保存的，因为这种言语是最能容易地描绘出来的。""人类在通过声音来相互交流他们的思想的情况下，感觉到有必要设想出一些新的符号，以便于把这些思想永久保存下去，并且使不在场的人们也能知道这些思想……最早的书面的文章，只不过是一幅简单的图画而已。"[1] 我国有的学者认为汉字主要有两个来源："一是画；二是记数或记事的原始符号。"[2] 唐兰先生以史前岩画的"日"、"月"图形来与甲骨文比较，证明部分甲骨文是从岩画演变来的。[3]

学术界另一种观点认为汉字起源于原始符号。"所谓原始符号是指文字产生以前以及文字萌芽时期人们为了沟通信息而采用的书写记号和刻画符号。数字和记号比图画书写简单，又大大减少了'结绳'等实物传递的麻烦，应当是世界上一切文字（包括

---

[1] ［法］孔狄亚克著：《人类知识起源论》，商务印书馆 1989 年 8 月版，第 215 页。

[2] 孙顺华著：《中华文化与传播》，新华出版社 2003 年 8 月版，第 177 页。

[3] 唐兰著：《中国文字学》，上海古籍出版社 1979 年版，第 62 页。

汉字）的最早的起源。裴锡圭先生认为：没有文字的民族往往已经知道用符号记数。"[1]

在人类的进化过程中，这些书写符号可能是被书写在地面上，也可能被书写在岩石上，只不过是因为这些符号很容易被涂抹掉，因而难以留下什么痕迹，所以至今没能发现较早的有说服力的直接物证，但是间接物证还是有很多的。在法国布兰查德地区发现了距今大约3万年的压骨板，刻在骨板上的复杂符号系统清晰可见。当时的古人已经发明了一套观测、归纳和记录的认知系统。"骨板上刻的是二又四分之一个月份期间月相的序列变化。布兰查德骨板雕刻记录的是非算术形式的月相观察记录记号。这些符号不是书面记录，因为各个符号单元和符号集合都是非语言性的。这些记号也不是算术性的，因为尽管各个符号集合及其组合是定量性的，但是并没有对它们作计数与求和运算。尽管如此，涉及构造和按顺序来排列一组符号的解决问题的过程，已经是后来发现的书面记录和算术化了的记录保存的初级形式，而且同处于一个量级。"[2] 在1958年发现的甘肃东部大地湾遗址F411房基内发现了一幅前所未见的地画，距今5000年左右，是我国最早的地画。地画东西长约1.2米，南北宽约1.1米。经鉴定，绘制地画的颜料为炭黑。在地画的右侧，一幅具有男性特征的人物轮廓由线条醒目地勾勒出来，其头发、躯干、四肢以平涂手法表现。人体各部位比例基本匀称，人物双腿交叉，身后画有长长的尾饰。在该地画左侧，还有一个风格相近的人物形象，与右侧人物相比略显苗条，具有女性特征。地画的整幅图案由人物、动物、方框及一个反"丁"字形图案所组成。地画中具有男性特征

---

① 孙顺华著：《中华文化与传播》，新华出版社2003年8月版，第177页。

② Marshack，Λ. Hicrarchical Euolution of the Human Capacity；The pale—olitic euidence. 54 James Arthur Lecture on The Euolution of the Human Byain，1984，New Yoek：American Museum of Natural History.

的人物，高 32.5 厘米，宽约 14 厘米，头部已较模糊，犹如长发飘散，手中似握有棍棒类器物。地画中具有女性特征的人物，高 34 厘米，宽 13 厘米，头近圆形，颈部明显较细长，胸部突出，两腿也相交直立，似行走状。地画正中人物下方绘有一略斜向右上方的黑线长方框，框内画着两个头向左的动物。这幅地画的发现，说明我们的先人有在地上绘画的习惯，只不过这些绘画因不易保存，所以我们难以看到罢了。

岩画是保存下来较多史前文明遗迹的思想表现形式，在非洲、欧洲、亚洲等地岩画都有发现。国际岩画委员会主席阿纳蒂认为"岩画产生于文字之前，它成为早期人类表现他们自己和他们对世界看法的最重要的证据。同时，最古老的书写文字产生只有 5000 多年，而岩画在此之前，提供了人类数千年前的记录"。罗杰·菲德勒将岩画视为书面媒体的前身，他认为："最早试图可靠地保存知识并克服口头传播限制的努力，也许始于史前洞穴岩画时期。这些早期人类似乎看来也在动物头骨或其他不易腐坏的材料上画出了有意义的图案，但是除了他们的洞穴绘画，没有其他证据存留下来。"① 罗杰·菲德勒认为古代岩画具有传播的功能，他说："在西班牙和法国南部发现的精巧洞穴绘画经科学测定，提供了有利的证据，证明在大约 3 万多年前，至少有一些现代人类群体已拥有先进的概念和传播的技能。"② 而美国人类学家马沙克则认为这些人类最早的刻画图形与季节变换有关。

"在法国南部尼奥斯山洞洞壁上，发现有几万年前的一幅野牛中箭图。野牛是用红色和黑色颜料画的，几个箭头刺进它的前身，前腿难以支撑而倒下。"③

---

① ［美］罗杰·菲德勒著，明安香译：《媒介形态变化》，华夏出版社 2000 年 1 月版，第 52 页。

② 同上，第 49 页。

③ 萧弓、黎江著：《社会发展简史问答》，河南人民出版社 1979 年 4 月版，第 30 页。

尼奥斯山洞的壁画说明早在几万年前人类已经学会使用书写符号了。美国科学家布鲁斯·拉恩最近的研究成果表明，人类的大脑仍在不断进化之中。拉恩和他的同事们发现微脑磷脂（micro—cephalin）和 ASPM 两种基因与大脑的大小有关，他们利用从不同种族的人身上提取的 DNA 样本鉴别每一种基因的变异情况，这种变异发生频率很高，也非常普遍。变异让一个物种迅速获得立足之地并开始繁衍。他们发现，微脑磷脂发生变异是在大约 37000 年前，当时正是艺术音乐和工具制造以及口头语言的形成时期，而 ASPM 基因发生变异的时间是大约 5800 年前，基本上和书面语言的发展、农业的扩展和城市的发展处在同一时期。拉恩认为：人类最近的基因进化在某些方面可能与文化的进化有关①。符号的产生对人类的进化起着至关重要的作用，以至于许多学者把人类使用符号与使用和制造工具一起作为人类区别于动物的重要标志之一。

1-3. 文字的产生

学者们一般认为，人类大约在距今约 3.5 万年的时候口头语言基本形成，在距今大约 5000 多年前产生了文字。关于文字产生的意义，马歇尔·麦克卢汉（Marshall Meluhan）的评价最具冲击力。他认为："在所有产生巨大能量和变革的大规模的杂交结合中，没有哪一种能超过读写文化和口头文化交汇时所释放出的能量。读写文化赋予人的，是视觉文化代替听觉文化。在社会生活代替政治生活中，这一变化也是任何社会结构所能产生的最激烈的爆炸。"② 关于语言和文字是怎样产生的，由于其自身产

---

① 《北京晚报》，2005 年 9 月 9 日。

② ［加］马歇尔·麦克卢汉著：《理解传媒——论人的延伸》，商务印书馆 2000 年 10 月，第 82、83 页。

生的过程处于史前时代，而且到目前为止尚未发现关于语言和文字产生过程的有力物证，目前人们对于语言和文字产生的过程的研究只能是依赖于在现有考古成果之下的推测。距今大约 5000 多年前，在苏美尔、古埃及以及后来的中国都出现了最古老的象形文字。我国半坡氏族遗址距今有六七千年的历史，半坡氏族遗址出土的陶器上有许多几何符号，它们虽然还不能算作严格意义上的文字，但是，"从传播的角度看，这些符号表达了一定的意义，是陶器成了传递信息的媒介，增加了信息传播的可靠性和持久性。"① 半坡遗址出土的人面鱼纹彩陶盆距今约 7000 年。彩陶盆由细泥红陶制成，敞口卷唇，盆内壁用黑彩绘出两组对称的人面鱼纹。人面概括成圆形，额的左半部涂成黑色，右半部为黑色半弧形。眼睛细而平直，鼻梁挺直，神态安详，嘴旁分置两个变形鱼纹，鱼头与人嘴外廓重合，加上两耳旁相对的两条小鱼，构成形象奇特的人鱼合体，表现出丰富的想象力。人面鱼纹彩陶盆是儿童瓮棺的棺盖。仰韶文化流行一种瓮棺葬的习俗，把夭折的儿童置于陶瓮中，以瓮为棺，以盆为盖。与大量的彩陶出土于原始氏族部落的公共墓地不同，这件彩陶盆则是出土于部落生活区房屋附近。有的专家认为：这是因为原始人认为人死后其灵魂不死，成年人因为熟悉部落的各个角落，其灵魂复活后也能够找到回去的路，所以葬在离生活区较远的墓地，但是夭折的孩子因为还不熟悉部落的环境，所以死后要葬在居住的房屋附近，以便其灵魂复活后能顺利找到先前的住处。至于许多陶盆上画有鱼纹和网纹图案，有的专家认为这与当时的图腾崇拜和经济生活有关。半坡人在河谷阶地营建聚落，过着以农业生产为主的定居生活，兼营采集和渔猎，这种鱼纹装饰是他们生活的写照。人头上奇特的装束，大概是在进行某种宗教活动的化妆形象，而稍有变形的

---

① 何俊芳编著：《语言人类学教程》，中央民族大学出版社 2005 年 8 月版，第 41 页。

鱼纹很可能是代表人格化的独立神灵——鱼神，表达出人们以鱼为图腾崇拜的主题。还有的专家认为半坡氏族沿水而居，鱼是他们重要的生活资源，同时鱼繁殖能力强，也象征着多产、丰收。因此，"人面鱼纹"就是表现"富于生产"的意思。还有的专家认为人面鱼纹图案是给瓮棺里死去的小孩看的，其意义是歌颂吉祥和人类的繁衍丰收，它意味着人死了回归到原来的地方，是一个轮回，带有巫术、祭祀的意味。不管哪种解释正确，这些神秘的符号是在表达先人们的某种情感则是确定无疑的，它在默默地向我们传递着某种信息，只不过我们目前还不能完全解读这些信息。此外，在公元前25—前20世纪的龙山文化和公元前33—前22世纪的良渚文化遗址出土的陶器上也发现了刻划简单的文字，这是我国已知发现最早的文字，被称为陶文。这一时期的陶文尚未被破译出来，很可能是一种消失了的文字。以上考古成果证明，陶器是我国已知人工制作最早的文字载体。① 在这些陶片之前，是否已经有了文字，这还是一个谜。有的学者推断，在陶文之前或许有的文字被刻在木头或竹子上，但这些材料作为书写符号的载体可能早已腐烂，所以尚没有找到佐证。语言的产生是一个漫长的过程，在这个漫长的过程中，人们经历了无数次成功和失败，人们不断地在劳动生产中积累经验，并在耕作和围猎中通过声音、面部表情以及身体语言交流信息，进行协作。在语言尚未完全形成的晚期智人阶段，人们要形成默契，不仅仅需要前语言和身体语言进行沟通，有时需要使用树枝、石器等工具通过书写符号来进行信息交流。在晚期智人的前语言阶段，人们还不能灵活地运用语言，但是劳动等生产活动又需要人们沟通信息，需要彼此之间有某种约定，在没有语言的情况下，约定本身就是一件困难的事情，这时，借助书写符号进行沟通就显得非常重要了。因此，我们可以这样推测：在口头语言的产生过程中，书写

---

① http：//www.btxx.cn.net/zgsd/zgss/wenzi.htm.

符号在人们建立约定的过程中起到了重要作用。至于这些书写符号的载体是竹子还是木头就不得而知了，也有可能是直接用树枝或者石块在地上书写的，也可能是用颜料在岩壁上书写的。法国南部尼奥斯山洞洞壁上，那幅几万年前的野牛中箭图就是佐证，说明早期人类有在岩壁或者地面上书写符号的习惯。

陶文拓片

日月山形纹局部放大

据《荀子·解蔽》记载："好书者众矣，而仓颉独传者也。"《吕氏春秋》记载："奚仲作车，仓颉作书"，认为汉字在仓颉所在的时代已成体系了。相传仓颉是黄帝的史官，是古代整理文字的一个代表人物。他所处的年代约为公元前 26 世纪。据此推测，四、五千年前，我国的文字就比较成熟了。

商朝（公元前 17—前 11 世纪）后期的甲骨文已经是比较成熟的文字了。甲是指龟甲，骨是指兽骨，主要是牛的肩胛骨，写刻在甲骨上的文字被后人称为甲骨文。因这些文字是商王朝用龟甲兽骨占卜凶吉时写刻的卜辞和与占人有关的记事文字，故又被称作契文、卜辞；又因甲骨最初出土于河南安阳小屯村的殷墟，故又被称作殷墟甲骨或殷墟文字。甲骨上记载的内容并不是为了传播知识，因此不能称为正规的书籍，但它是历史上一种重要的文字载体。

我国有好多民族只有口头语言而没有文字，但是这些民族虽然没有文字，却懂得使用书写符号表达思想，云南省的基诺族虽

带有文字的龟甲

然没有文字，但却有刻木记事的习俗，有的民族则借用其他民族的文字进行书面沟通。我国除汉族外，有 55 个少数民族，其中有 53 个少数民族有自己的语言，这 53 个少数民族使用的语言约有 60 种，有 21 个民族使用本民族的语言文字，共使用 27 种文字。

　　还有的少数民族使用本民族的语言，而文字借用其他民族的文字。如白族，绝大部分居民使用本民族语言，通用汉文，文字借用汉字。元明时曾使用过"僰文"（白文），即所谓"汉字白读"。还有的民族使用多种语言，如：傈僳族。傈僳族使用傈僳语，文字先后使用过 3 种，一种是西方传教士创制的拼音文字，一种是维西县傈僳族农民汪忍波创制的音节文字，第三种是新中国成立后创制的拉丁字母形式的新文字。还有的民族使用多种语言，但即使在本民族内也不能通话。如怒族使用怒语，但各地怒语的语音差别很大，碧江、福贡、兰坪等地的怒语互相不能通话，没有文字。还有的少数民族借用汉字，有的民族借用其他少数民族的文字，如：塔吉克族使用塔吉克语，没有自己的文字，广泛使用维吾尔文字。此外，乌孜别克族使用乌孜别克语，通用维吾尔文。赫哲族，使用赫哲语言，没有文字。赫哲族早期靠削木、裂革、结革记事，后因长期与汉族交错杂居，通用汉语文字。还有的少数民族语言文字面临失传的危险。如：仡佬族中只有极少数人还会说仡佬语，因此，汉语是仡佬族进行交际的主要工具，仡佬族没有文字，普遍使用汉文。

语言文字是一个民族的灵魂，是传承民族文化必不可少的工具。契丹族是中国历史上一个古老、强悍的民族，公元10世纪建立了契丹国（后改称辽国），在立国200多年间，第一次将我国广大的北方地区各民族统一起来，第一次打破了长城的阻隔，汉人北迁，北方民族南徙，将北方的游牧经济与长城以南的农业经济融为一体，为游牧经济注入新的血液，逐步走上了农牧结合的发展道路，丰富了我国的灿烂文化。然而，契丹族在北方大漠轰轰烈烈地开拓了无数辉煌之后，由于金灭辽以后便下令禁用契丹文字，典籍中也找不到关于契丹族的记载，契丹族就此消失在历史的长河之中，为我们留下了大量未解之谜。

唐朝末年，契丹首领耶律阿保机统一各部，日渐强大，于907年即可汗位，公元916年称皇帝，年号神册，国号契丹，民间或称大蕃。太宗大同元年（947年）改国号为大辽，983年又改称大契丹；道宗咸雍二年（1066年）复号大辽。人们习惯上把契丹人建立的王朝统称为辽朝。1115年，女真首领完颜阿骨打称帝，建立金朝。在金军的进攻下，辽朝于1125年灭亡。在辽朝即将灭亡之际，契丹贵族耶律大石率领一部分人向北进入漠北地区，后向西发展，征服了今天中亚的广大地区。1132年，耶律大石称帝，史称"西辽"，又称"哈喇契丹"，成为当时中亚地区的强国。西辽1218年为蒙古所灭。后契丹人多同化于汉人、蒙古人中。"契丹"民族从此消逝，自明代以后契丹民族就再也没见于史籍。

有的学者经过考证认为：居住于云南省保山市东南部、高黎贡山东侧施甸的阿姓、莽姓和蒋姓是契丹人的后裔。在施甸有阿苏鲁的墓地，相传阿苏鲁与阿凤是元朝征战西南、素有战功的濮国公忙古代的第三代孙，辽亡后，大批契丹人纷纷归附蒙古政权，为其东征西讨，贡献甚大；忙古代的曾祖耶律秃花于恒州（今内蒙古锡林郭勒盟正蓝旗所在地之北）投附成吉思汗，忙古代从元世祖始，就长期在西南地区频繁平叛征伐，屡立战功，应是契丹云南后裔的始祖。这一观点虽似乎有些道理，却难以提供足够的支撑证据。还有的学者认为，达斡尔族是契丹人的后裔。这些学者通过比较研究契丹族和达斡尔族的生产、生活、习俗、宗教、语言、历史，找到了大量证据，表明达斡尔人是继承契丹人传统最多的民族。但是，这些观点都没有强有力的文献资料为证。

契丹族的语言契丹语是东胡语的一个分支，属阿尔泰语系，与古蒙古语关系密切，应属蒙古语族。契丹建国前，并无文字。神册五年（公元920年），在辽太祖耶律阿保机的倡导和支持下，耶律突吕不和耶律鲁不古以及一批汉族知识分子开始创制契丹文字。他们仿照汉字隶书的字形结构或直接借用一些笔划较少的汉字创造了文字，这种文字被称为契丹大字。契丹大字较汉字简单，仅造三千余字即可表达契丹语。后来，又利用汉字形体与笔划制成音节字母，以之相拼成字，谓之契丹小字。契丹字自创始之日起，大字小字并行，延用至金章宗明昌二年（公元1191年）。契丹文字使用的时间并不长，金灭辽以后便下令禁用契丹文字。此后，契丹文字渐渐失传，契丹文书籍也基本没有留传下来。

由于以上原因，关于契丹族后裔的争论不得不借助于其他手段证明了。1996年，中国社科院民族研究所成立了研究"契丹人失踪之谜"课题组，课题组在完成了将近两年DNA测序第一系列研究程序之后，终于得出结论：契丹与达斡尔族有最近的遗传关系，为契丹人后裔。阿、莽、蒋氏"本人"与达斡尔族有相似的父系起源，很可能是蒙古军队中契丹官兵的后裔。由此可以得出结论：元代蒙古人建立横跨欧亚大陆的蒙古大帝国时，连年征战，频繁征兵，能征善战的契丹族人被征召殆尽，他们被分散到各地。有的保持着较大的族群，如达斡尔人作为民族存续了下来，有的则被当地人同化了。

当我们回忆契丹民族这段往事时，一股悲凉之情油然而生，由于缺乏文字记载，一个民族就这样消失了，没有留下多少痕迹，也不知走向了哪里。同时，我们也为我们华夏民族一脉相承的汉字文化而感到由衷地自豪。我们的先人创造了灿烂的汉字文明，在世界上大多数表意文字消亡的情况下，汉字一直延续至今。在汉字的基础上，还创造了灿烂辉煌的汉字书法艺术。2006年8月，北京奥组委发布了北京2008年奥运会体育图标："篆书

之美"。"篆书之美"以中国篆字笔画为基本形式，融合了中国古代甲骨文、金文等文字的象形意趣和现代图形的简化特征，充分表现了鲜明的运动特点、优雅的运动美感和丰富的文化内涵，达到了"形"与"意"的和谐与统一，是奥运精神与中华文明完美结合的典范。透过这些图标，我们可以领略到我们祖先创造汉字的聪明才智，尽情体验这种"意"与"形"完美结合的审美情趣，赞叹华夏文化的一脉相承和博大精深。

根据联合国教科文组织的调查报告，世界上现有 2759 种语言。而原苏联《今日亚非》杂志统计，世界上已知的语言有 5651 种。但一般认为，世界上的语种约在 2000－3000 种之间，有 3/4 的语言仍然没有文字。有 1400 种以上的语言，或是根本没有被承认为独立的语种，或是行将消亡的语种。约有 500 种语言得到人们较为充分的研究，使用比较普遍的约 200 多种，其中 95％的人使用的语言不到 100 种。

东巴文

在我国的纳西族中仍然还保留着古老的"东巴文"，"东巴文"主要是祭祀文字，不在现实生活中使用，只是记载了古代的许多诗歌、传说、故事和宗教经典，主要为东巴教徒传授宗教时用，书写东巴经文，故称东巴文。据考证，东巴文形成于公元 7 世纪，至今已有一千多年的历史，是一种原始的图画象形文字。

东巴文见木画木，见石画石，大约有 1400 个单字。许多学者认为东巴文比巴比伦楔形文字、古埃及象形文字、中美洲玛雅文字和中国甲骨文字显得更为原始古朴。这种古文字对于研究比较文字学和人类文化史具有很高的学术价值，是人类社会文字起源和发展的"活化石"，是目前世界上唯一保留完整的象形文字，与其说是文字，倒不如说更像图画，因此东巴文被称为"活着的象形文字"，被视为全人类的珍贵文化遗产。

有的学者认为最初的文字是从实物记事和画图记事开始的。实物记事主要有结绳、串珠等方式。秘鲁的土著人以及中国的一些少数民族都有结绳记事的习俗，他们把颜色、长短、粗细不同的小绳子并排连接在主绳或树干上。色彩的不同表示事情、事物不同。绳索的长短、粗细则用来表示事件的主次或事件的大小。北美印第安的易洛魁人常常用绳子把贝壳串起来，用不同颜色的贝壳来代表和区别事物。澳洲和非洲的一些部落，通过在木头上刻画图形来传递信息。实物和图画都具有符号性质，但它们都不是直接记录语言的，因此还不是文字。文字是从记事图画中脱胎出来的，在记事图画的基础上，运用绘画艺术简化图形，并将其作为符号来代表一定的语音单位和意义，使符号与语音和意义之间建立起比较固定的联系，就形成了最原始的文字。所以，最原始的文字一般都是表意文字，如中国的甲骨文和古埃及的象形文字等。

两河流域的苏美尔人在公元前 3300－前 3200 年便有了文字。考古学家曾在乌鲁克古城发现了这一时期的泥版文书，这是目前已知的世界最古的文字记录。古代两河流域的文字称楔形文字。因为这种文字是用三角形的芦苇秆、木棒或骨棒在泥版上刻画而成的，字画上宽下窄，字形像木楔，故称楔形文字。较长的内容可以刻在几块泥版上，并对泥版编号，以保证衔接无误。在西亚各地发现的泥版不下几十万块。楔形文字开始也是象形文字，但由于有些抽象的概念不能很好地表达，于是又创造了表意文字。例如：＊的符号除表示星以外，还表示天和神。足的符号表示足、走、站、立等，后者的意思是从图形中引申出来的。由于事物符号逐渐固定，于是又出现了标音符号，通过声音表示具体事物。此外，同声的词也往往只有一个符号，这就是谐音文字。这样同一个符号可以表示许多事物，符号的数目因而大大减少。谐音文字还可以表达介词、副词、词格、词首、词尾等语法结构。为了防止字符意义的混淆，苏美尔人还创造了部首符号。楔形文字一直使用到公元前后，后来最终被拼音文字代替。

楔形文字

古代埃及最初的文字是象形文字，大约成形于公元前3100年前后的第一王朝。开始文字各自代表一个完整的词或概念，后来随着文字的发展，每个文字又出现表意部分、表音部分和部首部分。原始象形文字多刻在石头上，既可以横书，也可以竖写，中间不留空白，也没有标点。到第八王朝时，出现了一种僧侣文字，字体流畅，可以写在木板或纸莎草纸上。到公元前 700 年左右，又出现了一种世俗体文字，是一种更加简化了的象形文字，主要用于记录、书信和记账等世俗活动。古代埃及文字一直没有发展成拼音文字。古代埃及文字到希腊罗马统治时期，便逐渐弃而不用了，所以很早以前便没有人认识这种文字，属于死文字。1799 年，拿破仑的部下在罗塞塔挖出了公元前 196 年歌颂托勒密五世的《罗塞塔碑文》。同一内容的碑文，用象形文字、世俗文字和希腊文字三种字体刻在石碑上，法国语言学家商坡良用十四年的时间，终于研读成功，揭开了古代埃及象形文字之谜。埃及的古文字除撰刻在石头上之外，大量地写在纸莎草纸上。

古代印度早在哈拉巴时代就使用文字。1922 年考古发掘的摩亨佐·达罗文化大约在公元前 2500—前 1750 年间，其中出土的护身符印章有 2000 多个，印章上刻有铭文，铭文共使用了象

古埃及的纳尔迈石板（公元前 3000 年）

形符号 396 个。其中有持弓而立的人形、鱼形、脚形、桌形等形状的符号，但至今尚未破译。孔雀帝国时代的圆形记事柱，共有 30 多个，它既是重大事件的见证人，又是雕刻艺术的代表作。圆柱高达 30 多英尺，最重的有 50 吨，其中阿育王在萨尔纳兹地方建造的石柱最著名，上端有四个精心雕刻的半狮身柱头像，借以象征国王的权威。

象形文字

古代希腊在公元前 3000 年左右进入克里特文明，克里特文明是金石并用时代。大约公元前 2000 年，克里特岛进入青铜器时代，产生了由农村公社结合而成的最早的国家。在后王宫时代（约公元前 1700 年－前 1450 年），铜币和青铜币相继出现，经济的发展促进了文字的进步，这时古代希腊出现了线形文字，线形文字是古代克里特语的音节文字，考古学上称之为线形文字甲（线文 A），至今尚未译读成功。公元前 2000 年代后期，古代希腊进入迈锡尼文明。在希腊半岛的迈锡尼出土了几千块泥版文书，这种泥版上的文字与线形文字不同，是用古希腊语写的，因此断定是迈锡尼人的文字，在考古学上称作线形文字乙（线文B）。英国学者文特里斯和柴德威克经过多年钻研，于1952年释读成功。[①] 苏美尔人、古埃及人以及中国人在很早就创造和使用了象形文字，然而令人费解的是在公元前15世纪到公元前10世纪前后，西方国家的象形文字不约而同地走上了拼音文字的道路，有些象形文字甚至至今不能解读，古埃及的象形文字成了死文字，古希腊的线形文字成了死文字，苏美尔人的楔形文字也成了死文字，古代印度的象形符号至今不能解读，而中国的文字却不断地成熟起来，以汉字汉语为媒介，人们彼此交流、劳作，在广袤的中华大地上繁衍生息，创造了璀璨的中华文明，形成了一脉相承的华夏文化。

文字的产生是人类历史上一个重大的飞跃。因为有了文字，人们的知识和经验得以传承，人们认识世界、改造自然的能力大大加强。人是从动物进化而来的，这一进化过程经历了几十万年，甚至是上百万年的历程。进化成人的原始人类，在史前阶段，对自然界的认识仍然是非常有限的。在原始人心中，自然界是神秘可怕的。昼夜的变化、季节的交替，人的生老病死等等，这些自然现象和生理现象人们都无法解释。自然界中似乎到处存在着威力无穷、不可捉摸的精灵，在自然界面前，人类是渺小的、无力的。因此，世界的各个民族无一例外地经历了神话与巫术的时代。从图腾崇拜到原始宗教，都显示了人类在自然界面前的无奈。人类的这种蒙昧时代究竟持续了多少年代，我们尚无确切的定论，也许持续了几十万年，也许持续了上百万年。以人工制造工具作为从猿到人进化阶段结束标志的话，人类进化成完全的人至少有250万年的历史了。如果说从原始人一直到人类的史前阶段，人对自然界的认识一直处于蒙昧时期的话，那么，随着

---

① 崔连仲、刘明翰、刘祚昌、徐天新等著：《世界通史》古代卷，人民出版社1997年4月版，第189页。

语言文字的产生，人类认识世界的步伐大大加快了。人类历史自有文字记载不过 5000 多年的历史，在这 5000 多年的历史中，人类对自然界的认识与蒙昧时代相比，产生了质的变化，特别是在印刷术的普及以及电能的发现之后，人类认识世界、改造世界的步伐进一步加快，而且有越演越烈之势，以至于我们很难想象几百年之后人类社会究竟会是何种样子。

1－4. 其他主要人类符号

（1）盲文

盲文：盲文也是一种表达思想的符号系统，盲文与自然语言的不同之处在于，自然语言是人们在社会实践中，随着农耕以及狩猎劳动相互沟通的需要自然产生的符号系统，是约定俗成的，而盲文则是人工创造的符号系统。开始的盲文是将字母刻在硬纸板上的，这种盲文有好多不便。一是使用这种盲文编的书太厚太重，一本没有几页的书要好几公斤重；另一方面，也无法将自己学到的知识记录下来。法国盲人路易斯·布莱尔以法语为基础创造了盲文。据说，布莱尔 3 岁的时候因为玩耍不小心摔倒，眼睛碰在尖锐的刀具上而导致一只眼睛失明，不久，另一只眼睛因为感染也失明了。布莱尔自幼喜欢学习，也非常刻苦，在他 10 岁的时候，他父亲费尽周折把他送进法国盲人学校。在盲人学校，他发现盲文书因为是用硬纸板刻成的，所以又厚又重，很不方便，因此一直期望能发明一种方法使盲人像正常人那样学习并且记录下自己学习的知识。一天一位朋友为他读报时一则消息吸引了他：一位法国军官在战场上练就了一门绝活，能在漆黑的夜间记录敌情和上级的命令，并能准确无误地传达。他想：正常人在黑夜中不就如同盲人一样吗？为什么不能用这种方法找出一种盲人能"读"能"记"的方法呢？不久，布莱尔拜访了那位军官，详细询问了那位军官"读"和"记"的方法。军官介绍说他是事先制订了一套用点和横组合成的"文字",做记录时,用一个锥形工具在厚纸板上划出相应的点和横。当需要这些信息时,就用手去触摸这些点和横,靠触觉"读"出来。在军官的启发下,布莱尔创造发明了盲文,他在一个小范围内的不同部位刺 6 个小洞,形成 63 种组合,每一种组合表示一个字母、词组或一种标点符号,形成了可凭触觉读出的文字。此后他又不断改进和完善,出版了《布莱尔方法》一书,发明了盲文。布莱尔发明的盲文公布以后,并没有引起人们的重视。此后,布莱尔又在盲文的基础上设计出一套数学和音乐的符号。1852 年,一位双目失明的小女孩在一次钢琴演奏会上获得了巨大的成功,她把这归功于布莱尔发明的盲文,因为盲文才使她学习音乐成为可能。小女孩演奏钢琴的成功,使布莱尔以及他发明的盲文名扬天下。

(2)世界语

世界语(Esperanto)是波兰医生柴门霍夫博士(LazaroLudoviko Zamenhof)于 1887 年在印欧语系的基础上创造出来的一种人造语言。世界语共有 28 个字母,书写形式采用拉丁字母,一个字母只发一个音,每个字母的音值始终不变,也没有不发音的字母,其语音和书写完全一致,每个词的重音固定在倒数第二个音节上,学会了 28 个字母和掌握了拼音规则以后,就可以读出和写出任何一个单词。世界语总结了印欧语系各种语言的共性,吸收了这些语言的合理因素,比其他各民族语言更加简化和规范,具有声音优美、科学性强、富于表现力的特点。世界语作为国际辅助语现在已传播到 120 多个国家,约有一千多万人掌握和使用这种语言。世界语的主要特征有:①世界语是在印欧语系的基础上,按照一定的语言规律,经过研究整理而成,并且在使用中不断发展和完善的,具有严密的科学性和一定的群众基础;②世界语具有语法简单、词汇容易记忆以及发音规则的优点,比较容易推广;③世界语是"中立性"语言,不干涉各国、各民族的内部事务，也不排斥任何一种民族语言，是进行国际交往时使用的一种国际辅助语言。

虽说都是语言，盲文、世界语等其他人工语言与自然语言却有很大的不同。一方面，自然语言是人们在长期的社会生活中共同创造的用于表达思想或情感的符号，是约定俗成的，自然语言不存在某个特定的发明人，其成果是集体智慧的结晶；另一方面，自然语言中的口头语言并不需要人们去刻意学习就能掌握，任何一个婴儿，只要身体发育正常并身处人类的社会环境，都会自然地学会和掌握口头语言。而且，人脑为人类学习语言提供了良好的遗传条件，人脑的语言区在婴儿出生前已经形成，即个体发生过程已经为学习语言做好了准备，不管婴儿身处哪一个国度，都可以学会其所在环境的语言。学习语言是一个自然的过程，只要不脱离人类社会，任何人都可以自然而然地掌握语言，这与学习其他人工语言有着本质的不同。其他人工语言虽然也能表达思想或情感，但是因为这些人工语言不是约定俗成的，也不存在这样的社会环境，因而要使用和掌握这些语言符号，则必须在后天进行系统地学习才能完成。

（3）数学符号

数学符号是人类符号的一种，其与语言符号既有联系又有区别。首先，数的概念是人类在长期的社会实践活动中不断总结出来的经验和知识，而数学符号则是人们为了表述数与数之间关系的一种约定，早期的数字是与文字交织在一起的。

在远古时期，人们为了表示物品的多少以及相互之间的关系，就有了"数"的概念，进而创造了表达数的符号。我国在3000多年前商代遗留下来的甲骨文中就有刻在甲骨和陶器上的数字，印度人大约在1500年前就已经采用了一套特殊的符号表示数，而且符号非常简单，易于书写和记忆，后来印度数字由商人传入了西班牙，到公元8世纪时，进入强盛时期的阿拉伯帝国占领了西班牙，看到印度数字简单且易于记忆，就学了回去。一个名叫哈瓦尔扎理的阿拉伯学者编写了一本算数书，介绍了印度数字的使用方法，该书后来被译成了拉丁文传到了欧洲各地，这就是我们今天使用的阿拉伯数字，这时的阿拉伯数字已经有了"0"的概念和符号了。

用阿拉伯数字记数时，比9大1的数字用"10"表示，以后是11、12……19，比19大1的数用"20"表示，以此类推，这种记数法叫做十进位制记数法。一组包括"0"号在内的十个符号可以用来记录一切自然数，这是数学史上最伟大的成就之一，特别是"0"的运用，更是经历了一个漫长的过程，充分显示了人类的聪明才智。"0"的发现与十进位记数法有着密切的关系。比如"五十加三"可以记做"53"，但"五个一百加三"就不能记做"5 3"了，这时要在5和3之间留一个空位，记做"5 3"。当然这个空位可以什么也不写，但是这样容易产生混淆，于是人们自然想到用一个符号填在这个空位上。大约在6世纪的时候，印度人在《太阳手册》这本书里，就开始用"·"表示过空位，后来演变成"0"。

中国古代的数字与汉语一样有象形文字的直观性特点。如表示一到九的数字纵式是：

横式是：

　　记数的方法是个位数用纵式，十位数用横式，百位数用纵式，千位数用横式，依此类推。用上面九个数纵横相间排列，能表示出任意一个数。例如："123"这个数可以摆成：｜ ━ ｜｜｜。

　　但是，"206"这个数就不能摆成：｜｜ ⊤。这时必须在中间空一位，要摆成：｜｜　⊤。这里的空位，就是产生零的萌芽。后来人们用"空"字代替空位，把"206"摆成｜｜空⊤。然而用空字代表零，在数字运算中，和纵横相间的算筹交织在一起，很不协调，于是又用"□"表示零。例如：把"104976"记做"十□四千九百七十六"，用"□"表示零，标志着用符号表示零的新阶段。①

　　在人类历史上，先是有具体的数量，如一头羊两头牛等，然后再抽象出数。原始人还不懂得抽象的数，这种现象在原始部落里现在也依然存在。20世纪70年代，在菲律宾棉兰老岛发现了尚处在旧石器时代晚期的塔桑代人，他们居住在森林岩洞中，使用极粗陋的石刀、竹刀、石斧、棍棒和弓箭等工具，以采集为主，生活极为原始。问他们一共有多少人，主人便"说出了24个名字"，而不会说24这个概括性的数字，说明他们还没有形成数的概念。塔桑代人甚至不会计算时间。经过漫长的发展阶段，原始人才离开了具体的量，抽象出一般的数，如1、2等等。这种抽象意义重大，产生了算术理论。然而，算术研究的对象是具体的数，因而不便于表示数量关系的一般规律，不便于对一般性的数学问题进行研究。16世纪末，法国数学家韦达在前人经验的基础上，有意识、系统地使用字母表示数。韦达相信使用字母代替数的方法，会使运算过程变得更加简单。17世纪，法国数学家笛卡尔建立了代数的符号系统，发展成为今天的习惯写法。②

---

① 孙兴运著：《数学符号史话》，山东教育出版社1998年9月版，第6页。

② 同上，第7页。

中国古代对分数的研究在数学史上有极其光辉的一页。早在公元前 3 世纪，在《考工记》里，谈到制造车轮问题时，有"十分寸之一为一枚"的词句。意思是说：1/10 寸等于 1 分。我国古代用算筹记写分数也很有特色，分子、分母不摆在一起。宋代秦九韶的《数书九章》里有这样一个例子：把 3056 1/4 记做：

显然，用算筹来表示分数要显得复杂一些。我们现在使用的在被除数和除数之间画一条短线"—"表示除法的方法是 17 世纪阿拉伯人沿用下来的，一直使用至今。我国古代在数学方面积累了丰富的知识，传统数学在 13 世纪达到了巅峰，但是，我国现代数学的历程是 19 世纪开始的，自李善兰开始，中国数学几乎是重起炉灶，艰难地开始了数学现代化的道路。张奠宙则认为中国现代数学的真正开端是 1911 年的辛亥革命，在此之前的只能算作是现代数学的萌芽时期。类似数学符号的还有其他科学符号，如化学符号、物理学符号等等。

（4）关于标准

"标准"是现代社会使用频率比较高的词汇，如果说到具体的标准，常见的如：VCD 标准、DVD 标准、USB 接口标准、蓝牙标准等等。这些标准给生产和消费带来方便，按照这些标准生产的产品，彼此间都可以相互兼容。现代意义的标准给那些标准制定者带来了滚滚财源，但是，对于标准的起源，学者们则是众说纷纭。有的学者认为标准是现代化大生产的产物，也有的学者认为标准是随着人类社会的发展而产生的，有着古老的历史。例如秦始皇统一了文字、货币、度量衡，就是制定了标准，是对中华民族的一大贡献。中国是个多民族的国家，有 55 个少数民族，其中有 53 个少数民族有自己的语言，这 53 个少数民族使用的语言约有 60 种，27 种文字，至于说到方言，更是不胜枚举。有学者统计，我国共有 80 多种彼此不能通话的语言和地区方言，不同民族的语言之间固然是互相听不懂，就是说同一种语言的也未必都能自由交谈，因为大多数语言都有方言的差别。汉语的方言分歧就十分严重，仅北方方言中就分为华北东北次方言、西北次方言、西南次方言和江淮次方言，南方方言中有吴方言、赣方言、湘方言、客家方言、粤方言和闽方言，汉语方言的种类很多，甚至有时同一种方言内部也存在很大的差异，不能自由沟通。但是，因为汉语是表意文字，尽管方言存在这样大的差别，如果写成文字，各方言之间基本可以沟通，这也许是秦始皇统一文字所带来的好处吧。但是对于标音文字来说，情况就不那么简单了。据说在德国，至今各地的方言很不统一，不仅各个方言之间不能进行有效的沟通，有的方言即便是写成文字也难以沟通，这也许就是标音文字与表意文字的差别。我们认为秦始皇统一文字、货币、度量衡也可以理解为是制定标准，而且是基于政治统治基础之上的标准，因此具有强制性。新中国成立后，为了扫除文盲，普及教育，推广普通话，我国进行了文字改革。1958 年，经我国第一届人大第五次会议批准，国家颁布了《汉语拼音方案》。颁布的《汉语拼音方案》是采用拉丁字母的拼音方案，分声母和韵母，是一套表示汉字读音的符号系统，是我国语言方面的一项国家标准，应用于拼写普通话、为汉字注音以及译写、转写人名地名科学术语等许多方面。经我国申请，1982 年，联合国标准化组织发布 ISO—7098 标准，确定《汉语拼音方案》为拼写中国人名、地名和一切中文文献的国际标准。

　　类似的现象在欧洲也出现过。十二世纪的欧洲尚无标准的德语、法语、西班牙语或英语，那时，教会和大学仍旧保持着拉丁语的统一性，普通人则使用方言进行交流。根据美国学者丹尼尔·J·布尔斯廷的考察：现在欧洲大约有 3000 种语言或方言，但在印刷时代之前，欧洲语言数量大概还要多得多，他认为印刷机在规范欧洲语言方面做出了巨大贡献。

我国是发明活字印刷的国家，后经阿拉伯人传到欧洲，在1450 年古登堡发明活字印刷机之前，欧洲市面上的书籍都是手抄的。手抄的书籍数量有限，且学者们较多地使用拉丁文，这严重影响了当地语言的规范和传播。1475 年，英国人威廉·卡克斯顿印刷的《特洛伊故事集》，是最早用英文印刷的书籍。那时的英国，每个郡都有很多种方言，多种语言的存在严重影响了人们的交流，书籍的印刷对规范英语起到了至关重要的作用，以至于布尔斯廷在谈到卡克斯顿对英语规范化的贡献时说"卡克斯顿使英语规范化，其努力不亚于莎士比亚之前的任何人"[①]。法语、德语的规范化也不例外。"为了传布基督教的福音，宗教为语言标准化开辟了道路，并提供了强大的推力。加尔文的法文《圣经》和路德的德文《圣经》，都在印本书籍的早期帮助了德、法两国语言的建立。"[②] 1539 年，法国弗兰西斯一世颁布《维莱科特雷赦令》，规定法兰西岛方言成为法国唯一的官方语言，而弗兰西斯一世最强有力的支持者是印刷机。在欧洲，王权和印刷机在确立语言标准的过程中发挥了重要作用。但是，需要说明的是，在语言形成的过程中，语言标准化和语言的演化过程是既相互联系又存在区别的两个方面。语言标准化无疑是对一个国家的政治、经济、文化、法律等领域都产生巨大影响的事件，因此，标准的确立大都是通过法律以及国家权力进行的，但是，不能因此而否定约定俗成在语言演化过程中的重要作用。

有的学者认为标准是随着工业革命产生的，是为适应近代产业的发展，为标准化生产服务的。如有的学者认为标准化是提高生产效率的媒介，把标准与效率相互联系在一起。现代意义的标

---

① [美] 丹尼尔·J·布尔斯廷著，严撷芸等译：《发现者》，上海译文出版社2006 年 6 月版，第 453—454 页。

② 同上。

准一般可以分为以下几种类型：正式标准，由官方标准制定机构制定；公共规范说明，由采用某种技术的多家公司联合组织制定；实际标准，由一家公司制定，其技术实施已经在市场中得到认可。标准是由所有利益方，即生产商、用户与政府机构以自愿参与的方式制定的规范。制定标准的目的是检测某产品在多大程度上符合现行规范的要求，以保证产品之间的统一性。以下借助计算机领域的事例来说明建立标准的重要意义。

在 1964 年之前，计算机大多是根据具体用户需要设计的，其专业性很强，因此难以相互兼容。1964 年 4 月，IBM360 系列模块化计算机研制成功，从而解决了计算机间的兼容问题，在计算机领域引起了革命，也给 IBM 带来了丰厚的利润。但是好景不长，1967 年 12 月，12 名掌握 IBM360 技术标准的工程师跳槽，成立了新的公司，他们生产并销售与 IBM360 兼容的光盘和磁盘驱动器，从而打破了 IBM 的市场垄断地位。这样，技术人员只需掌握设计规则，便可在模块创新方面与 IBM 展开竞争。这种态势的发展对 IBM 产生了巨大的影响。1969 年 IBM 相关企业占了整个市场份额的 71％，可是到了 1996 年，整个电脑产业没有一家企业的市场份额超过 15％。当初市场份额集中在少数企业（主要是 IBM）的现象已经不复存在。另一方面，由于 IBM360 系列模块化计算机研制成功，给计算机及其相关产品的兼容创造了条件，市场的总价值不但没有减少，而且持续攀升。仅在美国硅谷，电脑业就形成了由 1000 多家企业组成的产业集群，并且带动了相关产业的发展。标准在当今社会经济生活中发挥着越来越重要的作用。

也许是从 IBM360 事例中汲取了教训的缘故，尽管受到欧盟的强大压力，微软在公开其技术标准方面仍然是动作缓慢，跟欧洲委员会玩起了捉迷藏的游戏。早在 1998 年 12 月，美国太阳微电子公司率先向欧盟反垄断执法机构欧盟委员会投诉微软公司，开启了欧盟对微软公司的反垄断调查。微软公司被指控意图利用自己在个人电脑操作系统市场上的绝对优势以挤占服务器软件市场，其表现是微软公司拒绝向服务器行业的竞争对手提供相关技术信息，导致竞争对手开发的软件无法与微软"视窗"（Windows）操作系统充分兼容。2004 年 3 月 24 日，欧盟委员会认定微软公司滥用了自己在个人电脑操作系统市场上的优势地位，要求微软公司在 90 天内提供不带自身媒体播放器的"视窗"操作系统版本，并在 120 天内向服务器软件行业的竞争对手公开相关技术信息。此外，欧盟委员会还对微软公司开出了 4.97 亿欧元的巨额罚单。

2004 年 7 月，微软公司支付了罚款。2005 年 6 月 15 日，微软公司正式推出不带自身媒体播放器的"视窗"操作系统。但是，微软在公布其源代码方面却始终不肯就范。2006 年 7 月 12 日，欧盟委员会决定对微软公司再次处以总额 2.8 亿欧元的罚款。2006 年 10 月，微软公司就欧盟委员会新的处罚决定上诉至欧洲初审法院。2007 年 3 月，微软因为互用信息设定的版权费用过高又遭到欧盟指控，欧盟对其威胁将处以更多罚款。

2007 年 9 月 17 日，欧洲初审法院做出最终判决，支持欧盟在 2004 年发布的微软反垄断案裁决，微软必须遵守 2004 年 3 月欧盟委员会做出的裁决，即向竞争对手公开网络协议的技术参数和提供未捆绑音视频软件版本的 Windows 系统。同时法院还支持欧盟对微软处以 6.13 亿美元的罚款。

2007 年 10 月 22 日，欧盟委员会反垄断专员尼莉·克罗斯（Neelie Kroes）表示，关于反垄断问题，尼莉·克罗斯已经与微软 CEO 史蒂夫·鲍尔默在电话中达成一致。克罗斯说："微软这一'黑暗的篇章'已经翻过去了。从今天起，关于反垄断问题已经解决。"

据悉，微软与欧盟达成的和解协议包括三方面内容：①微软竞争对手可以获取和使用微软的互操作信息（可理解为技术标准）；②使用这些信息的费用降至象征性的 1 万欧元（14348 美元）；③微软对专利所收取的授权费从此前的 5.95％降至 0.4％。至此，微软终于在开放互操作信息方面作出了让步，从而为服务器行业的自由竞争开辟了道路。

由于技术标准背后隐藏着巨大的商业利益，今后，围绕技术标准问题必将还会展开激烈的竞争。至于竞争的方式是走向垄断，还是通过合作竞争共同把市场做大，从而共同分享巨大的市场利益，则是每一个市场参与者必须认真面对的问题，这方面值得参考的一个典型案例是蓝牙技术标准的制定。

蓝牙技术标准是由爱立信、IBM、Intel、诺基亚、东芝等 5 家公司联合制定、于 1998 年 5 月公布的近距离无线通信技术标准。蓝牙技术是一种无线数据与语音通信的开放性全球规范，其实质内容是为固定设备或移动设备之间的通信环境建立通用的无线电空中接口（Radio Air Interface），将通信技术与计算机技术进一步结合起来，使各种 3C 设备在没有电线或电缆相互连接的情况下，能在近距离范围内实现相互通信或操作。计算机、鼠标、打印机、移动电话、PDA、数码相机等都可通过"蓝牙"技术实现语音和数据的交换。同时，还可以通过接入点（如：PSTN、ISDN、LAN、ADSL）与外界相连。蓝牙具有支持语音和数据传输、传输范围大、可穿透不同物质、可在物质间扩散、抗干扰性强、不易窃听、成本低等特点。通过蓝牙进行无线传输，可以突破传输线的牵绊，从而实现不同信息、不同通讯设备之间的自由传输，使消费者摆脱了拔插连线的烦恼，非常方便。因此，蓝牙技术近几年在通讯、信息、家用电器等领域得到了广泛的应用。市场做大了，参与这些市场的厂家利益也就自然而然地增加了。

时间标准的制定可以说也是比较典型的事例。古代时期，人类社会尚没有统一的时间概念，也没有统一的记时工具，人们对时间的认识和约定往往还要借助各种自然现象。例如，我们今天举办的奥运会就是古希腊的伊利斯和斯巴达两个城邦国通过签定条约而确定下来的。在那个时期，古希腊各城邦国之间为争夺权利，连年发生战争，人们渴望和平。于是，伊利斯王和斯巴达王于公元前 884 年达成协议，签定了《神圣休战条约》。条约规定每 4 年在奥林匹亚举行一次竞技集会，时间是葡萄成熟到收获的季节期间，在第一个满月那天举行，这就是今天的奥林匹克运动会。无独有偶，泰国的水牛节早在几百年前就在泰国中南半岛各地出现了，一般是在每年旱季开始前满月的前一天，即农历九月十四日举行。可见，在那个时期，许多自然现象成为人们约定时间的标准，日月星辰、自然变化就成为人们最常见的时间计量单位。"以游猎为主要谋生手段的鄂温克人把春季叫做'打鹿胎的时候'，夏季叫做'打鹿茸的时候'，冬季叫做'打灰鼠的时候'。"[①] 月亮的圆缺变化，是另一个重要的天象。经过长期的观测，人们逐渐发现月亮圆缺的周期约为 30 日，这便导致一个较长的时间概念"月"的产生。人们根据日月天象制定了历法，以月亮圆缺变化为基本周期而制定的历法是太阴历，又称为阴历。"月亮一词在英语以及与之同源的其他语言中，其词根都是意为'测量'的 me（例如希腊语的 metron、meter 和 measure），这就不禁使我们想起月亮是人类通用的第一计时器。"[②] 古人日出而作，日落而息，就是以太阳的出入作为作息时间的客观依据。太阳出入造成的明暗交替现象给先民们以极深的震撼，以太阳出入为周期的"日"，也许是古人最早认识的时间单位。从世界范围看，早期人们大都是采用阴历的历法，这是因为朔望月的周期，比回归年的周期易于确定。后来，人们认识了回归年，出于农业生产等的需要，许多国家改用阳历或阴阳历。以地球绕太阳公转的运动周期为基础而制定的历法是太阳历，又称为阳历，太阳历

① 林德宏著：《科学思想史》，江苏科学技术出版社 2004 年 8 月第 2 版，第 2 页。
② ［美］丹尼尔·J·布尔斯廷著，严撷芸等译：《人类探索世界和自我的历史——发现者》，上海译文出版社 2006 年 9 月版，第 3 页。

的历年近似等于回归年，一年 12 个月。阴阳历是兼顾月亮绕地球的运动周期和地球绕太阳的运动周期而制定的历法。阴阳历历月的平均长度接近朔望月，历年的平均长度接近回归年，是一种"阴月阳年"式的历法。它的每个年份基本符合季节变化，又使每一月份的日期与月相对应。我国的农历就是一种典型的阴阳历。①

"埃及人是首先发现太阳年的长度并以有用而实际的方式给它下定义的人"②，他们早在公元前 4241 年就开始使用"日历年"，或称"尼罗年"。古代埃及人制定的历法，是计算尼罗河水涨落期的需要。每年 6 月，尼罗河洪水泛滥，从上游冲来肥沃的土壤，使农作物得以茁壮成长，由此，埃及人产生了"季节"的概念。古埃及的历法是从观测大犬座星得到的。大犬座星在我国被称为天狼星，他们发现三角洲地区尼罗河涨水与太阳、天狼星在地平线上升起同时发生，他们把这样的现象两次发生之间的时间定为一年，把一年分为 3 季，即"泛滥季"、"长出五谷季"、"收割季"，每季 4 个月。每到夏天，天狼星在黎明前从东方升起的时候，尼罗河就开始泛滥。埃及人把这看作是圣河泛滥的预告，因而视天狼星为神明，顶礼膜拜。他们修造庙宇，祭祀天狼，祈求丰收。埃及女神爱西斯的庙门正对着天狼星升起的方向。

在时间统一之前，由于世界各国采用不同的计时方式，各国的时间并不统一，随着航海技术的发展和新交通手段的不断完善，国与国之间的交往越来越频繁。但是由于各国时间的不统一，这使国与国之间的交往很不方便。为了协调时间的计量，1884 年在美国华盛顿举行了国际子午线会议，会议决定采用英

---

① 洪恩在线，http://www.hongen.com/art/twdg/esjlf/te1005.htm

② ［美］丹尼尔・J・布尔斯廷著，严撷芸等译：《人类探索世界和自我的历史——发现者》，上海译文出版社 2006 年 9 月版，第 5 页。

国伦敦格林威治天文台（旧址）埃里中星仪所在地的子午线作为时间（包括经度）计量的标准参考子午线，称为本初子午线。在本初子午线上测得的时间是格林威治地方时间。以本初子午线为标准。分别向东、西各划出 12 个时区，全球共划分成 24 个时区。各时区都以中央经线的地方平太阳时作为本区的标准时，相邻两个时区的标准时相差一小时。目前，全世界多数国家都采用以区时为单位的标准时，以保持时间的统一。

标准从本质上说是符号。标准的表现形式是符号，标准是通过符号制定的，是通过各种各样的方式约定或规定的，不论是时间标准，还是工业标准都是如此。我们知道，我们现在所说的年，是以地球绕太阳公转一周的时间为标准的。在太阳系有九大行星，每个行星绕太阳公转的时间各不相同。以地球为参考（地球绕太阳一周的时间＝1 年），水星绕太阳公转一周的时间是 87.9 天，金星是 224.7 天，火星是 1.9 年，木星是 11.8 年，土星是 29.5 年，天王星是 84.0 年，海王星是 164.8 年，冥王星是 247.5 年。这样，我们现在所说的年就可以理解为是地球年了，而其他行星绕太阳一周的周期可以分别理解为水星年、金星年、火星年等等。当然，人类在观察宇宙、认识宇宙时自然而然地使用地球年的概念，因为人类是以自己的标准和尺度来认识自然界的。自然界是混沌的，宇宙是混沌的，宇宙中各种天体现在的名称只不过是我们人类赋予的名称或符号而已，也仅仅是符号而已。有些自然现象之所以成为约定时间的符号，是因为人们赋予了它表述和测度时间的意义。自然现象是客观存在的，但是，人们对于这些现象的认识却与人们所处时代的社会、经济、科学发展水平以及各个国家、民族不同的自然环境和社会生活密切相关，这些符号无一例外地打上了其所在社会的印记。

星期的形成或许是受到基督教的影响。《圣经》上说"六日要劳碌，作你一切的工，但第七日是向耶和华你的神当守的安息日。这一日你和你的儿女、仆婢、牲畜，并你城里寄居的客旅，无论何工都不可作。"① 犹太人遵守安息日，在安息日是不能工作的。到三世纪时，整个罗马帝国在日常生活中普遍采用了一星期七天制。"我们所熟知的一星期七天的排列法来自罗马人认为按'掌管'每天第一个小时的那些星球的这种排列次序。当时的占星家确是按照他们所推测的星球离地球的距离远近来利用这种'次序'以推算每个星球对世事的'影响'。他们相信每个星球掌管一个小时，到了下一个钟点就要让位于其次一颗离地球较近的星球去施加影响。""一星期中的每一天就以控制第一个钟点的行星命名，现在大家熟悉的一星期七天的名称次序就是这样计算的结果。"② 实际上，这种命名同各星球与地球之间的距离以及各星球绕太阳公转的时间没有任何关系，命名本身反映了当时人们对自然界的认识水平和当时的社会状况。

有的科学符号如数学、化学符号等虽然早期渗透在自然语言符号之中，但是随着科学技术的进步以及学科的不断发展和完善，这些科学知识从自然语言知识中分离出来，逐渐形成了各自独特的符号系统。例如，我国从古代开始，在数学方面就积累了丰富的知识。约公元前 1600 年，在我国商代的甲骨文中，就发明了十进制计数法。即用 10 个数字符号置于不同位置，排列起来，以表示任意自然数。公元前 5 世纪的《墨经》中出现点、线、面、方、圆等几何概念，可称为世界上最早的几何学思想萌芽。公元前 2 世纪成书的《周髀算经》中记载了勾股定理和勾股测量问题，提出了"径一周三"，把圆周率定为"3"。但是，我国现代数学的历程是从 19 世纪开始的，而且几乎是重起炉灶。与约定俗成的自然语言不同，科学语言在重启炉灶的现代化过程中，并没有遇到强有力的抵制，在数学符号、化学符号等科学符

---

① 《圣经·旧约·出埃及记》，第二十章。

② ［美］丹尼尔·J·布尔斯廷著，严撷芸等译：《人类探索世界和自我的历史——发现者》，上海译文出版社 2006 年 9 月版，第 13 页。

号的现代化过程中并没有发生强大的阻力，重起炉灶也是司空见惯，这在自然语言方面是不可想象的，从这一点可以看出自然语言符号与其他符号的不同。如果在自然语言方面，要改变一个国家或民族的语言必定会遇到该国家或民族在习惯、文化以及民族意识等方面的强大抵制，被改变语言的国家或民族会感到受到了侮辱，有时甚至会因此引起民族冲突，这反映了自然语言与人工语言在这方面的巨大差别。

1-5. 符号与思维的关系

要揭示语言的起源，有必要探讨人的精神观念，探讨语言与思维的关系。斯特恩区分了语言的三个根源：表达的倾向（expressive tendency）、社交的倾向（social tendency）和有意的倾向（intentional tendency）。虽然前两种语言根源构成了动物中可以观察到的语言雏形，但第三种语言根源却是人类所独有的。[①] 思维的进展并不是与言语的进展同步的。它们的两条发展曲线是相交的，而且是不断相交的。在动物身上，言语和思维发生的根源并不相同，各自的发展路线也不相同。这一事实为苛勒（W. Koehler）和耶基斯（R. Yerkes）以及其他关于类人猿的研究所证实。苛勒的实验证明在动物身上出现的初期智力——即严格意义上的思维与言语完全没有关系。[②] 苛勒通过多年对黑猩猩的观察得出，黑猩猩所发出的言词只能表示各种欲望和主观心态；这些言词是表达情感的，而不是表示任何"客观"的东西。动物不能描述事物，在动物那里，世界是混沌的，动物只能应对外部环境，只能应对已经发生或正在发生的事情，不能预测和计

---

① ［俄］列夫·谢苗诺维奇·维果茨基著，李维译：《思维与语言》，浙江教育出版社 1997 年 9 月版，第 28 页。

② 同上，第 37 页。

划将要发生的事情。在奥运会召开之前，我们人人都知道 2008 年将在北京召开奥运会，每个人都可以在观念中描绘和想象奥运会的情景，而动物却不能，动物是没有 2008 年这个观念的，动物的观念只能应对眼前的事情，离开眼前的事情，动物就无所作为了。

心理学的一些研究成果也证明，人的思维和人的语言是同步进行互为促进的。新生婴儿的脑皮层中没有任何突触接触，它的高级脑只是大量未被神经连接的细胞。低级脑在婴儿诞生前就已经发育成熟，并能产生不同的本能行为，如吸吮、哭叫、回缩，甚至可以盯住眼前移动的东西。但高级脑中却是一片空白的记忆，而且对这个世界丝毫没有任何感觉经验。"高级脑部分只有在婴儿出生后才开始发育。此时，脑皮层的神经元会进入一个疯狂生长的阶段，并萌生出大量的树突和轴突。婴儿在诞生后最初的几年里，其大脑每秒会生成近两百万个新的突触式接触位点，但位点的生成相当随意，位点的相互连接也是杂乱的。这些接触位点尚未成熟，还没有被白质鞘隔离。"①

冯特认为，示意性手势是人类言语发展过程中的第一阶段，这一点在动物身上并没有表现出来。但是他指出，类人猿的某些手势是处在从理解性向示意性过渡的某种形式。这个过渡阶段的手势是从纯粹的情感性表达转向客观性语言的很重要的一步。然而，在动物的各种活动中，没有证据表明动物达到这个客观表述的阶段。苛勒通过对类人猿的研究告诉我们：类人猿具有很高的智力，在类人猿身上也看到了明显的言语的机能，然而，类人猿发出的声音只是与其情感有关，同思维没有关系。因此，从本质上看，这只是一种本能的反应，动物至多具有感性思维，而抽象思维则是人类所独有的。动物更多的是对眼前具体事物的思维，饥饿时有寻找食物的思维，发情时有寻找异性的思维。总之，动

---

① ［英］约翰·麦克克罗恩著，周继风译：《人脑中的风暴》，三联书店 2003 年 11 月版，第 32 页。

物的思维总是面对当前事物和自身情感的，它既不存在逻辑的思维，也不存在通过符号进行的思维。而人比动物高明之处在于人可以通过符号这个中介进行思维，人可以进行逻辑的、抽象的思维。马克思说过："蜜蜂建筑蜂房的本领使人间的许多建筑师感到惭愧。但是最蹩脚的建筑师从一开始就比最灵巧的蜜蜂高明的地方，是他在用蜂蜡建筑蜂房以前，已经在自己的头脑中把它建成了。劳动过程结束时得到的结果，在这个过程开始时就已经在劳动者的表象中存在着，即已经观念地存在着。"①

　　早期的人类没有独立的交流媒介，他们主要是以声音、面部表情和自己的身体等作为媒介来传递或交流信息。"他们的身体符合媒介的'手段和工具'的属性，但却无法与他们所传达的信息分离开来，他们和所要传达的信息同处一体，是不能分开的。有些信息是与他们的这种媒介身体共存的，作为媒介的身体一旦失去生命力，信息便随之消失。"② 这种媒介与信息同处一体的状况虽然有一定的局限性，限制了人们交流，但也具备了一些语言的特征。这种媒介是通过内容与身体结合在一起的"约定俗成"的信息表达方式来传递信息的，离开"约定俗成"，沟通则难以进行。当然，在前语言阶段，信息表达方式的不准确性会大大增加信息传播者与接受者理解的偏差。因此，"到人们开始用发音的言语的方法来弥补动作的不足的时候，事物的名称就自然会首先出现，因为它已经成了最熟悉的信号。这种出言吐语的方式，对于言者和听者双方来说都是最方便的。"③ 然而，这种"出言吐语"是以人们具备了一定的观念为基础的。孔狄亚克认为：动作语言和呼喊声是产生语言的起源。"只有在表达人们自

---

　　① ［德］马克思著：《马克思恩格斯全集》第 23 卷，人民出版社 1972 年版，第 202 页。

　　② 安思国著：《媒介交流研究》，中国传媒大学出版社 2005 年 8 月版，第 3 页。

　　③ ［法］孔狄亚克著：《人类知识起源论》，商务印书馆 1989 年 8 月版，第 187、205 页。

己的精神中已具备了的观念时，才必须使用一些符号。"①

考察儿童早期思维与语言关系，可以为研究人类思维同语言的关系提供参考。"儿童在 2 岁左右的某一时刻，思维和言语的发展曲线在分开之前一直相遇并会合在一起以引起一种行为的新形式……这时儿童有了他一生中最伟大的发现，也即每样东西都有自己的名称。这个关键时刻，即言语开始为智力服务，思维开始用言语表达出来的时刻，是由两种明显的客观征象显示出来的：①儿童突然对词语抱有一种主动的好奇心，对每一件新东西都要问'这是什么'。②由此导致的结果是，他的词汇量迅速、飞快地增加。儿童感到有一种说话的需要，通过提出种种问题，试图主动地学会表示物品的语言符号。言语在早期是情感——意动的，现在进入了智力阶段。言语和思维发展的两根曲线会合在一起了。"②

"儿童的最伟大的发现只有在思维和言语发展达到某个相对较高水平时才有可能。换言之，没有思维活动，言语就不可能被'发现'。简单地说，我们可以做出如下结论：①思维和言语在个体发生的过程中具有不同的根源；②在儿童的言语发展中，我们能够确证有一个前智力阶段，而在思维发展中，有一个前语言阶段；③在某个时刻之前，两者沿着不同的路线发展，彼此之间是独立的；④在某个时刻，这两根曲线会合，因此思维变成了言语的东西，而言语则成了理性的东西。"③ "思维与言语的关系不是一件事情而是一个过程，是从思维到言语和从言语到思维的连续往复的运动。在这个过程中，思维和言语的关系经历了变化，这些变化本身在功能意义上可以被视作是一种发展。思维不仅仅用

① ［法］孔狄亚克著：《人类知识起源论》，商务印书馆 1989 年 8 月版，第 187、205 页。

② ［俄］列夫·谢苗诺维奇·维果茨基著，李维译：《思维与言语》，浙江教育出版社 1997 年 9 月版第 48—49 页。

③ 同上，第 49 页。

言语来表达；思维是通过言语才开始产生并存在的。"①

个体儿童的思维和语言的发生、发展过程可以看作是人类种群思维和语言发生、发展过程的一个缩影，虽然这个缩影与语言的起源不是完全一致，但是对研究人类语言产生的根源具有启示作用。首先，人类思维和语言的起源同儿童思维和语言的发生、发展过程一样，是一个相互促进、互为条件的过程。一方面，思维的发展促进了语言的发生、发展；另一方面，语言的发生、发展又促进了人类思维能力的不断完善。当然，这一切都离不开思维和语言的载体——人脑的不断进化，只有人脑进化到了可以进行人的思维和支配语言的程度，人的思维和语言才可能产生。可以说在人的进化过程中，人的思维能力、人的语言以及人脑的机能是在不断地相互促进、互为条件的基础上不断完善和发展起来的，离开其中的任何一个条件都是不完善和不可能的，而把人类思维的发展、语言的不断完善以及人脑机能的发展组合在一起的就是人类的社会活动——劳动，群体的劳动（包括狩猎），因此可以说"劳动创造了人本身"。其次，儿童个体思维和语言的发生、发展与人类语言的起源又有很大的区别。儿童是在语言交流的环境中习得语言的，儿童习得语言不仅有学习语言的语言环境，而且有现成的语言可供他们学习，并且教授儿童语言的人本身掌握着语言。然而，在人类语言产生和发展的漫长过程中，在语言产生之前，人类的祖先既没有现成的语言环境可供模仿，也没有现成的语言可供学习，更不存在已经掌握语言并可以教授语言的传授者。所以，儿童语言的习得过程与人类语言的起源又有很大的不同。对儿童语言发生、发展的研究成果告诉我们：儿童语言的发生、发展是在社会环境中形成的，环境的影响对语言的习得有重要作用；成功的语言获得有一个关键期，如果在这个关键期内，儿童没能习得或掌握语言，则儿童的这种语言能力是不

---

① 同上，第 136 页。

可恢复的；儿童天生具有习得语言的能力，这种能力是可以遗传和继承的。人类语言的起源是一个不断进化、发展的过程。

关于语言和思维产生先后的问题，历来是语言学、哲学、人类学以及心理学争论的一个焦点。把各家观点归纳起来主要有以下观点：①语言先于思维说。持这种观点的人认为，语言是思维的工具，没有语言，人就不可能进行思维。②同步说。这种观点认为，语言和思维的产生是互为条件、相互促进、同时产生、同步发展的。③思维先于语言说。持这种观点的人认为，人类和人类思维的发生都先于语言。他们认为语言是在人类思维有了初步发展后，原始先民为了固定和交流思想的成果——思想，才被创造出来的。因此，语言是思维的产物。张浩认为："是工具、劳动和思维活动，带动着萌芽语言的前进；这种前进中的萌芽语言，又反过来帮助思维活动能够比较清楚地认识事物，或推进思维的发展。"①

孔狄亚克认为，信号的使用是想象、默想和记忆发展的真正原因。"我把信号分为三种。第一种，偶然信号（les signes accidentals），或者说是一些客体，这些客体由于某些特殊环境而与我们的某些观念连接了起来，因此，这些客体是适宜于唤起那些观念的。第二种，自然信号（les signes naturels），或者说某几种呼喊声，这些呼喊声是大自然为了表达欢乐、恐惧、痛苦等感情而给予我们的。第三种，制定信号（les signes d'institution），或者说是由我们自己选定的一些信号，这些信号和我们的观念之间只有一种人为的联系。"② 在孔狄亚克那里，信号被分为了三类：第一类是偶然信号；第二类是自然信号；第三类是制定信号。而在这三类信号中，只有第三类信号是与我们的观念之

---

① 张浩著：《思维发生学》，中国社会科学出版社 2005 年 6 月版，第 146、153 页。

② ［法］孔狄亚克著：《人类知识起源论》，商务印书馆 1989 年 8 月版，第 39 页。

间有人为联系的"信号"。其他两类信号都是自然界所赋予的，都是自然信号。原始人借助自然信号只能认知存在于他眼前的表象。"假定有一个人，他从来没有使用过任何人为的信号。凭着偶然信号的唯一帮助，他的想像和回忆或许已经有了某些运用，即已与它连接起来的那个知觉将自行唤起，他也一定能认出这是一个他已经有过的知觉。这种情况只有在某种外界原因把那个客体放到他眼前时方能发生。而当那客体不在眼前时，我所假设的那个人就毫无办法凭自己来把它回想起来了。"① 因此，孔狄亚克认为，记忆就在于具有使我们回想起我们观念的信号，或者（回想起）伴随着这些观念的环境的能力。他指出"一个仅仅具有偶然信号和自然信号的人，是决不会有可以受他调动的信号的。故他的需要当然只能引起他的想象的运用。因此，他必定是个没有记忆的人。"孔狄亚克因此下结论说"兽类是决不会有记忆的。它们只有一种它们丝毫不能加以支配的想象。它们只有在某件事物的形象在其大脑中与一件出现在眼前的客体紧密联结在一起时，才有可能来想象这件不在眼前的事物"。较典型的事例是金鱼，它们只知道过去 10 秒钟以内发生的事情。孔狄亚克的话当然存在偏激，因为心理学研究成果证明高级动物也存在记忆，但是动物的思想只局限于现在时态。动物大脑的自然本性使动物的思考范围仅限于现在这个地方发生的事情，而语言让人类的思维得以突破这种局限。

孔狄亚克认为动物不具备运用人为符号的能力，所以他们也不具备任意调动信号的能力，因此也不具备真正的思维和驾驭想象的能力。制造和驾驭人为信号的能力是区别人和动物的重要标志之一。他说："记忆一旦开始就足以使我们开始自主地运用我们的想象。只消一个人为信号就能自己唤起一个观念来，而且，人们在想象上所能获得的最初的和最低阶段的记忆和能力，肯定

---

① ［法］孔狄亚克著：《人类知识起源论》，商务印书馆 1989 年 8 月版，第 39 页。

就在那个人为信号上。这个信号给予我们支配我们注意的能力，或许是最微弱不过的。但是，即便是这样，这种能力也令人开始感到了信号的便利，而且因此，它有利于使人至少抓得住其中某一个时机，在这个时机中，它可能对以此信号来发明新的信号是有益或必要的。"①

1-6. 语言的功能

语言是人类最重要的符号系统，是人类与动物的本质区别之一。首先，语言是人类所独有的符号系统。与动物不同，人类的语言具有可组合性，人类可以通过使用语言表达无限的意义。动物也各有其独特的交际手段，动物主要是通过气味、声音、体势等进行沟通的，因此动物的气味、声音等只是对现场情景刺激的反应，不能表达过去或未来的事件，不能叙述异地发生的事情，因此，不具备语言的基本属性。其次，语言的基本功能是用于交际和思维。语言是存在于全社会成员大脑里的相对完整的抽象符号系统，具有全民性、非物质性和抽象性。语言是约定俗成的，具有约定性和任意性。所谓约定性，是指用什么样的语言代替什么样的事物，是由使用者共同约定的；所谓任意性是指语言与其所代表的事物之间没有必然的联系，其联系由使用者的约定所决定。

语言是人类创造的，因而语言对人类来说具有多种功能。语言的功能具体可以分为社会文化功能和心理功能。在社会文化方面主要有表达思想的功能和文化传录的功能。

1-6-1. 语言的社会功能

（1）表达思想和情感的功能

---

① ［法］孔狄亚克著：《人类知识起源论》，商务印书馆 1989 年 8 月版，第 45 页。

人类具有社会性，人类在社会活动中时时刻刻都需要表达各自的思想和情感，交流思想和情感是语言最重要的功能之一。语言是人类最重要的符号工具，许多符号都是通过语言符号演化而来的。人们习惯于运用符号表达思想和情感，人的喜、怒、哀、乐以及思想都是运用人类的符号系统来表达的。如果没有符号，人类交流思想和情感的广度和深度将会受到极大的限制，人类将退化到动物的水平。

（2）文化传录的功能

人是文化的存在，人类在漫长的生产和社会生活中创造了灿烂的文明和丰富多彩的文化，积累了丰富的科学文化知识，这些科学文化知识大都是通过语言传录下来的。如果没有语言，人类的经验和科学知识就得不到积累，人类的文化也不会得到传承，语言是人类文化得以延续和发展的重要工具，语言也是人类文化最主要的载体。因为有了语言，人类文化得以超越时空的限制，在更加广阔的领域进行传播。人是文化的存在，语言是这种文化存在得以延续的最重要的工具。

（3）语言的交际功能

人是社会性动物，人在社会生产和社会生活中离不开彼此间的交际、交往，语言是人类交际、交往必不可少的工具。人从出生到成长的整个过程都是在不断与他人的交际、交往中完成的，而人所有的交际、交往都离不开语言。人类组织社会化大生产需要交际，进行各个方面的协调也需要交际。交际与表达有很大的不同，交际需要对方的反馈，有一个完整的互动过程。表达则不同，表达可以仅仅是思想和情感的自然流露，不需要对方的反馈。

1-6-2. 语言的心理功能

语言除了在人类社会文化方面的功能以外，在人类心理方面的作用也是多方面的。

（1）语言是人类思维的工具。人类思维包括形象思维和抽象思维，形象思维是通过操作语词——表象，在观念中或同时通过外化手段建构新形象所展开的思维①，如艺术家在艺术创作时的思维就是形象思维；抽象思维是运用概念、判断、推理等方式进行的思维。概念、判断、推理是由词语、句子乃至篇章构成的，因此，形象思维和抽象思维所凭借的思维工具主要是语言。

（2）语言具有认知功能。认知是人类的一种高级心理活动，思维能力和知识背景在认知活动中起重要作用。由于语言符号是人类思维最重要的工具，所以人类的绝大部分知识是沉淀在语言之中的，语言对认知活动起着重要作用。

（3）语言具有心理调节功能。自动进行心理调节，是人类智能的重要表现之一，语言在人的心理调节方面具有不可忽视的作用。语言对心理的调节功能主要表现在对注意力、情绪心态以及行为动作等方面，语言对人注意的方向、情绪心态以及行为动作都有明显的调节作用。不同的绘画语言和音乐语言对人的情绪具有重要的调节作用。例如：不同颜色的美术语言对人的警示作用以及缓解人们的紧张情绪具有重要作用；人们沮丧的时候听一曲清新欢快的音乐、欣赏一幅明快的图画都会对人的心情起到调节作用；通过视觉和听觉语言创造的场景，会对人的行为方式产生重要的影响。

（4）语言具有开发智力功能。语言在人类智力开发方面占有重要地位，人的语言系统是一个庞大复杂的体系，通过这个体系人们感知世界、认识世界和积累知识。人们认识世界的能力以及对知识的积累程度直接影响到一个人的智力水平。语言是人类认识世界和解释世界最重要的工具之一，通过语言人类不仅认识世界，也促进了人类自身智力的发展和进化。

---

① 苏富忠著：《思维科学》，黑龙江人民出版社 2002 年 8 月版，第 145 页。

口语的物质载体是语音，语音由人耳接受，通过人耳的神经生理运动，把语音的声学信号转化为神经脉冲信号，然后送入大脑的语言中枢进行处理。书面语的物质载体是文字，文字由眼球接受，通过人眼的神经生理运动，把文字的光学信号转化为神经脉冲信号，然后送到大脑的语言中枢进行处理。负责处理语言神经脉冲信号的是大脑语言中枢。大脑语言中枢一般在大脑的左半球，主要有两个区域：一个是布洛卡区，该区处于左脑额下回，负责主管语法信息的加工和语言表达。另一个是韦尼克区，该区处于左脑颞上回后部，负责语义加工，与语言理解有密切关系。研究成果还显示：大脑的语言处理并不仅仅与语言中枢有关，与大脑其他部位，如大脑皮层也有密切关系。而且，大脑的两个半球不是相互分离而是通过整合发挥功能的，经过整合，大脑能用超过并不同于大脑任何一个半球的能力及方式去工作。大脑左半球擅长于言语、协作、数字运算、阅读等等，是主要的语言中枢。大脑右半球则在加工人像、解决空间关系问题、符号推理、艺术活动等方面更有优势。[1]

在社会文化方面，人们从孩提时就通过语言认识和解释世界，赋予自然界的事物以不同的名称，形成了各种各样的概念，然后通过这些概念进行思维，儿童就是通过这种思维逐步发展自己智力的。现代医学表明：患失语症儿童的智力明显低于正常儿童的智力。心理学的研究成果表明：儿童语言的获得存在一个关键期，在这个关键期内儿童习得语言的程度对其语言的获得起重要作用，儿童语言的获得与发展是主体与客观环境相互作用的结果。从小在动物环境中长大的"狼孩"、"熊孩"，由于在特定的时期没能学会人类的语言，其知觉水平没有得到发展，其智力水平比普通儿童要低下得多，而且这种语言能力以及心理功能难以

---

① 〔美〕Roger R. Hock 著，白学军等译：《改变心理学的 40 项研究——探索心理学研究的历史》，中国轻工业出版社 2004 年 1 月版，第 10 页。

在以后的学习中改善。布莱克摩尔和库珀（1970 年）做过一系列引人注目的研究，证明动物也存在类似的现象。他们让小猫在黑暗的环境中长大，它们只能看到垂直或水平的条纹。不久，他们把猫从黑暗的环境中取出，发现只看垂直条纹的猫只能对环境中物体上的垂直条纹作出反应，对水平条纹则毫无反应。而只看水平条纹的猫只能知觉水平的图形。猫的视觉能力没有被损害，但是一些特殊的知觉能力没有得到发展，这种特殊的缺陷是不可弥补的。①

　　人类的大脑和有关的神经网络，是一个在后天不断成熟和发展的过程，这一过程是伴随着语言的发展而进行的。如果一个人在特定的语言期丧失了学习语言的机会，其大脑和有关的神经网络就会受到影响，从而影响到智力的发展，可见语言在开发智力方面发挥着重要作用。

---

　　① ［美］Roger R. Hock 著，白学军等译：《改变心理学的 40 项研究——探索心理学研究的历史》，中国轻工业出版社 2004 年 1 月版，第 53 页。

2. 媒介发展与思想传播

2-1. 媒介发展与思想传播

　　符号产生以后，符号传播的方式和传播速度与人类知识的传播之间就产生了密切的联系。媒介是符号传播的必要条件。所谓媒介，按照辞海的解释主要是：①使双方发生关系的人或事物；②指各种信息的传输手段。① 按照马歇尔·麦克卢汉（Marshall Meluhan）的分类，他把交通工具也划入媒介的范畴。如果我们回头看一下人类自己的历史，就会发现：每一次媒介的变革都带来了人类社会发展的飞跃，对促进人类认识世界起到了重要的推动作用。书面语言的产生，促使人类告别了石器时代，进入铜器和铁器文明；车轮的发明和使用，促进了人类之间的交往和文化的传播；印刷机的发明促进了人类知识、思想的共享；蒸汽动力的应用以及电能的开发，极大地促进了人类改造自然的能力，极大地促进了生产力的发展；电信符号的发明和无线电传输技术的进步，使信息传播从实物传播中解放出来，信息传播第一次摆脱了交通工具的制约；计算机以及互联网的普及，把人类变成了一个"地球村"，使知识得以在瞬间传遍世界。麦克卢汉认为：媒

---

① 《辞海》，上海辞书出版社 2000 年 1 月版，第 1336 页。

介是人的延伸。任何一种新的发明和技术都是新的媒介，都是人的肢体或中枢神经系统的延伸，都将反过来影响人的生活、思维和历史进程。"比如轮子，它是脚的延伸，文字与货币媒介加速交换过程……电力技术到来之后，人延伸出（或者说在体外建立了）一个活生生的神经中枢系统的模式。"① 思想的交流和传播与媒介的发展密切相连。

2—1—1. 人际传播

早期的知识交流和思想传播与习俗、生活方式等文化交流交织在一起，是以文化交融的方式进行的。在史前时期，由于受条件的限制，人类文化主要是靠人与人的直接接触、以人为媒介进行传播的。孙顺华认为在史前时代，人类文化的传播形式主要是迁徙、婚姻和战争。

首先，人类的迁徙在文化传播中发挥了重要作用。在那时，人几乎是文化的唯一载体，文化交流基本上是通过移民来实现的。"在相当长的时期，部落迁徙是人类文化传播的主要形式。不管迁徙的原因是什么，迁徙带来了远古的文化传播。"②

其次，婚姻在文化传播中发挥了重要作用。早期人类在部落内部经历过乱婚时期，那时"部落内部盛行毫无节制的性交关系，因此，每个女子属于每个男子，同样，每个男子也属于每个女子"。由于生理、生产等方面的原因，长幼辈、父母子女辈之间的乱婚行为较早被排斥，而同辈即兄妹间的血缘内婚则存在了较长的时期。"如果说家庭组织上的第一个进步在于排除了父母和子女之间相互的性交关系，那么，第二个进步就在于对于姊妹

---

① ［加］马歇尔·麦克卢汉著：《理解媒介——论人的延伸》，商务印书馆2000年10月版，第76页。

② ［德］恩格斯著：《马克思恩格斯选集》第4集，人民出版社1972年5月版，第26页。

和兄弟也排除的这种关系。"① 排除姊妹和兄弟间性交关系的结果是本血缘集团内部通婚基本被禁止，逐步发展成为族外婚。"族外婚姻的形成和发展为当时的文化传播提供了重要途径。"②通婚打破了部落间的封闭性，通过通婚，不同部落间得以进行物质、文化、习俗等方面的交流，促进了相互间的影响，成为文化传播的又一重要因素。族外通婚产生的直接后果之一是使遗传基因丰饶化和变异范围急剧增长，从而生产出强壮、有力的后代。

再次，战争客观上也促进了文化传播。战争需要物质资源和精神层面的支撑，没有这些支撑是难以打赢战争的。此外，战争的胜利者必然要对被占领者进行统治，这就会促进占领者把本民族的科学文化和习俗传播或者影响被征服者，同时，占领者也会吸收被其占领地域的科学文化和习俗，这从客观上促进了文化的传播和融合，成为促进文化传播的又一重要途径。

史前文化传播的一个重要特点是传播过程以人自身身体为传播媒介展开，传播须通过人与人的直接沟通进行。

人们普遍认为，人类在距今 3.5 万年前后，逐渐形成了口头语言，在距今 5000 年前，产生了书面语言——文字。文字的产生，第一次使传播的内容与传播的媒介相分离，使人摆脱了以自身身体为传播媒介的局限，人类可以把思想、知识、习俗等记录下来，人类可以超越时空在更广大的范围内共享思想和知识。文字的诞生，标志着人类进入到一个新的历史发展阶段，人类进入文明时代。

2—1—2. 实物（书信）传播

虽然文字的诞生把传播内容与传播媒介区分开来，但是在古

① ［德］恩格斯著：《马克思恩格斯选集》第 4 集，人民出版社 1972 年 5 月版，第 33 页。

② 孙顺华著：《中华文化与传播》，新华出版社 2003 年 8 月版，第 63 页。

代，文化的主要传播方式仍然是通过人际交往进行的，在科技不发达时期，知识交流和思想传播主要受传播媒介和交通工具发展水平的制约。公元前 2 世纪，我国发明了造纸术，制造出世界上最早的植物纤维纸。我国东汉时期的蔡伦改进了造纸术，于公元105 年，将造纸术上报朝廷，造纸术得到普及，造出的纸被称为"蔡侯纸"。公元 6 世纪，我国隋朝时期发明了世界上最早的印刷术——雕版印刷。该印刷术是直接把反手字雕刻在木板上，用刷子把墨刷在凸起的字上，铺上纸进行拓印，亦称刻板印刷。公元11 世纪，我国宋代发明了最早的活字印刷术——胶泥活字排版印刷术。据《梦溪笔谈》载，毕升发明在胶泥片上刻字，一字一印，用火烧硬后便成活字。排版前先在置有铁框的铁板上敷一层搀和纸灰的松脂蜡，活字依次排在上面，加热，使蜡稍熔化，以平板压平字面，泥字即固着在铁板上，然后像雕版一样印刷。印刷术解决了符号典籍、文书的书写问题，促进了知识的交流和思想的传播。我国造纸术和印刷术的发明为世界文明做出了巨大的贡献。中国的造纸术在公元 8 世纪传到阿拉伯，后经阿拉伯人传到欧洲。据说，公元 8 世纪，阿拉伯人侵占撒马尔罕，在当地的中国人俘虏将造纸术传给了阿拉伯人，以后经阿拉伯人传到西班牙、意大利，大约在 13 世纪传到欧洲。14 世纪，经过技术改造，欧洲人制造出了价格便宜且耐用的纸张，到 15 世纪，欧洲的大城市都建立了造纸厂。我国的活字印刷术也是经阿拉伯人传到欧洲的，我国的活字印刷比欧洲早 400 多年，金属活字的印刷也比欧洲要早。据说，1390 年我国用金属活字印刷术印刷的书籍（制作者不详）《宋诸臣奏议》是最早有记载的用铜字印刷术印刷的古代典籍。但是，因为汉字不是拼音文字，常用的汉字数量较多，使用活字印刷在当时还不能完全体现活字印刷的优越性。用汉字活字印刷书籍，首先要制作庞大的汉字字库，其效率和方便程度都比印刷拼音文字大打折扣。而欧洲文字就不同了，欧洲各国文字一般由几十个字母拼写而成，使用活字印刷可以大大提高印刷效率。1450 年，德国工匠古登堡发明的欧洲最早的活字印刷机，虽然还是手动的，但每天可以印刷 300 多张。据考证，古登堡印刷机的工作原理与我国的胶泥活字排版印刷术如出一辙，都是先把活字放入版框中，然后将活字加以固定、压平、着墨，最后在活字的表面上敷纸加压而成。① 此后，活字印刷术由德国先后传到意大利、法国、荷兰、比利时、西班牙、英国等欧洲各国，对知识传播和当时的欧洲文艺复兴起到了巨大的推动作用。首先，活字印刷术的出现降低了知识的传播成本。在活字印刷术出现之前，书籍都是手抄的，价格非常昂贵，因此，知识得不到普及。活字印刷术出现以后，印刷业作为一个独立的行业迅速发展起来。活字印刷带动了铸造技术、机械技术以及印刷作业等技术的发展，使印刷作为一个产业发展起来。"印刷业作为文化的中心聚集了大批当地的知识分子和有名的外国学者，为这些学者提供了交流的场所。印刷经营者不仅需要筹集资金、材料，雇佣劳动力，还需预测书籍的市场动向，制定出版计划，从而培养了大批有才能的作家和艺术家。其结果，出版业作为知识产业更加具有活力。"② 据考证，1470 年，德国的纽伦堡建立起印刷、出版、销售等业务的知识传播体系，成为欧洲中部的商业中心。到 1480 年古登堡发明活字印刷机 30 年后，欧洲有不少于110 个城镇开始了印刷活动。印刷物品也从最初与宗教有关的圣经读物扩大到典籍、哲学、数学、科学文化知识读物、日历、小册子以及远程贸易航海图等。在 1500 年以后，仅德国就有 140个城镇开设过印刷所。印刷产品的普及极大地促进了知识传播，促进了文艺复兴的深入以及自然科学的发展，为欧洲资本主义的产生奠定了思想文化基础。另一方面，书籍的印刷，把知识与持有知识的人分离开来，提高了知识传播的效率。在此之前，由于

---

① ［日］香取纯子著：《情報メデイア論》，日本北樹出版 2002 年 6 月版，第 58 页。
② 同上，第 58 页。

书籍非常昂贵，知识传播大都是通过教师授课，学生听课、记笔记的方式进行的。有了印刷书籍以后，人们既可以师从老师学习知识，也可以通过阅读书籍学习知识，为知识的普及创造了条件。与知识的口头传播不同，书籍具有生动传播视觉效果的优点，配合书籍，可以更形象地说明和解释知识。而且，印刷机的发明，提高了书籍的生产效率，降低了生产成本，为知识进入平民阶层提供了物质基础。各类印刷物的出现，促使人们对各种学说进行比较，促进了新旧知识和不同知识领域的融合，促进了知识的创造。

在中国，虽然文字促进了知识的传播和思想的共享，但是交通工具的发展水平仍然制约着思想的传播。在交通不发达的古代，马和马车历来是重要的交通工具和信息传送工具，古代驿站主要的交通工具便是马或者马车。秦始皇统一中国以后，在地方设置了许多"亭"，设置的"亭"是"乡以下以维持治安为主体的行政构架，用于实现国家的行政管理和治安管理职能，而在交通干线上的'亭'，又兼有公文通信功能，被人称之为'邮亭'。这种邮亭就是秦代以步递为主的通信机构。汉代初期，将人力步递改为重骑快递，传递区间也由春秋时期的 25 公里扩展到 150 公里，乘驿者最高速度可达日行 400 里。汉朝官方设有驿站，到汉代后期还设有督邮的官职，其地位仅次于郡守。汉代的馆驿除了供给督邮下属的传书者以交通工具，并提供食宿以外，还兼有地方政府招待所的职能。"从唐代开始，馆驿还增加了运输政府物品的功能。传说杨贵妃爱吃鲜荔枝，唐玄宗李隆基令地方官员从闽粤通过馆驿快递日夜兼程飞骑运送荔枝到长安。千百年来，虽然驿站的功能、作用等发生了一些变化，但是直到清末驿站一直是我国传递官方文书的重要手段。需要说明的是，驿站传递的一般都是官方公文和军情要事，一般百姓的书信驿站是不负责传送的，所以，外出经商的商贾经常充当着信使的角色。

信息传递在军事中具有重要地位，有时获得信息的快慢直接会影响到战争的胜败。为了更快地得到消息，历史上有很多利用动物传递信息的例子，利用信鸽就是其中的一种重要方式。古今中外的军事家们都很重视信鸽的训养和使用，并留下了很多生动有趣的故事。相传楚汉战争时，刘邦率军被项羽大军重重包围在枯井，在这万分危急的情况下，是靠他的信鸽送信，搬来了救兵才得以脱险。在第一次和第二次世界大战中，成千上万的鸽子为英国军队立下了赫赫战功，那时鸽子被带到前线，以担当信息传递的重任。在这些长有翅膀的英雄中，有 32 只鸽子因为在二战中的卓越表现获得了迪更（Dickin）勋章——级别等同于维多利亚十字勋章，这是专门授予动物的奖项。

在第二次世界大战期间，一只才出生 4 个月的名叫"森林汉"的信鸽，被"应召"参加了美军航空队，随军空降到被日军侵占的缅甸。部队跳伞后丢失了无线电收发报机，一时与总部的联系中断。一周后，侦察员收集到了日军的重要军事情报，必须立即报告总部。"森林汉"带着信，翻山越岭，到达总部。由于情报传递迅速，盟军得到情报后，立即配合行动，一举攻克了这个地区，打了一场胜仗。"森林汉"被授予"英雄战鸽"的称号。

约定在人类之间传递信息中起着极为重要的作用，类似的例子有古代的烽燧，以及抗日战争中的消息树。所谓烽燧是古代边防报警的两种信号。据《后汉书·光武帝纪下》："修烽燧"记载，李贤注："前书音义曰：边方备警急，作高土台，台上有桔皋，桔皋头有兜零，以薪草置其中，常低之，有寇即燃火，举之以相告，曰烽。又多积薪，寇至即燔之，望其烟，曰燧。昼则燔燧，夜乃举烽。"在汉代，为防范西北游牧民族对中原的骚扰，修建了许多烽火台，驻有士兵，士兵的主要任务是报警，而不是作战。按照约定，发现敌人入侵后白天以烟为号，夜晚点火报警。据说，靠这种烽燧报警系统，边疆的敌情不到一天就可以传到京城。

靠烽燧传递消息是一个创举，因为它摆脱了靠实物媒介传递消息的局限，这种通过约定传递信息的方式使信息摆脱了交通工具的制约，使信息传播的速度大大提高。当然这种简单的信息传递方式也存在很大的缺陷，因为它只能传递模糊的信息，而精确的信息还是需要书信、公文等实物媒介来传递。

在交通和通信不发达的时代，能够得到远方亲人一个报平安的信息是非常重要的事情，向远方的亲人通报平安是传递信件的一个重要目的。据说，最初的信函是收件人付费的，相传有一个人家里很穷，因付不起邮费，就与家人事先约定好了记号，记号标在信封上，当邮递员向其家人投信时，其家人便以种种理由拒付邮资并退回信函，因为看到邮递员带来的信件信封上的记号，其家人已经得到希望得知的信息了。为了避免这类事情的发生，后来采用了发信人付费的办法，这才产生了邮票。

在 1848 年的美国西部淘金热中，从纽约寄一封信到加州需要 24 天，而用户希望能更快地收发信息。为此，1860 年驿马快递公司共招聘了 100 名员工，利用 400 匹马运送邮件。驿马快递员被称为"通讯旋风"、"马上飞人"或"野马通讯员"等，他们从密苏里州的圣约瑟夫火车站，携带邮件穿越近 2000 英里的茫茫荒野，在 9 至 10 天内到达加州，后来这种方式被横贯大陆的电报淘汰。

2－1－3. 纯符号运动与传播

世界第一部投入应用的有线电报机是美国莫尔斯于 1844 年 5 月研制成功的，电报的发明使人类第一次摆脱实物的制约，得以远距离传输符号。18 世纪 30 年代，由于铁路迅速发展，迫切需要一种不受天气影响、没有时间限制又比火车跑得快的通信工具。为此，莫尔斯在杰克逊的引导下，开始了艰难的研制工作。1836 年，莫尔斯终于找到了新方法。他在笔记本上记记下了新的设计方案：电流通过线路时，"只要停止片刻，就会现出火花。有火花出现可以看成是一种符号，没有火花出现是另一种符号，没有火花的时间长度又是一种符号。这三种符号组合起来可以表示字母和数字，因而就可以通过导线来传递文字了。"道理虽然简单，但莫尔斯是世界上第一个想到用点、画以及空白的组合来表示字母的科学家，这种用编码来传递信息的构想是一项伟大的创举，这样，仅仅靠发出两种电符号以及通电时间的长短就可以传递信息，大大简化了设计和装置。莫尔斯的奇特构想，即著名的"莫尔斯电码"，是电信史上最早的编码，是电报发明史上的重大突破。莫尔斯仅仅用两种电符号来传播信息的方法与计算机语言中使用 0 和 1 传递信息的原理如出一辙，通电时为 1，断电时为 0，当时发明计算机语言的人在使用 0 和 1 作为计算机语言符号时是否受到莫尔斯发明电报的启发，我们无从得知，但是，他们使用的方法却惊人地相似。

1844 年 5 月，莫尔斯在美国国会大厅，亲自按动了电报机按键。随着一连串嘀嘀嗒嗒声，电文通过电线很快传到了数十公里外的巴尔的摩。他的助手准确无误地把电文译了出来。莫尔斯电报的成功轰动了美国、英国和全世界，他发明的电报很快风靡全球。

电报的发明在符号传播史上是一个里程碑。人类最早的符号传播是语言，在语言传播中，传播媒介与传播内容都是通过实体的人来实现的，符号的内容与符号的载体不可分离。文字是口头语言的书写形式，文字的发明实现了符号传播媒介——人与传播内容——语言的分离，从而促进了人类思想文化知识的积累和传播。因为有了文字，人类可以把在日常社会生产活动中积累的知识记录下来，以便后人学习，也可以跨越地域广泛传播。但是，文字传播是通过实物媒介进行的传播，所以，依然离不开交通工具的支撑，文字传播依然受交通工具制造水平的制约。电报的发明改变了符号的传输方式，摆脱了进行实物传播的局限，且传播内容精确。电报通过电波可以在瞬间将信息传到千里以外，大大提高了信息传输速度，使信息传播从交通工具的制约中解放出来。控制论创始人诺伯特·维纳（Norbert Wiener）在评价纯符号运动的意义时这样说道："为了理解传输信息比仅仅传输实物更重要，我们设想有一位建筑师身在欧洲，却主持建造一座地处美国的大厦。当然，还要假定在建筑工地上有一批称职的建筑工人、职员等。在这样的条件下，即使不传送或接受任何物质性的东西，这位建筑师也可以积极地参加大厦的建筑……总之，建筑师本人和他的文件的具体传送都可以非常有效地代以通讯的消息传送，从线路的一端到另一端之间根本不需要任何一点物质的运动。"①

电报发明后被广泛应用于社会生活的各个方面，特别是在涉及国家安全、战争、外交等领域发挥了重要作用，以至于历史上有时因为电报传递的信息被泄露而改变了历史的进程。例如，1894 年中日甲午战争，中国北洋水师全军覆没，这固然有清朝政府腐败的因素，同时还有一个鲜为人知的重要原因是，在战争前，日本军方破译了中国军事通信的密码。1894 年 6 月，日本截获清朝政府驻日公使给清政府的电，发现了中国密电码的编排规律并破译成功。至此，中方军事通信的密码彻底失去了保密性，不幸的是，中方对密电码泄密一事全然不知。因此，甲午战争期间，日方对清政府内部的虚实、陆军、海军的行踪及各方面的情况，了如指掌。战争结束后，李鸿章代表清政府赴日本下关谈判，据说，日本通过截获和破译清政府与驻日使馆的往来电文，对清政府谈判的底线了如指掌，从而在谈判中取得了主动。

1942 年 6 月 4 日—6 月 7 日，发生在太平洋上的中途岛之战，也充分显示了电报在战争中的重要作用。当时，日军投入航空母舰 8 艘，水上飞机母舰 5 艘，各种船只上百艘，飞机 704 架，陆军 8600 人，海军 2.3 万人的兵力，美国投入的兵力是航空母舰 3 艘，各种作战舰艇约 40 多艘和 19 艘潜艇。虽然从投入的兵力看，日本占较大的优势，但战争的结果却以日本的失败而告终。美国只损失 1 艘航空母舰，1 艘驱逐舰，147 架飞机，307

---

① ［美］诺伯特·维纳，"有机体是消息"，熊澄宇编：《新媒介与创新思维》，清华大学出版社 2001 年 11 月版，第 34 页。

人阵亡。而日本则损失 4 艘航空母舰，1 艘重巡洋舰，332 架飞机（包括备用机），还有几百名经验丰富的飞行员，2,500 人阵亡。日本海军从此走向衰败。中途岛海战改变了太平洋地区日美航空母舰实力对比，至此，日军仅剩下大型航空母舰 2 艘、轻型航空母舰 4 艘。从此，日本在太平洋战场开始丧失战略主动权，战局出现有利于盟军的转折。

虽然决定这次海战胜败的因素很多，但是，战争结局与美军破译了日本海军的电报，掌握了日本进攻中途岛计划有密切的联系。1942 年 5 月中旬，美军就破译了日本海军的电报，从而掌握了日本进攻中途岛的计划。美太平洋战区总司令 C·W·尼米兹海军上将随即调集航空母舰 3 艘（舰载机 230 多架）及其他作战舰艇约 40 多艘，组成第 16 特混舰队（R·A·斯普鲁恩斯少将指挥）和第 17 特混舰队（F·J·弗莱彻少将指挥），在中途岛东北海域展开，隐蔽待机。同时 19 艘潜艇部署在中途岛附近海域日夜监视日舰的行动，这使美军在中途岛海战中始终处于有利地位。难怪美国著名海军历史学家塞缪尔·E·莫里森把美国海军在中途岛海战中的胜利称之为"情报的胜利"。他认为：美国海军提前发觉日本海军的作战计划，是日本海军失利的最主要原因。像这样的例子历史上还有很多。

电报的发明和应用，促进了信息传播的变革，麦克卢汉在谈到电报的作用时特别指出："直到电报问世，信息运动才比信使传递快。在此之前，道路和书面词语是紧密相连的。只有等到电报问世之后，信息才从石头和莎草纸之类的实物中分离出来，很像货币早些时候从兽皮、金银锭、金属中分离出来并最终表现为纸币的形式一样。任何媒介的使用或人的延伸都改变着人际依存模式，正如它改变我们的各种感觉的比率一样。"[1]

---

① ［加］马歇尔·麦克卢汉著：《理解传媒——论人的延伸》，商务印书馆 2000 年 10 月版，第 127 页。

　　美国著名作品代理人约翰·布罗克曼 1999 年在其创建的网站上提出了一个问题，征询回答。"过去 2000 年最伟大的发明是什么，为什么？"这一问题引起许多科学家、哲学家以及企业家的关注，在网上引起了激烈的讨论。参加讨论的人有大学教授、学者、艺术家等知名人士，其中还有多名诺贝尔奖获得者。布罗克曼从参加讨论的投稿中选取了 106 份回答集成了一个册子，取名"过去 2000 年最伟大的发明"予以出版。我们对这 106 份回答简单进行了分类，得出的结果很令人深思。

　　在 106 份回答中认为印刷机是最伟大发明的有 7 人，居第一位；回答电和计算机的各有 5 人，居第二位；回答印度——阿拉伯数字是最伟大发明的有 4 人，居第 3 位。另外，有些人的答案没有选择具体的发明，而是选择了较模糊的答案。如：认为科学精神是最伟大发明的有 6 人，回答数字时代到来的有 3 人。以上发表的观点虽然并不具备绝对的权威，但是反映了一个群体对这一问题的看法。从以上回答中不难看出，人们在对发明印刷机的意义方面评价很高，有 7 人，如果加上与符号传播的相关回答，共有 25 人认为符号以及符号传播媒介的产生和发展是过去 2000 年最伟大的发明。例如：美国西北大学学习科学研究所主任罗杰·尚克认为因特网是 2000 年里最重要的发明，主要有两大理由："首先是因为它在生活中无所不在，以至于许多人对它熟视无睹；第二，它的强大威力尚未充分显露。"美国密西根大学教授伦道尔夫·内瑟认为印刷机对这个世界的改变超过了其他所有发明。他认为印刷机的变革力量始于语言、思想和言语的同步进化。表现为三次浪潮：第一浪潮是语言的产生；第二浪潮是文字的产生；第三浪潮是印刷的产生，印刷把文字变成了第一个大众传播媒介。国际商用机器公司（IBM）研究员克利福德·皮克欧弗认为：蔡伦发明纸的雏形是人类有史以来最重要的发明。哈佛大学助理教授戴维·黑格认为计算机是 2000 年来最重要的发明："因为它延伸了人类思维在精确执行大量运算、记录和利用大批数据上的能力。"美国未来学家托夫勒认为"记忆可以分为两种：一种是纯属个人的，一种是社会共有的。个人的记忆随着个人的死亡而消失，社会的记忆却会永久留存。原始时代，人类被迫将共有的记忆储存于同一所在：个人的心中。"① 例如口头记忆的传说、神话等就是如此。在托夫勒那里，是第二次浪潮破除了记忆障碍，开始大量传播知识，工业文明把社会记忆从大脑中移出去了，但他认为诸如书籍、报纸、照片等都只是一个静态的存在，唯有将其重新注入人脑，才能赋予它们生命。因此，他说"第二次浪潮文明在扩充社会记忆的同时，也冻结了记忆"。只有以计算机网络为代表的第三次浪潮可以处理储存的资料，才使"社会记忆不仅在数量上有所增加，同时也为人类记忆注入了生命。社会记忆变得既丰富又活泼"②。

美国学者法里德·扎米利亚认为：知识传播是我们这个时代的主流，它超越了纯粹的科学研究。他认为自人类诞生以来，知识传播这条曲线开始是一条长长的平直线条，直到十六世纪晚期或十七世纪早期，曲线才开始向上伸展。在英国工业革命以后，知识传播逐渐开始频繁起来，随着交通条件的改善以及电报、电话等新符号媒介的出现，人类知识开始在更广的范围内传播，促进了知识的迅速增长。如果我们考察一下人类社会经济发展的曲线与人类传播媒介的发展曲线以及人类科学技术发展曲线的话，我们会发现，这三条线曲线惊异地相似，三者之间有着密切的联系。随着人类对自然界认识的不断加深，新的科学思想和科学技术不断出现，这促进了传播媒介的发展和变革，便捷的传播媒介又促进了科学思想和科学技术在整个世界的普及和应用，促进了社会经济文化的快速发展，人们认识世界改造世界的能力也不断

---

① ［美］阿尔文·托夫勒著，黄明坚译：《第三次浪潮》，中信出版社 2006 年 6 月版，第 110 页。

② 同上，第 111 页。

加强、加快。据粗略统计，20世纪前50年取得的研究成果，远远超过了19世纪的100年的总和。20世纪60年代以来，科学技术上的新发明、新发现，比过去两千年的总和还要多，仅仅在宇宙空间技术领域中，就出现了过去不曾有过的新产品和新工艺。科学技术从发明到应用的周期也越来越短。电力的发现到第一座发电站的建立相隔282年，而激光的发明到应用只用了2年的时间。太阳能电池是1953年发明的，1955年就实际应用。新技术的应用也是如此，在美国，电话普及用了75年，电视机用了30年，而计算机只用了10年。另一方面，新技术、新产品的老化周期也越来越短。以电子计算机的芯片制造为例，英特尔公司创始者戈登·莫尔曾在1965年提出两条法则：一是每个芯片中所包含的晶体管数量美国18个月就会增加一倍；二是随着每代芯片的推出，制造芯片的成本将减少一半。事实也证明了莫尔法则的正确性。科技创新促进了技术的飞速发展，而知识的传播则是科技创新的根本动力。这种知识传播在最近几十年更加频繁，以至于人们的思维方式也因新媒介的诞生而改变。据此，加拿大学者麦克卢汉提出了"媒介既是讯息"的论断。麦克卢汉的这个论断影响了整个世界。以往人们只注重符号所表达的内容，对媒介形式本身的革命性力量视而不见、听而不闻。今天人们再也不能漠视媒介这种革命性力量了，因为任何漠视这种力量的组织和个人都将被无情地淘汰。麦克卢汉认为：任何一种新的发明和技术都是新的媒介，都是人的肢体或中枢神经系统的延伸。轮子的发明是脚的延伸，电话是人耳的延伸，网络视频系统则是眼睛的延伸，计算机是中枢神经的延伸，通过这种延伸，地球变成了一个"地球村"。在今天，不管你愿意还是不愿意，思想会在整个世界范围内流动和传播。

自上个世纪80年代以来，随着计算机技术、网络技术以及通讯技术的发展，思想、科学技术的共享和传播方式与以往有了很大的不同，特别是数字技术的发展和普及，极大地提高了知识和技术的传播速度和效率。人们首先把各种符号信息转变为数字信号，接受方接收到数字信号后再将其转变为原来的各类信息符号，其结果，人类更快、更完整地得到了所需要的信息。这是一场革命，一场静悄悄的革命，其影响远比英国工业革命要大得多，也深远的多。在今天，任何一个重大的理论发现和重要的技术发明在瞬间就会传遍全世界。如今知识和思想的共享是在整个世界层面上进行的，这就是新媒介与传统媒介的本质区别。在新媒介的条件下，我们的命题是：思想的共享是创新的关键，知识传播是生产力，媒介的传播方式和传播效率对创新有重要影响，不论是对个人，还是对一个组织、一个城市乃至一个国家都是如此。

2－2. 古代文明与文化传播

翻开人类的历史，语言的产生在人类自身的进化过程中发挥了重要作用，语言既促进了人的思维器官——大脑机能的形成，也促进了人类发音器官的进化。自从人类创造和使用了语言，人类就通过语言进行交流和沟通，通过沟通共享彼此的知识和思想，共同创造了人类的文明。语言和文字在传播文明、传承文化方面具有不可替代的作用。但是，由于沟通媒介和沟通手段的局限，古代社会共享知识和思想的范围非常有限，知识和思想的传播也非常缓慢，人类早期的创新进程也是非常缓慢的。美国学者法里德·扎米利亚认为：如果给创新画一条曲线的话，直到十六世纪晚期或十七世纪早期，曲线才开始向上伸展。早期人类知识的传播在时间上发展是非常缓慢的，在方式上一般是以某一个文明中心向周边呈辐射状传播的。

2－2－1. 古代埃及的文化传播

古代埃及是人类最早的文明发祥地之一，大约在公元前3500 年左右，埃及各地在部落联盟的基础上形成许多早期的奴隶制国家。考古材料表明：埃及国家最早产生于上埃及，后来逐渐向北发展。大约在公元前 3100 年左右，上埃及国王美尼斯征服了下埃及，建立了统一的国家。根据埃及历史学家马涅托的记载，埃及经历了 31 个王朝，公元前约 2688 年，埃及进入古王国时代。古王国属金石并用时代，石斧与铜器工具已经广泛使用。农业是基本的经济部门，水利灌溉事业有了很大发展，使用木犁耕地，金属镰刀和耙已经出现。畜牧业和渔业也有了较大的发展，手工业出现繁荣，不仅可以生产铜制工具，而且用金银制作精美的装饰品。古代埃及创造了灿烂的文明，其最初创造的文字是象形文字，成形于公元前 3100 年前后的第一王朝。到第八王朝时，出现了一种僧侣文字，字体流畅，可以写在木板或纸草上。公元前 700 年左右，出现了一种世俗体文字，是一种更加简化了的象形文字，主要用于记录、书信和记账等世俗活动。

古代埃及文字一直没有发展成拼音文字，埃及文字到希腊罗马统治时期，便逐渐弃而不用了。古代希腊在公元前 3000 年左右进入克里特文明，大约公元前 2000 年，克里特岛进入青铜器时代，在后王宫时代（约公元前 1700 年—前 1450 年），铜币和青铜币相继出现，经济的发展促进了文字的进步，这时古代希腊出现了线性文字，考古学上称之为线性文字甲（线文 A），至今尚未译读成功。公元前 2000 年代后期，古代希腊进入迈锡尼文明。在希腊半岛的迈锡尼出土了几千块泥版文书，这种泥版上的文字与线性文字甲不同，是用古希腊语写的，因此断定是迈锡尼人的文字，在考古学上称作线性文字乙（线文 B）。线性文字已经成为死文字。

2-2-2. 西亚的文化传播

西亚的幼发拉底河和底格里斯河流域是人类文明最早的发祥地之一，这里最早的居民是苏美尔人，古代苏美尔人创造了灿烂的文明。早在公元前 4000 年，苏美尔、阿卡德地区的原始公社就已经解体，进入奴隶城邦国家。这时人工灌溉网开始形成，铜器已经出现，出现了巨大的神庙。城邦的主要经济基础是灌溉农业，主要生产资料为土地和大型水利工程属于国家。公元前2400年左右，萨尔贡建立了阿卡德王国，从而结束了两河流域千年的城邦分治局面，建立了中央集权的统一国家。统一国家的建立促进了生产的发展，在萨尔贡统治时期，灌溉水利得到改善，金属加工业得到发展，开始制造青铜工具，商业也有了较大的发展，在乌尔第三王朝时，银块作为货币开始在社会流通。阿摩利人的游牧部落在美索不达米亚接受了苏美尔、阿卡德文化，建立了一些独立的城市。约公元前1900年前后，建立了古巴比伦王国。巴比伦建国初期只是一个小小的城市国家，到第6代国王汉谟拉比统治时期，已成为西亚第一大奴隶制帝国。著名的汉谟拉比法典正是这一时期的写照。古巴比伦在经过亚述帝国和新巴比伦王国等王朝后，在公元前6世纪被波斯帝国灭亡，从此，两河流域南部成为波斯帝国的一部分。两河流域的苏美尔在公元前3300—前3200年便有了文字。考古学家曾在乌鲁克古城发现了这一时期的泥版文书，称楔形文字，是目前已知的世界最古的文字记录。由于事物符号逐渐固定，于是又出现了标音符号，通过声音表示具体事物。此外，同声的词也往往只有一个符号，这就是谐音文字。为了防止字符意义的混淆，苏美尔人还创造了部首符号。楔形文字一直使用到公元前后，最终被拼音字母文字代替。在天文学方面，早在苏美尔时代，人们就根据月亮的圆缺制定了太阴历。一昼夜是一天，从新月出现到新月再现是一个太阴月。

公元7世纪初，穆罕穆德在麦加创立伊斯兰教。随着伊斯兰教的兴起，阿拉伯人在公元7世纪，建立了阿拉伯帝国。阿拉伯人征服的叙利亚、埃及、美索布达米亚、伊朗等多数是世界文明发展较早的地区，阿拉伯接受被征服地区文化的影响，又吸收希腊和印度文化的许多成就，彼此逐渐融合渗透，经过共享和发展，形成了新的阿拉伯文化。阿拉伯文化具有文化发源地多和处于东西文化交汇处的特点，因而有的学者称之为西亚北非文化。阿拉伯文化在世界文化史上起着承先启后，沟通东西的重要地位。阿拉伯地处古埃及和古巴比伦两大文明的发祥地，在西罗马帝国灭亡前后的长期动乱中，许多希腊、罗马古典作品毁坏流失，一部分通过拜占庭帝国流传到阿拉伯帝国。阿拉伯的学者不但认真研究，还把许多古典作品，如亚里士多德、柏拉图、欧几里德、阿基米德、托勒密的著作译成阿拉伯文。许多希腊著作，阿拉伯人不但加以保存，而且广为传播，这对后来的欧洲文艺复兴产生了很大影响。

侯传文认为：阿拉伯文化既是东方文化的一部分，又与西方文化有着深厚的渊源。首先由于希腊的马其顿国王亚历山大的东征，将希腊文化带到了东方，这就是著名的"希腊化"时期。希腊化是东方人接受西方影响的第一次高潮。其次是罗马帝国的统治，在罗马帝国强盛时期，整个中东和小亚细亚都在罗马的统治之下，基督教在罗马境内的中东形成，在成为罗马帝国的国教之后传播四方，成为伊斯兰教兴起之前西亚北非地区主要的意识形态之一。阿拉伯帝国强盛时期，版图扩大到欧洲，形成横跨欧、亚、非三大洲的大帝国，也是这一地区东西方文化交汇的重要条件。而且阿拉伯帝国兴起后，也曾有意识地吸纳西方文化，大量翻译古希腊的文化典籍。这一地区在历史上多次形成东西方对峙的政治局面，其中既有对立和冲突的方面，也有接触、交流与融合的便利。[1] 阿拉伯人在东西方思想文化的传播方面起了桥梁作用。中国的造纸术、印刷术、指南针、火药以及印度的数学等也都是由阿拉伯人传入西方，促进了西方文明的发展。阿拉伯商人频繁来到中国，不仅带来了伊斯兰教，也带来了数学和天文学知识，对东西方思想文化的融合起到了促进作用。[2] 在数学方面，

① 侯传文著：《东方文化通论》，山东教育出版社 2002 年 5 月版，第 130 页。
② 孙秉莹等编著：《世界通史纲要》，吉林文史出版社 1985 年 6 月版，第 291 页。

阿拉伯人吸收了印度十个数字的计数法，并将印度以黑点为零的计数法改为"0"，传到欧洲，被称为阿拉伯数字。

2－2－3. 中华文明的传播

不管是苏美尔人的楔形文字，还是古埃及的象形文字以及希腊的线性文字，今天都已成为历史上的文字，而我国的汉字却源远流长，一脉相承，一直使用到今天，是极少至今仍在使用的从象形文字演化而来的文字之一。我国是世界四大文明古国之一，我们的祖先在这块土地上创造了灿烂的文明，为世界文明做出了杰出的贡献。在我国云南发现的元谋猿人遗址距今 170 万年，是已知亚洲最早的原始人类。元谋猿人已经学会了用火和制作简单的工具，是现在已知的最早的用火人类。遗址中发现了 7 件石器和有明显人工痕迹的动物骨片。1953 年发现的陕西西安半坡氏族遗址距今 6800 到 6300 年，出土了大量的生产工具，有斧、铲、锛、刀、石磨盘和磨棒、箭头、鱼钩、鱼叉等，分别用石、骨、角、蚌、陶等材料制成。生活用具主要是陶器，陶器以红色陶为主，还有红褐陶及少量灰陶，陶质有夹砂、泥质和细泥 3 种。陶器表面多饰以绳纹、锥刺纹、弦纹、指甲纹和附加堆纹等，在细泥陶器上多饰以黑色彩画，图案主要有人面、鱼、鹿、宽带、三角以及植物纹饰，有的还把人面和鱼有机地结合起来成为生动而富有特色的人面鱼纹。在钵口沿的宽带纹上发现有 22 种刻划符号，专家认为这可能是中国古代文字的渊源之一。在许多陶器的底部发现有布纹、席纹和其他编织印纹。

1987 年河南省文物研究所在舞阳县贾湖村裴里岗文化遗址中发现甲骨契刻符号，它是我国最早的文字雏形。这将汉字的起源时间上推至贾湖遗址距今 8000 年前。它比以往发现的仰韶文化或大汶口文化陶器上的符号或图形文字要早一两千年，个别符号形体与安阳殷墟出土的商代甲骨文字形相似。贾湖遗址龟壳上有一符号，犹如右手持着叉形器的人，它应该就是文字，一个会意文字。自贾湖契刻符号到商代甲骨文，至少经历了 5000 年的历程。从贾湖契刻符号到成熟的商代甲骨文经历了漫长的演化阶段，而我们看到的商代甲骨文已经是比较系统的文字了，这期间具体的演化过程还有待于考证。贾湖契刻符号虽然过于抽象，但都具有一定的形状，应该代表当时主人寓意。这些刻符已经具备了文字的形、音、义"三要素"，与后来的甲骨文、金文及现代的汉字一样，贾湖刻符也有三个结构层次（笔划、构件和合成字）。从书写特征看，贾湖刻符与商代甲骨文是一致的，与现代汉字相比，其书写特点也基本一致，如先横后竖，先上后下，先左后右等等。由此可以断定，汉字的基础在 8000 年前的贾湖时期就已经奠定。

半坡遗址还出土了 281 枚骨针，这些骨针制作精美细致，而且在针的尾部已经出现了可供穿线的针眼，这表明当时缝制衣物已相当普遍。另外还有精美的装饰品，芥菜或白菜的碳化种子，粟的遗迹，人工饲养的猪、狗骨骼，以及各种动物骨骼、鱼骨和果食等。说明半坡人过着以农业为主的经济生活。狩猎和采集也占有一定地位。当时的人们已经过着定居的生活。半坡氏族遗址发现了 46 座房子，居住面和墙壁都用草拌泥涂抹，并经火烤以使其坚固和防潮，最大的房屋复原面积达 160 平方米。1921 年，在我国河南渑池县仰韶村发现史前人类遗址，内有磨光石斧以及红色黑花的陶片，被称为仰韶文化。仰韶文化可以分为三个时期。①齐家期，即公元前 2500 年到前 2200 年之间，这个时期的特点是缓慢发展。②仰韶期，即公元前 2200 年到前 1700 年，这一时期的特点是突飞猛进地发展。③马厂期，即公元前 1700 年到前 1300 年，这是逐渐衰落期。仰韶文化属于新石器晚期，这时中国已经进入畜牧兼农耕社会，其谋食方法已脱离了采集经济时代，进入生产经济时代。这时的人们已懂得驯养动物，猪、牛、羊等已被驯养。约在公元前 21 世纪到前 16 世纪，中国进入夏代。公元 16 世纪至前 11 世纪，进入商代。商代有了金属工具，农耕畜牧以及手工业与商业已有了分工，出现了阶级对立，已经有了文字和立法。中国似乎早就明白太阳年与太阴月的道理。"几千年来，所谓一年，虽成乎太阴月，然播植百谷所依凭的是 24 节气，却是以太阳年为准的。"① 这种立法一直延续至今。从工具的演进看，夏代已进入新石器时代末期，仰韶期出土的器具主要有双棱石簇、对称的石斧、不对称的石锛、彩陶、陶蛋及纺轮等。商代已进入铜器及青铜器时代，殷墟出土的铜器主要有礼器、兵器、用具、装饰等。周朝以后，中国进入青铜器及铁器时代。周代历史最长，从公元前 11 世纪中叶开始，到公元前 222 年，历时 800 余年之久，中间经过 242 年的春秋时代，又经过 258 年的战国时代，最终以秦始皇统一中国而告终。

中国文化形态的奠定以春秋战国为中心，可上溯到西周的礼乐，下延至秦汉的文化整合。先秦诸子及其创立的思想体系成为后来中国乃至整个东亚文化的源泉。"春秋战国是一个承上启下的转折时代，他将中原本土的华夏文化发展到一个辉煌高峰，同时又孕育着大一统文化的到来。"② 孙顺华认为，西周是"学在官府"，这种学在官府局面的维持是靠周天子的至上地位以及严格的等级制度维系的，一旦周天子的地位发生动摇，等级制度发生动摇，"学在官府"的局面就难以维持了。进入春秋末年，随着周天子"共主"地位的丧失和一些贵族王室的衰落，工商地主阶级取而代之，学问由官府下移到民间，即从贵族手里下移到工商地主阶级手里。王室文化官员下移列国、混迹民间，其产生的直接影响便是学问授受从官府转向私门。官学失守、私学兴起的主要原因在于政治、经济领域社会发展的必然，但也有学术文化思想发展的要求因素。春秋末年，私立学门者不乏其人，形成了春秋战国时期诸子百家思想争鸣的繁荣局面。儒家是西周礼乐文

---

① 周谷城著：《中国通史》，上海人民出版社 1957 年 8 月版，第 37 页。

② 孙顺华著：《中华文化与传播》，新华出版社 2003 年 8 月版，第 73 页。

化的承袭者和发展者，其创始人孔子是我国最著名的思想家、教育家。孔子设立讲坛讲学，传播儒家思想，据说有 72 弟子，3000 门徒。孔子推崇"仁"、"义"、"礼"、"智"、"信"，讲"仁"是为了维护"礼"，即维护以血缘为基础，以等级为特征的家族——宗族统治体系。这种体系不仅体现了人的道德修养，更重要的是对社会秩序的维系。因此，儒家学说虽然在秦朝受到秦始皇"焚书坑儒"的迫害，但并没有绝迹。又因为其学说对维护统治者的统治有利，因而历来得到统治阶级的保护和利用，在权力的干预下，儒家思想渗透到中国文化领域的各个方面，以至于内化到中国人的精神血脉之中。除儒家之外，这一时期还产生了墨家、道家和法家等学说，出现了诸子百家思想争鸣的局面，但在汉武帝接受董仲舒"罢黜百家，独尊儒术"的建议以后，儒家学说逐渐成为中华文化的主要内涵，从而形成了以儒家为主要内容的中华文化，这种文化不仅对整个中国历史，而且对东亚有关国家的历史发展都产生了深远的影响，这其中，传播媒介——语言、文字发挥了重要作用。

越南位于中印半岛东部沿海的狭长地带，北部与我国广西、云南接壤。越南古代居民主要是雒越族，大约在公元前 4 世纪，雒越人定居在红河流域，主要以渔业为主。公元前 3 世纪，开始从事农业。公元 3 世纪中叶，"安阳王"建立越南第一个王朝——瓯雒国。公元前 214 年，秦始皇征服百越和瓯雒北部，设立南海郡、桂林郡和象郡。公元前 207 年，秦朝南海的地方官赵佗兼并桂林郡和象郡，建立南越国。瓯雒国时期，越南没有文字，赵佗时期，汉字传入越南。公元五六世纪时，越南北部处于中国南朝的统治之下，7 世纪时，越南又处于唐朝统辖之下。唐朝灭亡后，中国处于五代十国的混乱时期，对越南的统辖有所削弱。公元 939 年，越南封建主吴权骑兵击败南朝驻军，自立为王。980 年，黎桓篡夺政权，建立李氏王朝。1054 年，改国号为大越。公元 1225 年，越南开始了陈朝的统治，在 13 世纪时，越南在汉字的基础上创造了自己的文字"字喃"。受中国文化的影响，越南至今还保留着过农历新年的习俗。

朝鲜位于亚洲大陆东部，三面环海，东南隔朝鲜海峡与日本相望，北隔鸭绿江、图们江与我国接壤。朝鲜半岛北部发现过打制的旧石器。约在公元前 4000 多年，朝鲜进入新石器时代。公元前 5 世纪，青铜器出现，稍后，铁器出现。朝鲜北部很早就出现了一个奴隶制国家，称之为"古朝鲜"。秦末汉初，燕人卫满率移民投奔古朝鲜，得到重用。公元前 194 年，卫满废古朝鲜王自立，称为"卫氏朝鲜"。公元前 108 年，汉武帝灭卫氏朝鲜，以乐浪郡为中心进行统辖。后经过朝鲜各部落联盟的反抗，汉朝所设各郡先后撤销。公元 4 世纪，朝鲜半岛逐渐形成了高句丽、百济、新罗三个朝鲜人建立的国家，形成三国鼎立之势，史称"三国时代"。在三国争霸的战争中，新罗与中国唐朝联盟，于 660 年灭百济，668 年灭高句丽。735 年，新罗统一了大同江以南的朝鲜半岛，与唐朝划坝水（今大同江）为国界。新罗的统一，结束了朝鲜半岛的分裂局面，为朝鲜的社会经济和文化发展创造了条件。①

朝鲜受中国文化的影响颇深。公元 1 至 7 世纪，中国儒家学说最先传入高句丽，随着佛教的传入，佛教艺术也随之传入朝鲜。韩文在三国时期是朝鲜通用的语言文字。中国书籍传入朝鲜，为朝鲜学习中国文化提供了方便。7 世纪末，新罗人薛聪发明了利用汉字字形，表达朝鲜口语的朝鲜文字"吏读"。15 世纪中期，朝鲜人根据朝鲜语音，参考中国韵书，创造了拼音文学"谚文"②。

日本列岛位于亚洲东北部，隔日本海和东海与亚洲大陆相望。由本州、九州、四国、北海道以及几百个小岛组成。现在的

---

① 孙秉莹等编著：《世界通史纲要》，吉林文史出版社 1985 年 6 月版，第 332 页。

② 同上，第 339 页。

日本人据说是来自亚洲大陆北部的蒙古人和东南亚的马来人长期融合而形成的。约在公元前8000到前7000年，日本进入新石器时代。在这一时期的考古遗址中发现了大量的手制带绳纹的黑陶，故称为绳纹文化。早期的绳纹人居住在天然洞穴，稍后学会了建造竖穴居住。绳纹文化一直延续到约公元前2世纪。这一时期的工具主要是磨制石器。人们以渔猎为生，尚未出现阶级，过着原始公社的生活。在公元前1世纪到公元2世纪的考古遗址中，发现了大量用陶轮生产的褐色陶器，称之为弥生文化。在弥生时代，中国的青铜冶炼和水稻种植技术传到日本，促进了生产力的提高和贫富的分化，日本从石器时代过渡到金石并用时代，原始社会瓦解。农业是弥生时代的主要生产方式，种植的作物主要是水稻，此外也种植大麦和小麦。这期间，金属文化从中国经朝鲜传到日本，青铜镜、青铜剑及其铸造方法传入日本。1世纪以后，冶铁术传入日本，促进了农业和手工业的发展。公元2世纪末，本州形成了日本最早的奴隶制国家——邪马台国，居民大都从事农业和捕鱼。生产工具除石器、木器外，已经有了铁制箭头。公元3世纪以后，在本州中部地区，形成了奴隶制的大和国家，到5世纪时，大和国家已经基本统一了日本列岛。公元6世纪末，中国和朝鲜的先进生产技术不断传到日本，铁制工具以及水稻种植技术得到推广，促进了生产力的提高。公元6世纪圣德太子时期，日本派遣了大批遣隋使、留学生，以及僧侣到中国学习，促进了中日之间的文化交流。早在秦汉时期，日本人就从中国学会了种植水稻和金属冶炼技术。后来，养蚕等技术也传到日本。大约在公元4、5世纪，中国的汉字传到日本。平安初期，日本借用中国汉字的音、义、形，创造了日本的文字。公元4世纪末，百济博士王仁携带《论语》、《千字文》来到日本，做了应神天皇皇子的宫廷教师。可以说古代日本的文化是在大陆文化的影响下发展起来的。

以汉字为中心，华夏文化对东亚文化圈的形成产生了重要影响。越南、朝鲜、日本等国文字的形成，都参考了中国汉字，这是中华民族对世界文明所做出的杰出贡献。公元 8 世纪前后即中国的盛唐时期，以儒家思想为主导的中华思想文化进入鼎盛时期，形成以唐代都城长安为中心的中华文化圈。"经过春秋战国时期百家争鸣的智慧时代，到秦汉大一统的经典时代，作为东亚文化中心的汉文化基本形成。"从文化哲学方面看，汉文化构成"以儒家文化为主体，以道家、法家、兵家、阴阳家、名家等诸子百家以及汉化佛教为特色的文化，从文化内容上看，包括经学、诸子学、文学、史学、政治经济学、法律伦理学和自然科学各个领域，其中以伦理、法律和政治相结合的伦理政治学为中心"①。这一文化圈经过千年的发展，在盛唐时期达到顶峰。

2－2－4. 以印度为中心的南亚文化

古代印度自公元前 10 世纪中叶至公元 8 世纪使用的文字主要见于印度各地出土文物及石刻上。在此之前，哈拉帕文化时期，印度河流域曾产生过象形文字，但随哈拉帕文化的结束而绝迹。公元前 10 世纪中叶，雅利安人建立国家，才逐渐产生字母系统的文字，此即古印度文字的开始，其记述的语言主要为雅利安语的梵语和俗语。印度文化经过公元前 6 世纪前后的奥义书哲学与沙门思潮，古印度河文明和外来雅利安文明的融合，到 300 年前后的孔雀王朝时期基本形成。印度文化从文化哲学方面看，"是以婆罗门教为主体，以佛教、耆那教等宗教哲学为补充，以多神崇拜和离欲出世为特点的宗教文化，从文化内容看，包括宗教哲学、法律伦理学、文艺学、政治学和自然科学的各个领域，其中又以宗教哲学和法律伦理学为核心。"② 印度文化经过千年的发展，在笈多王朝时期达到顶峰。

---

① 侯传文著：《东方文化通论》，山东教育出版社 2002 年 5 月版，第 126 页。

② 同上，第 128 页。

早期人类文化思想的传播是以几个古文明发源地为中心展开的，而这些古文明发源地都产生了文字，可以说文字在创造文明和文化传播中发挥了不可替代的作用。这些文化思想的传播以各个古文明发源地为中心同步缓慢发展，最后各自形成一个鼎盛时期。在内容方面，是以传播思想文化为中心的价值观为主，如哲学、道德、宗教、文学等方面的内容。其主要特点是：①从时间上看，从其形成到鼎盛时期，在时间上发展非常缓慢，经历了几百年甚至上千年的历程；②从方式上看，一般是以一个文明中心为源头，向周边传播和扩散，形成放射状，虽然知识的传播具有相互影响的特点，但是文化发达地区向文化欠发达地区的单向传播是这一时期的主流。③从传播媒介方面看，虽然文字的出现使传播内容与传播媒介相互分离，但是因文化典籍的制作成本较高，且典籍的运输也受交通工具发展水平的制约，通过典籍传播与通过人员传播是共存的，因此，知识传播仍然受到很多条件的制约，发展非常缓慢。此后，随着生产力的提高，特别是随着资本主义生产方式的萌芽，人类文化思想的传播速度加快，出现了几次高潮。

2-3. 近代文化思想的传播

2-3-1. 欧洲文艺复兴时期文化思想的传播

古代希腊创造了灿烂的文化，他们在哲学、天文学、数学等方面都达到了很高的水平。在西罗马帝国灭亡前后的长期动乱中，许多希腊、罗马古典作品毁坏流失，一部分通过拜占庭帝国流传到阿拉伯。十字军东征使保存古代希腊文化较多的拜占庭受到严重的摧残，拜占庭的一些学者带着各种古希腊文献逃到了意大利。而阿拉伯人曾统治过意大利的西西里岛和西班牙，阿拉伯人曾是古希腊学术文献的主要保存者。阿拉伯学者不仅学习和研究这些典籍，还把许多古代作品，如亚里士多德、柏拉图、欧几里德、阿基米德、托勒密等学者的著作译成阿拉伯文，广为传播。欧洲人从阿拉伯人那里学习古代希腊文化，古希腊的大部分文献大多是从阿拉伯文翻译到欧洲的，在西班牙甚至开办了许多翻译学校，专门培养翻译人才。14 至 15 世纪中叶，文艺复兴首先在资本主义萌芽较早的意大利产生。早在 14 世纪，意大利北部的威尼斯、热那亚、佛罗伦萨等城市出现了资本主义的工商业，特别是佛罗伦萨成为当时工场手工业的中心。意大利产生了像但丁、薄伽丘、达·芬奇、米开朗基诺等文艺复兴运动的先驱。这一时期的人文主义者，奠定了文艺复兴时期人文主义的基础。此后，文艺复兴运动在德国、法国、英国、西班牙等欧洲国家发展起来，席卷了整个欧洲。随着工场手工业的出现和发展，劳动生产率大大提高，生产技术不断改进，为自然科学的发展提供了条件。生产力的发展引起了社会关系和社会思想的变革，动摇了西欧天主教的统治地位，人们开始摆脱经院哲学对思想的束缚，不断去探索和研究自然界的奥秘，促进了近代自然科学的发展。另一方面，造纸术和印刷技术的完善及改进也极大地促进了知识的传播和思想的共享。1450 年，德国美茵茨工匠古登堡在毕昇活字印刷术的基础上加以改进，用铜模铸成铅、锡、锑合金的活字，发明了人力机械印刷机，大大提高了印刷质量和印刷效率。1456 年，古登堡印刷了三卷本的《圣经》，此后几十年，古登堡的印刷术传遍了整个欧洲，16 世纪又传到美洲以及其他地方。

15 世纪末和 16 世纪，由于西欧其他国家资本主义的迅速发展，意大利文艺复兴运动在西欧的影响和传播，促使文艺复兴运动在西欧各国迅速扩展。15 世纪，德国的一些大学成为德国人文主义思想的传播中心，伊拉斯谟这一时期的代表人物。他抨击天主教会和封建主义的观念，反对神权、反对僧侣干涉政治，谴责贵族的放荡、虚荣和好战，而对新兴资产阶级的进取精神则大加赞赏，捍卫资产阶级生产关系的原则。在法国，虽然有了资本主义的萌芽，但是资本主义因素的发展很微弱，资产阶级在政治上还未成为一支独立的力量，还需要封建王权的保护。所以法国人文主义思想既有民主性的一面，也存在浓厚的封建色彩。法国人文主义的代表人物是弗朗索瓦·拉伯雷。拉伯雷相信知识的力量，认为学问可以把人类武装成巨人，知识具有改造社会，改造自然的力量，这种思想反映了资产阶级要求冲破教会愚昧，发展资本主义的进步要求。英国的资本主义因新航路开辟得到了长足的发展，文艺复兴在英国取得了较大成就，莫尔、莎士比亚是英国人文主义的代表人物。莫尔是西欧空想社会主义的奠基人，他激烈抨击当时英国社会的各种黑暗和罪恶，主张人人平等，反对人剥削人的制度。莎士比亚在其丰富的文学作品中，控诉了封建社会和封建贵族的罪恶，批判了原始积累时期资产阶级的自私、残忍和贪婪的本性，讽刺了资产阶级拜金主义的金钱关系。由于西班牙的殖民势力较为顽固，使西班牙人文主义思想的发展受到了阻碍，文艺复兴在西班牙的发展较晚，直到 16 世纪初才出现繁荣。西班牙文艺复兴的代表人物是塞万提斯，他的长篇小说《堂·吉诃德》嘲弄了没落的骑士制度，揭露了封建社会的黑暗、贵族和教师的专横，揭示了封建社会必然衰落的历史趋势。此外，欧洲文艺复兴在东欧也得到传播，波兰人文主义活动的中心是在宫廷上层阶层中。1518 年，波兰国王西吉斯孟德一世与意大利米兰公爵之女斯莫莎结婚，一些朝臣和学者跟随斯莫莎来到波兰，这些人成为 16 世纪波兰文艺复兴运动的推动者，波兰科学家哥白尼《天体运行论》巨著的问世便是波兰文艺复兴在科学领域深入发展的体现。

文艺复兴时期，近代自然科学应运而生，科学思想与这一时期的人文思想遥相呼应，互为补充，共同促进了当时社会经济的发展。14 至 15 世纪中叶，西欧工场手工业的出现和发展，使劳动生产力大大提高，生产技术不断改进，为近代自然科学的发展奠定了基础。人们在生产劳动中需要解决的一些问题，要求自然科学在理论上作出解答和探讨，造纸和印刷技术的运用和普及，大大降低了书籍的成本，为科学技术的交流和科学知识的普及创造了条件，为人类思想的继承和共享提供了基础。活字印刷的产生影响了科技革命的广度和深度，造就了科技革命的历史前提，从此，世界信息的交换量与过去相比，以几何级数递增，以至于马克思把伦敦的"印刷工场"作为工业革命时代信息革命的象征来谈论。他对印刷术产生的意义作了精辟的论述，指出"印刷变成了信息传递的工具，总的来说变成了科学创新的手段，变成对科技革命创造必要前提的最广泛的杠杆"①。人类在社会生产活动中积累的丰富知识和经验由于新传播媒介的产生而得到广泛传播和普及，人类共享思想的步伐大大加快。在数学方面，1545年，意大利数学家卡尔达诺制定出解三次方程式的公式，此后他的学生又解出了四次方程。17世纪初，为了便于计算，发现了对数，1614年，英国数学家耐普尔制定了世界上第一个对数表。法国数学家维耶塔首创由字母表示数学关系的方法——代数，法国学者勒奈·笛卡尔完善了代数体系的建构，促进了代数学的发展，使计算更加简单方便。在天文学方面，伽利略继承和发展了哥白尼的"太阳中心说"，他发现了木星有四颗卫星，观察到了太阳上有黑子，推算出太阳的自转周期，证明和传播了哥白尼的天体理论。

在哲学方面，出现了"英国唯物主义和整个现代实验科学的真正始祖"——法兰西斯·培根。培根反对经院哲学，认为自然界是物质的，是不依赖于人的意识而独立存在的，并且按规律运动着。他认为自然是可以认识的，研究自然的目的在于发现自然的规律，以便改造自然。培根提出了"知识就是力量"的名言。

---

① ［德］马克思著：《马克思恩格斯全集》第47卷，人民出版社1972年版，第427页。

培根的实验科学精神奠定了科学思想在思想史上的地位。在法国，著名数学家和哲学家笛卡尔是法国理性主义的创始人，他反对经院哲学，否认教会的权威。他认为宇宙统一于物质，太阳系起源于物质，"全宇宙只有一个物质"。在认识论上，笛卡尔强调理性认识的可靠性，认为根据理性进行推理就不会有错误；他认为理性是万能的，是真正知识的源泉，从而否认了理性认识依赖于感性认识，因而无法解释理性认识的来源。笛卡尔在承认客观世界的同时，认为思想或者说心灵没有物质的属性，认为思想与物质是互不相干的两种实体，所以他的哲学思想是二元论。

欧洲的文艺复兴可以说是一次规模较大的文化思想传播，是一次深刻的资产阶级新文化运动，是对西欧封建制度、经院哲学以及神学世界观的否定。文艺复兴促进了科学知识的传播，促进了近代科学体系的产生和发展。其特点是：①从内容上看，文艺复兴不仅涉及社会科学，而且涉及自然科学知识，确立了科学精神在思想史上的地位；②这一次文化思想的传播主要是在西欧各国之间进行的，与以往不同的是，思想的传播不是单向的，而是双向或者是相互影响的，体现了互动的特征。文艺复兴促进西欧各国资产阶级新思想的融合，揭穿了教会关于上帝、天堂、地狱、魔鬼思想的欺骗，促使人们开始摆脱神学思想的禁锢，在自然科学方面，促进了科学知识的传播和知识的共享，促进了近代科学体系的产生和发展。

2－3－2. 工业革命时期思想文化的传播

第一次技术革命（亦称之为英国工业革命）时期的技术发明与自然科学理论的逐步完善是分不开的。16 至 18 世纪，欧洲的自然科学发展很快，特别是数学、物理学、化学的成就非常突出，数学和力学成为研制各种工具机和蒸汽机的理论基础。17世纪，法国数学家笛卡尔创立了解析几何，把变数引进了数学。莱布尼茨确立了微分学和积分学。牛顿则在 70、80 年代完成了他在数学、力学和光学方面的研究，建立了牛顿力学体系。

这一时期，报纸的发展促进了思想的传播。1609 年，德国出版了世界上现存最早的周报——《报道与新闻》，1615 年，德国艾莫尔创办《法兰克福新闻报》，1622 年，英国艾契尔和波尼出版了《新闻周刊》，同年，英国巴特出版《新闻报》，1660 年，世界上最早的日报《莱比锡日报》创刊，1702 年，英国《每日新闻》创刊，1777 年，法国的《巴黎新闻报》创刊。这样，印刷技术与纸质媒介的结合，极大地促进了知识的生产和传播，促进了科学技术的发明。

1733 年，凯伊发明了飞梭，使织布机的效率提高了一倍，1764 年詹姆士发明了珍妮纺纱机，1769 年，理查德发明了水利纺纱机，这种纺纱机以水力为动力，不受人力限制，大大提高了效率，1771 年，理查德建立了第一个英国工厂，到 1779 年，这个工厂拥有 1000 个纱锭，300 多名工人。1779 年，赛米尔·克隆普顿综合了珍妮纺纱机和水利纺纱机的优点，发明了"骡机"，能带动 2000 个纱锭。1769 年瓦特试制成功单向蒸汽机，1782 年生产出双向蒸汽机，1785 年，蒸汽机用于棉纺厂，1789 年用于织布厂。1800 年，英国拥有蒸汽机 321 台，1825 年增至 15000 台，极大地推动了生产力的发展。在法国，1810 年日拉试验机器及其纺麻成功，英国人稍加改善后，予以推广。1807 年，美国人富尔顿发明汽船，1811 年，英国人仿造成功。1814 年，斯蒂芬森制成第一台蒸汽机车，1825 年建成第一条铁路，1830 年，曼彻斯特到利物浦的铁路使用了蒸汽机车，到 19 世纪 40 年代，英国主要铁路干线基本建成，1844 年英国铁路通车里程达到 2235 英里。

第一次技术革命完成的标志是机器生产机器。1794 年，亨利·莫兹利发明了转动模型刀架，1817 年，理查·波罗茨制成了第一台加工平面的刨床，以后又发明了钻床。1825 年，约瑟夫·克雷门发明了新的刨床和车床，进一步提高了功效。第一次技术革命的完成，促进了机械的广泛运用，推动了冶金、采矿、交通以及机械制造等行业的发展，提高了劳动生产率，英国成为许多新兴工业的中心，到 19 世纪 50、60 年代，英国成为"世界工厂"，在工业和贸易方面处于垄断地位。

表 2—1　18 世纪下半叶到 19 世纪初部分机器的发明

年代	发明者	发明者国籍	机器名称
1733	John Kay	英　国	飞　梭
1767	James Hargreaves	英　国	珍妮纺纱机
1768	Edmond Cartwtight	英　国	水利织机
1768	Richard Arkwright	英　国	水利纺纱机
1769	James watt	英　国	蒸汽机（改进的）
1769	Samuel Crompton	英　国	骡　机
1793	Eli Whitney	美　国	轧棉机
1807	Robert Fulton	美　国	汽　船
1814	George Stephenson	英　国	蒸汽火车头

资料来源：陈淑梅：《宁夏社会科学》，2003，1

　　第二次技术革命始于 19 世纪 70 年代，这一时期数学、物理学等基础科学的发展以及电力工业的兴起，为第二次技术革命奠定了基础。数学方面，1844 年，德国数学家格罗斯曼把普通欧氏几何中点的坐标数目从 3 推广到任意整数 n，建立了 n 维空间的概念及相应的高维几何学。19 世纪末，形成了几何分支——拓扑学和投影几何、微分几何等。法国数学家伽罗瓦提出了群的概念，并形成了严格定义的群论，到 19 世纪末，群论被应用于晶体结构的研究。19 世纪后半期，英国数学家布尔将形式逻辑归结为一套代数演算，即今天的逻辑代数。物理学方面的重大成就是电磁学理论的形成和发展。随着电波的发现，丹麦数学家奥斯特 1820 年偶然发现当导线通过强电流时，与他平行放着的磁针几乎转了 90 度角。1823 年，法国物理学家安培用精密的数学形式表述电流产生磁力的基本定律，奠定了电动力学的基础。英国的法拉第经过多年试验于 1831 年发现了感应电流。为了解释电磁感应现象，法拉第提出了"力率"和"场"的概念，认为空间不是空虚的，而是布满了"场"，这是牛顿以后物理学基本概念的最重要的发展。原子—分子论的提出是 19 世纪化学方面的重大成就。1860 年，意大利化学家康尼查罗阐述了原子—分子论。1869 年俄国化学家门捷列夫首先提出了化学元素周期律，指出化学元素的性质随原子量的增加而呈现周期性的变化。经过德国化学家维勒·李比希和凯库勒等人的努力，建立了有机结构理论。这一理论为有机分析、有机合成开辟了广阔的道路。此外，1895 年，伦琴发现了 X 射线，1896 年，居里夫人发现了放射线，1897 年汤姆森发现了带电的粒子流，20 世纪初，爱因斯坦创立了相对论，奠定了量子理论的基础。所有这些新的发现，冲击了物理学领域中的传统观念，从根本上改变了物质结构的概念，改变了关于空间、时间和运动的概念，创造了科学史上新的奇迹。

电磁理论的应用和电力工业的发展是第二次技术革命的中心内容。早在 19 世纪初期，意大利人伏打和英国化学家戴维就发明了电池。1837 年，英国物理学家惠斯通利用永久磁铁制造了一部电机，然而永久磁铁无论如何也产生不了强大而稳定的电流。1866 年，德国的西门子提出用电磁铁代替永久磁铁，发明了自激式发电机，这就是现代电机的雏形。1881 年，有人根据法拉第电磁感应定律的原理，发明了变压器，同年，爱迪生在美国建立了第一个发电站并成功地输出了电流。1888 年，特斯拉建成了交流电力传送系统，同年，在英国设计并建造了一座大型交流发电站——多福烈火电站并成功向 7 英里外的伦敦市送电。几十年后，德国的斯泰因梅茨创立了交流电理论，使交流电成为整个配电系统的主要配电方式。

　　另一方面，电讯事业也得到迅速发展。1876 年，美国人贝尔首先获得了电话机的专利权。1878 年，经爱迪生改进的电话机在波士顿和纽约之间的 200 英里间通了第一次长途电话。到 1880 年，美国已经有 48000 门电话机在使用。1889 年，又发明了自动电话交换台，电话开始在各国普及。1879 年 10 月，爱迪生发明了电灯，到 1882 年，美国各地建立了 150 多个小电站。发电机和电灯的应用，带动了如输电、配电、变电等一系列技术与设备的发明和改进。1891 年，爱迪生发明了活动电影机，1895 年，法国就制成了无声电影。1895 年和 1896 年，意大利人马克尼和俄国人波波夫分别成功进行了无线电传播试验。20 世纪初，这一技术被美国引进。1906 年，美国人德福雷斯特在英国人弗莱明制造的二极管的基础上，发明了三极管，使无线电通讯技术进入电子时代。10 年后，美国实现了大西洋长途电话通讯，并建立了电台。1908 年，英国人斯文顿最先提出了电视的设计原理，而美国人运用这一原理于 1923 年从华盛顿向费城传送了哈丁总统的传真照片，1925 年制成了光电显像管和第一台实用电视机。美国成为率先进入"电讯时代"的国家。

　　此外，由于内燃机的发明和应用，促进了汽车和航运业的发展，也促进了世界各国间文化的交流和融合。1876 年，德国人在法国人莱瓦恩发明的煤气内燃机的基础上，试制了四冲程内燃机。1883 年，戴姆勒又制成了体积小、重量轻、马力大、效率高的汽油内燃机。1885 年，戴姆勒、本茨各自独立地制成了安装这种内燃机的汽车。1892 年，美国福特也制成了汽车，在美国建立起独立的汽车工业。1897 年，德国狄塞尔试制成功结构简单、效率高、功率大的柴油机。动力机械的发展和应用，不仅解决了发电的问题，也给交通运输和其他经济部门带来了巨大的动力保障，促进了汽车以及航运业的发展。1887 年，装有汽油内燃机的轮船研制成功，1892 年，拖拉机开出装配厂，1903 年，莱特兄弟进行了第一次飞行试验。1912 年，柴油机驱动的远洋货轮下水，1913 年，第一台安装了柴油机的火车头试验成功。这些发明创造，直接推动了交通运输工具的变革和发展，人类进入了汽车时代和越洋航海时代，远洋贸易和跨洋人员交流，从另一个方面促进了知识的传播和思想的共享。

这一时期，冶金业也得到了飞速发展。炼钢、炼铁、电解铝、电解铜等新的冶炼工艺得到发展，钢铁、制铝和制铜等生产企业分别在德国、英国、法国和俄国建成，有力地促进了机械等工业的发展。由于高分子理论研究方面的突破，合成化学工业在许多国家蓬勃兴起。1877 年，德国建立了国立化工研究所，促进了化学方面的研究和化工工业的发展，19 世纪末 20 世纪初，德国成为染料工业、制药工业以及香料工业的生产大国，在合成尿素、尼龙、人造丝、橡胶等工业领域也成为生产强国。1906 年，美国籍比利时人贝克兰德发明了电木，1916 年，美国采用"热裂法"精炼石油，美国成为化学工业的强国。

第一次（亦称英国工业革命）和第二次技术革命也是西方科技思想传播较集中的时期。第一次技术革命是以纺织机、蒸汽机等大机器生产为代表的，第二次技术革命是以 19 世纪 70 年代以来电磁理论的应用和电力工业的发展为代表的。其特点是：①从内容上看，科学知识和科学思想的传播占据了主导地位，科学技术是这次思想传播的推动力，知识传播的结果是极大地推动了生产力的发展和科学的进步；②从类型上看，又分两种情况：一种是西欧各国之间以及西欧与美国之间思想文化的传播，这种思想文化的传播是双向或者是相互影响的，各主体之间有互动，体现了共享的特征；另一种类型是西方各国科学技术思想在其他国家的传播，思想的传播多是单向的，表现为相关国家向西方国家学习先进的科学知识。这一时期，由于电话和蒸汽机的发明和应用，知识传播速度大大加快，新发明、新技术应用于生产中的周期明显缩短，各国间的知识交流和技术转移更加频繁，科学技术对经济的促进作用更加显现，有力地促进了社会生产力的发展。

通讯技术和远洋交通运输工具的发展，加速了各国间人员的交流和沟通，科学知识的传播速度也大大加快，受西欧科学思想的影响，亚洲国家也纷纷开始学习西方的先进科学技术。日本在1868年进行了明治维新，推动了资本主义在日本的发展，加快了西方现代科学在日本的传播和应用，促进了生产力的发展。

19世纪中叶，德川幕府实行的封建统治严重阻碍了日本新兴资本主义的发展，国内社会矛盾日益尖锐。外来资本主义势力的入侵和冲击，加速了德川幕府封建统治的灭亡。1853年，美国舰队在海军少将柏利的率领下开到日本，以武力相威胁要求开放港口，并限期一年答复。1854年，柏利率领由十艘军舰组成的舰队又开到日本，要求开港。在武力威胁下，日本被迫接受了美国的要求，于1854年3月在神奈川与美国签订《日美亲善条约》（又称《神奈川条约》），同意开放下田、函馆等港口通商，同意在下田设立美国领事馆。其他列强，俄、荷、英、法等国也与日本签订了类似的条约。1858年6月，美国又强迫日本签订《日美友好通商条约》（又称《安政条约》），条约规定，日本开放更多的港口供美国通商，美国在日本享有治外法权，日本丧失了一系列国家主权。

日本开港后，大量廉价西方工业品涌入日本市场，迫使日本家庭手工业和手工业工场破产、人员失业，社会矛盾进一步激化。在这种背景下，倒幕派推翻了幕府的封建统治，并于1868年建立了明治政府。明治政府为了适应地主资产阶级的需要，实行了资本主义改革，提出了"殖产兴业"、"文明开化"和"富国强兵"的三大政策。为了"殖产兴业"，日本大量引进西方先进设备，并通过聘请外国技师和向国外派遣留学生，学习西方先进的科学知识，培养科学方面的人才。为了促进"文明开化"，日本大力发展教育，建立了普通学校、师范学校和实业学校三大教育体系。1872年，创办东京师范学校，1874年创办东京女子师范学校，1877年，创办东京大学，设立了法、理、文、医等学部。此后东京大学成为输入近代科学知识，培养和造就科学技术人才的中心，大批的西方人文和科学知识被介绍到日本，促进了现代科学知识在日本的传播。在教育制度改革方面，日本 1872 年颁布了第一个综合性的现代教育制度法规《学制》，法规主要借鉴法国的教育制度，强调普及教育，确定了学制。1879 年又颁布《教育令》，此教育令以美国教育制度为样板，以自由主义为思想基础。1886 年，第一任文部大臣森有礼对原有的教育制度进行改革，制定了《学校令》，奠定了日本近代国家注意教育的基础。此外，在民间西学组织的基础上成立了专门的洋学翻译和教育机构"蕃书调所"，中村正直翻译英国作家斯迈尔斯的《自助》，中江兆民翻译法国启蒙思想家卢梭的《社会契约论》。西周于 1873 年发起成立学术团体"明六社"，发行《明六杂志》进行启蒙教育。福泽谕吉出版的《西洋事情》、《西洋导游》和《西洋衣食住》等著作成为当时轰动一时的畅销书。

我国早在禁烟运动期间，林则徐认识到科学技术的重要性，派人翻译外文书籍，编译了《四洲志》，魏源作《圣武记》，认为要战胜西方列强，首先必须了解西方，并在《四洲志》的基础上，搜集了其他资料，增补为《海国图志》，提出了"师夷长技以制夷"的思想。严复翻译了《天演论》，把西方进化论的思想介绍到中国。冯桂芬提出了"中体西用"的思想，认为"夫中学，体也；西学，用也。无体不立，无用不行，二者相需，缺一不可"。"中体西用"思想的提出，得到了洋务派的支持，洋务派积极兴办新教育，促进学习外文、自然等科学知识，并派遣留学人员赴欧美留学。洋务运动期间，官派留学生达到 200 多人。翻译出版了许多西方科技方面的书籍，如，李善兰在上海与外国人合译了 80 多卷天文、数学和力学著作，化学家徐寿翻译了《化学鉴原》等十几种化学著作。从 1853 年到 1911 年，共有 468 部西方科学著作在中国翻译出版，其中总论和杂著 44 部，天文气象 12 部，数学 164 部，理化 98 部，地理 58 部。此外，学者们还翻译了大量的哲学社会科学方面的著作，仅严复一人就翻译了经济学、社会学等8个学科的著作；林纾翻译了97位作家的138部作品。此外还创办了翻译教育机构，如：北京的同文馆，上海、广州的广方言馆，上海江南制造局的译书馆，康有为、梁启超和陈炽在北京创办了强学会，孙家鼐创办了译书局，盛怀宣创办南洋公学译书院，湖南、湖北、江苏、浙江等省联合创办江楚编译局，梁启超创办大同译书局，此外还有山东大学堂译书院，南学会和圣学会等。当时还创办了大量刊物，翻译和宣传西方思想，见表2-2。为西方科学技术进入中国起到了积极的促进作用。

表2-2 晚清时期以翻译为主的新期刊

出版日期/年	刊 名	创立者	所在地
1895	《中外纪闻》(World Bulletin)	康有为	北京
1896	《时务报》(Contemporary Affairs)	梁启超	上海
1897	《知新报》(New Knowledge)	康有为	澳门
1897	《求是报》(International Review)	曾仰东	上海
1897	《国闻报》(National News)	严复	天津
1897	《国闻汇报》(National News collected)	严复	天津

资料来源：连幼平著：《清末维新派在中国翻译史上的贡献》，《东华大学学报》（社科版），第5卷第1期。

表2-3 晚清专门刊载翻译作品的期刊

出版日期/年	期刊名称	出版日期/年	期刊名称
1902	《游学译编》	1905	《苏报》
1903	《浙江潮》	1905	《20世纪之支那》
1903	《湖北学生界》	1905	《励学译编》
1903	《江苏》		

资料来源：连幼平著：《清末维新派在中国翻译史上的贡献》，《东华大学学报》（社科版），第5卷第1期。

　　西方资产阶级思想的渗透，推动了洋务运动，洋务派在社会经济、政治、军事、文化教育、社会观念以及科学技术等方面都进行了一些变革，改变了传统社会的面貌，推动了中国近代化的进程。洋务派提倡办洋务、兴西学，陆续开办了一些学习"西文"、"西艺"的学校，先后创办了上海广方言馆、上海机器学堂、福州船政学堂等学校。中国近代化的启动首先发生在军事领域，洋务派为了对付"内忧外患"，率先创办了军事企业，主要有江南制造总局、马尾船政局、金陵机器局等，并在采矿、冶炼、纺织等部门兴办了一些民办企业，引进西方先进设备，进行机械化生产，提高了生产率。此外，洋务派还建立了近代交通和邮电设施，创办轮船招商局，修建近代铁路，兴办近代邮政，到19世纪90年代，中国的近代工业交通通讯体系基本形成。19世纪末期，我国学者提出"中体西用"的思想，推动了洋务运动的发展，"中体西用"的一个重要目标是学习西方先进的科学技术。因此，在这期间大规模地引进了西方先进技术，在科学理论方面，从日心说到进化论，从概率论到牛顿力学，从化学元素到西方医学；技术方面，从织布机到蒸汽机，从造轮船枪炮到兴办铁路，各种西方科学技术知识都被介绍到了中国，加速了中国学习吸收西方先进科学知识的进程。戊戌变法前后，维新派提倡"废科举、兴学校"，借鉴国外的教育制度，创办了许多新式高等学校，如南洋公学、京师大学堂等高校。在教育制度方面，1902年，清政府颁布《钦定学堂章程》，次年颁布《奏定学堂章程》，1905年正式发布谕令，"停科举以广学校"，标志新的国民教育制度取代了中国传统的科举教育体制。进入20世纪以后，我国掀起了新文化运动，学习西方先进科学知识的热情更加高涨。

2－4. 知识传播是生产力

　　培根在历史上第一次发出了知识就是力量的论断，邓小平指出：科学技术是第一生产力。自英国工业革命以来，历史的发展也说明科学技术在推动社会发展中的重要作用。另一方面，任何科学技术都是通过人来实现的，只有掌握了科学知识的人，才能创造出科学史上一个又一个奇迹，人才在促进科学技术发展中起主导作用。任何人的知识都不是天生就有的，都是通过后天的学习掌握的。人们学习知识、掌握知识的方式有多种多样，例如：有家庭教育、学校教育、学习书本、生产实践、社会交往、大众传播媒介等等，人们通过这些学习活动掌握了知识，提高了知识水平。如果我们考察一下这些活动就会发现，这些活动都与知识传播有关，是知识传播培养了一批又一批掌握知识的劳动者，是知识传播培养了一代又一代科学家，这些掌握科学技术的人在科学的道路上不断攀登新的高峰，为人类创造了一个又一个科学上的奇迹。可以说所有这些成绩都是站在巨人的肩膀上取得的，他们所掌握的知识都是通过知识传播取得的，因此，我们认为：知识传播是生产力。

首先，人才的培养离不开教育，教育活动的主要过程是传播知识。教育是人们学习知识和掌握知识的主要手段，不管是家庭教育，还是学校教育都是如此。广义的教育是指以影响人的身心发展为直接目的的社会活动。狭义的教育是指有专门的人员和专门机构进行的学校教育。通过教育活动，教育者系统地把文化科学知识传授给受教育者。从小学、中学，到大学、研究生教育，这些都是传播知识的过程，只不过传播知识的方式有所不同罢了。小学和中学教育，主要是由教师教和学生学为主的教师主导型教育，教师在传授知识方面占主导地位。大学和研究生阶段，则更强调学生的自主学习能力，学生可以通过阅读书籍和查阅文献等方式习得知识。教师教学是传播知识，学生通过书本和资料自主学习也是知识传播的重要方式。

其次，生产实践活动也是传播知识的过程。为了创造财富，人们组织社会化大生产，在生产实践活动中有经验的师傅会把在生产活动中积累的经验传给青年人，为了解决在生产中遇到的问题，人们会组织起来，一起商讨对策，提出解决方案，这些过程也都是知识传播的过程，是实际经验知识的传播。我国一汽大众汽车有限公司的王洪军师傅，经过多年的刻苦钻研，创造了一整套轿车钣金的快速修复方法，荣获 2006 年国家科技进步二等奖，他创造的轿车钣金快速修复方法在产业界得到广泛传播，大大提高了生产效率，创造了极大的经济价值和社会价值。

再次，向书本学习，也是知识传播的重要途径。书本知识是间接知识，是已经编码了的系统知识，通过向书本学习，可以学习前人在科学文化以及社会生产等方面的知识经验。我国著名数学家华罗庚只有中学毕业文凭，但是他通过刻苦的自主学习，最终成为世界著名的数学大师。据说，华罗庚年轻时为帮助家庭生计，曾为家里看过店铺，但是与他相伴的总是有关数学方面的书籍，他刻苦读书，随时演算，以至于经常在看店铺时发生差错，导致他的爷爷经常没收他的书籍。华罗庚就是这样通过向书本学习，掌握了数学的基础知识，从而为攀登科学高峰奠定了基础。

最后，传播媒介的不断进步对知识传播效率和速度产生重要影响。从人类发展史方面看，在史前文明时期，在严酷的自然界面前，人们需要进行围猎和协作才能维持生存，人类是通过语言来协调相互间的行为，通过言传身教来传播知识的。那个时候知识传播者与传播媒介不能分离，知识通过口传一代一代传承下来。人类发明文字以后，知识传播者与传播媒介之间实现了分离，知识传播内容也得以从知识传播者那里分离出来，知识传播才能摆脱对知识所有者的依赖，得以在更广阔的时空中进行，这大大提高了知识传播的效率、速度和准确率，人类也因此进入文明时期。在这一时期，知识传播主要是通过语言和文字进行的，文字传播虽然摆脱了对知识所有者的依赖，但是仍然没有摆脱对实物的依赖，因此，知识传播仍然受交通工具发展水平的制约，知识传播的范围和效率仍然受到很大的局限。直到电讯号的发现和电报、电话以及广播电视的发明，知识传播才摆脱了对实物的依赖，得以迅速在更广阔的时空中进行。在互联网和无线通讯高度发展的今天，任何新的知识以及新的发明、发现都可以在瞬间传到世界的任何一个角落。

不管是人与人之间的知识传播，还是实践中的知识传播，或者是向书本学习的知识积累，人都不是被动地接受知识。人是能动的动物，具有主观能动性，人在接受知识时不是被动的接受，而是有所思、有所想。这个有所思、有所想的过程，与创新有密切联系。皮亚杰认为：认识既不能看作是在主体内部结构中预先决定了的，也不能看作是在客体的预先存在着的特性中预先决定了的，因为客体只有通过这些内部结构的中介作用才被认识。任何外部刺激都是通过"同化"与"顺化"这种机能来实现的。同化起着把外部刺激统合到主体已有的认知结构的作用（理解），顺化起着使主体适应环境而对主体内部既存的认知结构进行修正的作用。在进行同化的过程中，主体的结构也发生一些改变，即作出顺化。同化和顺化实质上是同一过程的两个不同方面。也就是说在知识传播过程中，被传播者是根据各自的既存认知结构来理解具体知识内容的，被传播者在理解知识内容时具有能动性，有一个从"同化"到"顺化"的过程，在这个过程中，通过"同化"，被传播者理解了新的知识，通过"顺化"又修正了原有的知识结构，这种现象在具有不同知识背景的人之间谈话时会更加明显。智者见智，仁者见仁。当传播者讲话内容与被传播者既存的认知结构发生冲突、或者激荡了既存的认知结构、或者唤起了潜存的知识时，顺化功能则通过推理对主体的认知结构进行修正，从而达到认知的平衡，实现认识的新建构，这种新建构与知识创新有密切联系。

传播媒介的进步在知识传播效率方面起重要作用。在工业革命之前，由于受技术和交通条件的制约，许多好的发明、发现由于得不到及时广泛的传播，给人类造成了巨大损失。2006 年 4、

5月间，中央电视台探索发现节目播出了7集电视纪录片《战痘记》，纪录片向人们展示了历史上因天花肆虐而发生的瘟疫给人类带来的痛苦，展示了人类与天花作斗争以及最终消灭天花的艰难历程，也展示了我们中华民族在防治天花为人类所作出的伟大贡献。据考证，公元前1100多年的古埃及拉姆西斯5世死于天花，这是在研究拉姆西斯的木乃伊之后得出的结论，这也是已知最早的因天花致死的病例。据记载，2000多年前天花在罗马肆虐15年，造成数百万人丧生，四分之一的人被毁容，18世纪欧洲有1.3亿人死于天花，20世纪全世界有3亿人死于天花，虽说2次世界大战都发生在20世纪，而这一时期因战争死亡的人数只占因天花死亡人数的三分之一。天花肆虐时不仅平民百姓深受其害，王公贵族也难于幸免，这也显示了人们在这种高致病性传染病面前的无奈。16世纪，英国伊丽莎白1世因患天花而脱发，法国路易14国王因天花而留下满脸斑痕，路易15国王因患天花而死亡。英格兰玛丽2世1677年与威廉结婚，威廉登基后她成为皇后，后来玛丽因天花去世。在中国，清朝的顺治和同治皇帝都是死于天花，康熙皇帝也患过天花，对天花有切肤之痛。

天花，中医称痘疮，发病率极高，死亡率也极高，一般是25％左右，有时达40％，中医素有"孩子生下才一半，出过天花才算全"的说法。早在唐代，中国就有防治天花的记载，在《牛痘新书》和《千金要方》医书中都有防治天花的记述，我国在防治天花方面为世界做出了贡献。中医理论中素有"以毒攻毒"的说法，在这种理论的引导下，中国人发明了人痘接种术，就是通过人工的方法让儿童患上轻微的天花，从而使之终生免疫天花病毒的做法。据记载人痘接种术有痘衣法、痘浆法、旱苗法、水苗法等。国际上公认的是中国在公元10世纪发明了人痘接种术，文献上记载明代嘉庆年间太平县曾有一位种痘医师得到过明朝皇帝隆庆的奖励。

清朝皇帝康熙是一位积极倡导人痘接种的皇帝，这可能是因为康熙自己也曾受过天花之苦的缘故吧。康熙首先命令在军队的士兵中推广接种人痘，还制定了皇子接种人痘以防天花的制度，他还特意把一些富有种痘经验的医生，调进皇宫种痘，在宫中积极推广人痘接种术。由于康熙的极力推广，人痘接种术开始传播开来。他还把人痘接种术推广到远离北京的蒙古。据史料记载，康熙派出的御医，曾经风尘仆仆地到达中国北方的少数民族地区进行人痘接种，并取得了很好的效果。后来人痘接种术先后传到日本、俄罗斯等国，后经俄罗斯传到土耳其。1717 年，英国蒙太古夫人跟随其驻土耳其大使的丈夫到土耳其赴任，她在土耳其吃惊地发现人们已经驯服了天花。每年秋季，就有走街串巷的医生为儿童接种人痘，人们以此来预防天花。蒙太古夫人因儿时患过天花而脸上留下斑痕，因此对天花有切肤之痛。她认为用接种人痘的方法防治天花非常神奇，1718 年她为自己的儿子接种了人痘。1721 年蒙太古夫人回到英国后积极宣传人痘接种术。在她的游说下，乔治二世决定先在犯人身上进行试验，有 6 名死因犯主动接受人痘接种试验，获得成功。从此，中国人发明的人痘接种术在英国流行起来。据说，路易十六在路易十五因天花去世后，自己也接种了人痘。

接种人痘具有一定的风险，有时甚至会死人。英国医生琴纳早年因接种人痘而留下了耳鸣的后遗症。因此，他一直希望能找到比接种人痘更安全的方法。有一天，他听挤奶女工说：如果感染了牛痘，就不会得天花病了。这启发了琴纳，他想：可不可以用牛痘代替人痘呢？因为人感染了牛痘，皮肤上会出现疱疹，一般三到四周后就会痊愈，不会危及生命。在挤奶女工的启发下，1796 年，琴纳发明了牛痘接种术，从而为人类最终消灭天花迈出了决定性的一步。

从中国唐朝出现人痘接种术到琴纳发明牛痘接种术，这其间经历了近 1000 年的时间，而从琴纳发明牛痘接种术到 1980 年人类最终消灭天花又花掉了 184 年。在中国民间，早就有接种人痘预防天花的习俗，而遗憾的是清朝的顺治和同治皇帝却都是死于天花，连权力至高无上的皇帝也不能幸免的事实，不能不说这是人类的一个悲哀。虽然限制人痘接种术传播和普及的因素很多，信息不畅和信息传播方式的落后也是导致人痘接种技术得不到普及的一个重要因素。2003 年爆发的非典与天花在人类历史上肆虐几千年的状况则形成了鲜明的对照。

2003 年春季，一场高致病性传染病席卷了全世界，我国内地和中国香港是重灾区，我们每个人对这场灾难都还记忆犹新。据世界卫生组织统计：截至 2003 年 7 月 11 日，全球共发现 8437 例病例，死亡 813 例，其中中国内地死亡 348 例，香港死亡 298 例。

非典，全称是传染性非典型肺炎，又称严重急性呼吸综合征，简称 SARS，是一种新的呼吸道传染病，极强的传染性与病情的快速进展是此病的主要特点。患者为重要的传染源，主要是急性期患者，SARS 冠状病毒主要通过近距离飞沫传播，如打喷嚏等，接触患者的分泌物及密切接触患者亦可能传播，是一种新出现的病毒，人群不具有免疫力，普遍易受感染，主要是冬春季发病，其发病机制与机体免疫系统受损有关。病毒在侵入机体后，进行复制，可引起机体的异常免疫反应，由于机体免疫系统受破坏，导致患者的免疫缺陷。此病的死亡率极高，病死率约在 15％左右。非典在全球 32 个国家发现病例，历经三个多月，于 2003 年 7 月基本得到控制。[①]

天花和非典都是高致病性传染病，非典的死亡率在 15％以上，天花的死亡率高达 25％以上。天花在地球上肆虐了 3000 多年，2000 多年前天花在罗马肆虐 15 年，造成数百万人丧生。今天，非典在全球范围爆发，在全球 32 个国家肆虐了三个多月后，就得到控制，共造成 813 人死亡。如果我们把两者对比一下，就

---

① 新华网，http：//www.xinhuanet.com

不能不对今天高度发展的科学而感到赞叹了。以往，人们在像天花以及非典这样的高致病性传染病面前是无能为力的，科学的发展为我们战胜这种高致病性传染病提供了条件，一方面，人类凭借千百年来积累起来的科学知识迅速破解其发病机理，通过严格控制其传播渠道、严格消毒等措施，最终战胜了非典。另一方面，便捷的通讯媒介以及大众传播方式的普及也为人类战胜非典提供了可靠的保障。在非典期间，世界卫生组织及时通报全球的疫情，卫生部及时公布我国的疫情以及防治措施，同时，各种媒体不厌其烦地向公众介绍有关防治非典的知识，这使全世界的人在极短的时间内对非典有了较为深刻地认识，便捷的信息沟通手段使人们能随时了解疫情的状况，这些都为人们最终战胜非典起到了积极的作用。

大众传播媒介自其诞生之日起就开始对人们社会生活的各个方面产生了巨大影响，而且这种影响越来越大。张国良等人2002年至2003年在全国9省市开展关于大众媒介现状的调查，经过分析，得出的结论之一是：在当代中国，社会的媒介化已是大势所趋。媒介行为正越来越多地替代人际交往，不论农村还是城市，"走亲访友"和"串门聊天"行为大大减少，读报、读书、看电视的行为大幅上升。此外，受众在媒介内容偏好方面也发生了很大的变化，1992年和1997年的调查显示，当时电视观众接触最多的是"影视类"节目，本次调查的结果是不论城乡"新闻类"节目上升到首位。在媒介对个人观念现代化的影响方面，其分析的结果是：教育程度与其相关性最高，接近中度相关。其次是媒介接触，属低度相关的偏高水平。另外2个变量是"经济收入"和"居住区域"，属于低度相关的中间和偏低水平。调查结果表明：在人的观念现代化方面，媒介接触仅次于受教育程度，成为影响人们观念的重要因素。

近年来，大众传播媒介在传播知识方面的作用也越来越显著。2006年知识界最火的明星大都是通过中央电视台科学教育节目《百家讲坛》而一举成名的学者。像于丹讲《论语》，易中天《品三国》，王立群读《史记》，阎崇年讲明亡清兴六十年，纪连海讲清史，张望朝讲侦察英雄杨子荣，张国祚讲中国历史文化概述等。一时间，《百家讲坛》热闹非凡，讲出了几位学术明星，于丹更是因此被称为"学术超女"而家喻户晓。中华书局出版的《于丹〈论语〉心得》的发行量一路攀升，该书发行第一个月就超过了 100 万册，第二个月达到 200 万册，而易中天的《品三国》则为他赚取了不菲的收益。这些以往在象牙塔里钻研学问的学者，一夜之间成为了公众人物，在他们身边还聚集了成千上万的"粉丝"，人文社会科学知识已成为媒介传播知识的重要内容。

电视媒介在传播知识方面的效率是非常高的。易中天、于丹、纪连海等人都是教师出身，他们在学校也讲《三国》、讲《论语》和清史，但是在学校课堂上的受众少则几十人，多则不过百十人，而在中央电视台《百家讲坛》上的讲座，其受众则是成百万、千万人，电视媒介在传播知识方面的效率是任何传播方式都不能相比的，与课堂教学相比，电视讲座的成本可以忽略不计，其收益率却是无法估算的。

人文社会科学知识可以成为电视等大众传播媒介传播知识的内容，自然科学知识也同样可以成为电视媒介传播的知识内容。而且，电视媒介在传播自然科学知识方面可以为国家创造更大的财富。2007 年，中央电视台《大家》栏目与中国科技馆联合主办"大师讲科普"节目，在这个节目中，中央电视台《大家》栏目邀请了八位我国著名科学家讲科普，其中五位是国家最高科技奖得主，一位国际数学大师，一位"两弹一星"功勋科学家和一位"探月工程"首席科学家。讲授的内容从农业育种技术到"探月工程"，内容丰富，通俗易懂。节目既丰富了我们的日常文化生活，又普及了科学知识，同时，对青少年还起到弘扬科学精神，提高科学素养的教育作用，激发了广大青少年学科学、讲科学的积极性。由于中央电视台受众多，影响大，其产生的效益是远不能用数字来衡量的。科学技术是生产力，知识传播同样是生产力。我们希望在不远的将来，可以在电视节目中看到更多更好的科学知识普及节目，这必将会促进我们整个国家的科技创新水平。所以，从这个意义上说，知识传播是生产力，知识传播是创新的基础，大众传播媒介在传播知识、促进创新方面负有义不容辞的责任。

知识传播有许多不同的方式方法。由知识水平较高者向知识水平较低者传播知识可以称为传授知识，知识水平相当的人之间进行的知识切磋行为可以称之为知识交流，如各种研讨会、辩论会等。这种知识交流活动往往会促进知识共享，直接引发创新思维，从而促进创新。另一方面，不同领域的人员之间经常进行知识交流，可以促进不同领域之间的知识转移，如企业与高校、研究机构之间，可以通过知识交流，把企业关于市场、产品、技术装备等方面的知识传到高校和科研机构，高校和科研机构也可以把最新的科学研究成果传到企业，这种频繁的知识转移无疑是创新的源泉。

现在的技术水平和传播方式为知识传播和知识转移提供了便捷的方法和手段，也为创新创造了良好的条件。自上个世纪 80 年代以来，计算机技术、网络技术以及通讯技术出现了融合，传播方式与以往有了很大的不同，特别是数字技术的发展和普及，极大地提高了传播速度和传播效率。人们首先把各种符号信息转变为数字信号，接受方接收到数字信号后再将其转变为原来的各类信息符号，其结果，人类更快、更完整地得到了所需要的信息。这是一场革命，一场静悄悄的革命，其影响远比英国工业革命要大得多，也深远得多。这次信息革命的浪潮具有以下特点：①由于互联网的普及以及通讯技术的进步，新思想传播趋于同步性，从新思想的产生到传播、普及、发展，其周期越来越短；②思想的传播是互动的。如果说以往文化思想的共享具有传播特征的话，那么，今天思想的共享则表现为互动的特征；③思想的共享是在全球范围展开的。

人之所以比动物更聪明，是因为人具有比动物更为复杂的符号系统，通过这些符号系统，人们可以共享思想、传播和积累知识。所以，从某种程度上说，这些符号系统对人的进化、人类社会发展以及科技进步起到了巨大的推动作用。符号传播速度越快、传播范围越广，人类共享思想、传播和积累知识的效率就越高，科学技术的发展也就越快，整个人类进化史和社会发展史都证明了这一点。思想的共享和知识传播是促进人类社会不断进步的重要推动力，伴随着人类社会发展的始终。

中篇：

理 论 篇

3. 知识管理理论与创新

3－1. 有关创新的经济理论

知识管理理论是上个世纪 80 年代末 90 年代初最先在美、日、欧形成和发展起来的创新管理理论，虽然直到今天其理论体系尚处在不断完善之中，但是，知识管理重视沟通，促进知识共享，崇尚创新的思想已经风靡全世界。据统计，世界 500 强企业中，80％以上以不同的方式在推行和实施知识管理，可以说，知识管理是最能体现知识经济特点的先进管理理论。

在考察知识管理理论之前有必要梳理一下经济学关于创新思想的由来。熊彼特是较早阐述创新在经济中重要作用的经济学家。早在 1912 年，熊彼特就在他的著作《经济发展理论》中提出了创新假说。熊彼特认为：经济发展的决定因素是生产方式某个领域的创新。他认为，所谓创新就是要"建立一种新的生产函数"，即"生产要素的重新组合"，就是要把一种从来没有的关于生产要素和生产条件的"新组合"引进到生产体系中去，以实现对生产要素或生产条件的"新组合"，"企业家"的职能就是实现"创新"，引进"新组合"，"经济发展"就是指整个资本主义社会不断地实现这种"新组合"。他还认为：生产方式小规模的进步，都不能算作发展，只有那些使原材料与动力不断结合而产生的新的跳跃式的进步，才算作是发展。创新活动主要包括五个方面的内容：①新产品的生产；②使用新型技术；③开拓新的市场；④寻找新的原材料供应方式和途径，并发展新的控制方法；⑤构建新的产业组织形式。以上被归纳为产品创新、技术创新、市场创新、资源配置创新、组织创新。熊彼特认为创新活动是构成经济周期波动的根本原因。按照"创新"假说，在大量统计分析基础上，熊彼特形成了包括长、中、短三种经济周期的周期理论。长周期称为康德拉捷夫周期，又称为康德拉捷夫长波，平均长度大约在55年左右，长周期内包含不同阶段的中、短周期；中周期称为尤格拉周期，平均长度为9—10年；短周期称为基钦周期。如果以主要技术发明及其应用与生产技术的发展作为经济长周期的标志，那么，20世纪20年代末以前，资本主义经历了三个长周期。18世纪80年代到1842年的产业革命时期形成第一个长周期，1842到1897年的蒸汽和钢铁时代为第二个长周期，从1897年开始的电器、化学和汽车时代构成第三个长周期，到20世纪20年代末为该长周期的中间阶段。在熊彼特看来，创新活动构成经济周期波动的根本原因，不同规模与方向的创新活动形成不同强度和影响的周期性经济波动。

虽然熊彼特所说的技术创新与当代所说的技术创新在内涵上存在差异，但其创新理论作为一种思想为后来的知识创新和国家创新体系观点的形成提供了理论基础。

马克卢普对创新的贡献主要体现在他对知识的分类和对知识产业的研究与测度方面。他首先明确对知识进行了分类，将知识分为学术知识、实用知识、闲谈与消遣知识、精神知识、不需要的知识等五种类型。并对学术知识、实用知识、闲谈与消遣知识的生产和分配进行了分析，扩大了传统经济学"知识"概念的范畴，为重新确定国民生产总值的测度范围、逻辑地扩大国民生产总值核算体系的范畴奠定了基础。马克卢普关于知识分类与性质的这些论述，为其"知识产业"理论寻找到了广泛而全面的立足点，因为不将"知识"的范围确定下来，不能将知识范畴内的各个分支分辨出来，就难以谈得上严格意义的知识产业研究。

在对知识分类的基础上，他选择了 1956 年和 1958 年作为测度基准年，通过对美国 1958 年国民生产总值的测度得出知识产业各分支对国民生产总值的贡献程度。知识产业对国民生产总值的贡献程度从高到低依次为：教育、通信媒介、信息服务、研究与开发和信息设备。马克卢普认为，科学本身就是一项典型的知识生产活动，科学生产的知识可以被看作是提高未来生产率的一种投资。另一方面，科学知识又是作为社会生活的消费品之一而受到部分社会成员的偏好，人们对它进行投资是为了获取知识为己所消费，知识既是投资，也是消费。马克卢普计算出 1958 年美国知识产业的经费来源，指出消费者才是知识产业发展的最大支持者，促进知识产业发展的其次是厂商企业，政府对知识产业的财政支持程度处于最末地位。他的分析结论对国家经济发展与投资结构分析具有重要意义。

马克卢普指出："知识产业是或者为自身所消费，或者为他人所消费而生产知识，或从事信息服务和生产信息产品的组织或机构，如厂商、机构、组织或部门，甚至可能是个人或家庭。"从这一定义可以看出，知识产业主要包括两方面的内容：一是生产知识的组织或机构；二是从事信息服务和生产信息产品的组织或机构。他认为知识生产者是那些新信息的创造者，他们"利用来自于他人的丰富的信息储存，并在其中增加许多自身的创造天才和想象力，而且他们还能够发现某个已被接受的事物和与其信息交流的事物之间的新的相互影响和联系"，从而形成新的知识或信息。信息产品是指以生产、传播或接收知识为主要目的（或功能）的有形产品、办公用品或信息设备。信息设备是指以生产、传播和接受知识为目的（或功能），或以信息服务为目标的机械、器具、装置和设施。知识产业主要由五个层次组成：①所有层次的教育；②通讯及中介媒介；③信息机构或组织；④研究与开发；⑤信息设备或设施。在马克卢普的知识测度体系中，主要通过对知识职业收入分配的统计，为人们提供了有关知识产业迅速发展的证据。

马克卢普强调知识在经济中的重要作用，这一观点已得到社会的普遍认同，马克卢普关于知识产业的研究开辟了新的研究领域，他的知识产业理论为进一步研究知识生产和科学技术在国民生产总值中所占份额的测度奠定了基础，对重新认识知识在新技术革命中的作用提供了理论依据，为研究知识经济和知识产业奠定了理论基础。

舒尔茨则从人力资源的角度研究了知识主体——人在创新中的重要作用。舒尔茨认为，传统经济理论中资本的概念仅包含生产资料和货币，而忽视了重要的生产要素——的能力，这是不全面的，难以对经济增长做出合理的解释。重视和加强人力资本投资，提高人口质量，便成为促进经济发展的关键。所以，在社会发展中教育和医疗保健等可以提高人口素质，就变得十分重要。他认为决定人类前途的并不是空间、土地和自然资源，而是人口素质、技能和知识水平。

舒尔茨列举出五种主要的人力投资形式：一是医疗和保健，从广义上讲，它包括影响一个人的寿命、力量强度、耐久力、精力和生命力的所有费用；二是在职人员的培训；三是正规初等、中等和高等教育；四是非厂商组织的为成年人举办的学习项目；五是劳动力适应于就业机会的迁移。舒尔茨把教育投资看作是整个人力投资的最主要的一部分，指出：人们自我投资以增加生产能力与消费能力，而学校教育乃是人力资本的最大投资。教育的作用远远超过具有实际价值的建筑、设施、库存物资等物力资本，任何形式的教育和培训都对创新产生积极影响。

罗默（Paul Romer）在上世纪80年代提出新经济增长理论。他认为创新与商品生产有着决然不同的内在特性，这种特性就是它的非竞争性，即创新不会被创新厂商所专用，其他厂商也会从技术外溢中受益；创新对厂商要素积累的报酬是不变的，但对整个国家的全要素积累的报酬却是递增的，罗默将创新的这些独特的属性纳入其经济增长模型中。他认为：经济制度和个人偏好是促进经济发展的外生变量，技术进步是经济发展的内生变量。发现新技术取决于有多少人寻求新技术以及他们如何寻找新技术。罗默对新经济增长理论最卓越的贡献是将技术内生化，罗默的技术内生模型有两个重要的部分：即总生产函数和一系列生产要素投入方程。总生产函数描述了资本存量 K、劳动力 L 以及创新存量 A 与产出 Y 之间的关系，总生产函数为 $Y = Ka (AL) 1-a$，其中，A 是介于 0 与 1 之间的一个参数。如果将 A 视为给定的技术水平，总生产函数中的 K 和 L 的规模报酬不变；如果将创新 A 视为生产投入要素，即内生化时，总生产函数的产出就存在规模报酬递增，即两倍的资本、劳动力和创新存量的投入，会得到多于两倍的产出，这种规模报酬递增的存在从根本上说是源于创新的非竞争性，这种规模收益递增正是厂商追求之所在。新经济增长理论有两个重要启示：

第一，新经济是以知识（信息）而不是以物质为基础的。知识产品（信息产品）与物质产品之间的差别在于：物质产品趋向于生产的单位成本基本保持不变，而知识产品含有巨大的开发成本，但此后追加的单位成本可以忽略不计。知识的探索与开发领域非常广泛，从而为无限增长提供了可能。创新是内生于经济系统的要素，它不仅由研究机构所决定，而且由市场决定，创新构成经济增长的主要因素。

第二，成功的创新不仅需要创新厂商用新的制度来保障，而且需要在创新厂商、其他的厂商之间、厂商与其他机构之间不断改变制度，使之适应知识（信息）的生产、扩散和利用。政府对创新活动的支持不仅是重要的，而且是复杂多样的。

罗默的这些思想使国家创新体系的形成找到了理论依据。创新源于知识转移和知识传播，知识转移和知识传播对一个国家和地区来讲具有社会公益的特征。在这种公益性的跨行业、跨组织的知识转移方面，知识寻求者和知识提供者一样都需要一个倡导者，这个倡导者的职责是建立一个知识转移平台和管理机制来推动各知识主体之间的互动。知识转移的公共性特征要求这个倡导者既要具有权威性，又要超越行业和部门的利益，因此，政府等公共部门在促进跨行业、跨组织的知识转移方面具有义不容辞的责任。从这个意义上讲，在促进知识创新方面，国家的宏观科技政策对知识创新具有重要意义，建立国家创新体系可以更有效地促进知识创新。

虽然人类的管理实践与人类有组织的社会活动一样久远，但是用科学的方法和手段有目的地进行管理还是 20 世纪初的事。100 年前，"科学管理之父"泰勒通过训练工人用正确适当的方式来完成不同的工作，提高了工作效率，他倡导的管理理论被称之为科学管理，管理学应运而生。在管理学诞生之前，人类的管理实践并没有理论的指导，因而是随机性的。自管理学诞生以后，在管理理论的指导下，人类的管理实践成为有目的的活动。因此，管理就是用科学的方法和手段，有目的地协调组织成员行为的活动。目的性是管理的要素之一，效率是管理的灵魂，追求效率是管理的目的。效率既是管理所追求的最终目的，也是判断管理成败的最终标准。

20 世纪 80 年代，随着信息技术革命的深入发展和经济全球化的展开，国与国之间的竞争愈来愈激烈，竞争的模式发生了很大的变化。科学技术和人才的竞争成为焦点，创新能力成为国家竞争的关键。在以知识为基础的知识经济时代，知识和技术逐步成为经济发展的关键要素，其对经济增长的贡献也已经大大超过了传统的资金、劳动力和自然资源贡献的总和。随着知识在社会经济生活中作用的提高，如何提高知识在生产活动中的效率成为管理学关注的热点问题，知识管理理论应运而生。

3-2. 知识管理理论的形成及其主要思想

知识管理理论的形成和发展始于上个世纪 80 年代末 90 年代初，但是如果要考察有关知识管理思想渊源的话，可以追溯到上个世纪 60 年代。早期的知识管理思想是从组织学习理论开始的。1963 年，赛厄特和马奇（March）第一次提出组织学习概念，1978 年，阿吉里斯（Argyris）和舍恩（Schon）发表《组织学习：行动视角理论》，从行为科学的角度展开对组织学习的研究。在这一时期，学者们主要是从心理学的行为科学、社会学以及管理学的视角研究组织学习。在个体学习与组织学习方面，阿吉里斯和舍恩认为"个体学习是组织学习的基础"。克拉克和斯蒂芬森（Stephenson）认为集体储存知识的能力超过个体储存知识的能力，韦格纳（Wegner）则把这种优势描述为一个集体的交互记忆。"这种记忆由该集体的知识的集体储存构成，这种知识打破不同成员之间的界限，还包括所有成员对每个成员储存了何种知识的了解。""在成员之间通常有某些知识领域的专业化，而成员对这种专业化都有不同程度的了解。该集体中的每个专家都负责储存一个领域的相关信息，每个成员都同时积极地把信息传递给相关的人员，于是，以这种分散方式储存的知识对整个集体就大有用处。"（莱文（Levin）和莫兰（Moreland）1991 年）在组织学习机制方面，赛厄特和马奇认为组织学习是由外部干扰激发的。组织学习促进了外部干扰和内部决策规则的新组合，组织就提高了对外部状态的适应能力。他们认为："企业组织是一个适应性机制，简言之，企业是通过经验来学习的。"列维特（Levitt）和马奇进一步发展了组织学习理论，他们认为组织是通过建立机制来学习的。"组织是通过将历史推论融合进指导行为的常规里来进行学习的。"① 常规被认为独立于个人成员之外，即使人员更换了，常规依然存在。

1980 年代末 1990 年代初，随着知识资产在经济中作用的提高，知识作为一种资源越来越受到企业的重视。1985 年，日本堺屋太一出版《知识价值革命》（*The Knowledge Value Revolution*），在欧美引起广泛反响。同时，这一时期计算机技术和网络技术得到快速发展，信息管理的理论和实践不断得到完善。在这种背景下，作为信息管理延伸的知识管理理论逐渐在美日欧发展起来。

知识管理就是对知识的管理，既包括对显性知识的管理，也包括对隐性知识的管理，其目的是通过促进知识共享，实现知识创新。知识管理是运用科学的方法和手段，通过有目的地促进知识在组织成员之间的快速流动，以实现知识创新。知识管理（Knowledge Management）一词正式产生于 1989 年。这一年，为了给知识的管理工作提供相应的技术基础，美国一家公司联合会实行了一项管理知识的试验项目，使用了知识管理的概念。1989 年美国的彼得·圣吉（Senge）发表《第五项修炼》（*The Fifth Discipline*），同年，美国企业界成立知识资产管理研究会，日本一桥大学教授野中郁次郎在美国 1991 年 11 期的《哈佛工商评论》上发表《知识创造企业》的论文，论述和研究了日本企业的知识管理状况，1993 年美国彼得·德鲁克出版《后资本主义社会》，论述了知识社会的特征，1995 年，野中郁次郎与竹内弘高教授在美国出版了其合作研究成果《知识创造企业》（*The Knowledge—creating Company*）专著，在国际上引起很大反响，许多学者把这部著作的出版看作是知识管理产生的标

---

① ［德］迈诺尔夫·迪尔克斯、阿里安娜·被图安·安托尔、［英］约翰·蔡尔德、［日］野中郁次郎、张新华主编：《组织学习与知识创新》，上海社会科学院知识与信息课题组译，上海人民出版社 2001 年 8 月版，第 13 页。

志。欧洲的国际知识管理网络（The International Knowledge Management Network，简称 IKMN）于 1994 年在网上建立主页，1994 年 IKMN 发表了其对欧洲公司知识管理活动的调查报告，1995 年欧盟通过 ESPRIT 计划首次资助知识管理类研究项目。[①] 知识管理在美、日、欧兴起。

国内学者对知识管理进行系统的研究始于 1998 年前后。黄顺基先生主编的《走向知识经济时代》中专门有一章论述知识管理与创新。乌家培认为：知识管理是信息管理的延伸，是信息管理发展的新阶段，是信息转换为知识，并用知识提高组织应变能力和创新能力。[②] 王德禄认为：知识管理就是对知识的管理，知识管理的目标是促进知识生产和流动，使知识在使用中实现价值。[③] 徐勇、王福军认为：知识管理是对知识资源进行有效管理的过程，其目标是实现显性知识和隐性知识的共享。[④] 保建云出版《知识资本》专著，从把知识作为资本出发详细论述了知识资本理论体系。[⑤] 他把知识看作资本，主张把人的业务技能进行分类、评估，以便于合理配置和管理。保建云的知识资本理论是站在经济学的立场上提出的，他重视知识本身，却忽视了管理，因而也忽视了管理对知识创新的促进作用。陈锐出版《公司知识管理》专著，对公司知识管理的理论和方法进行了系统地论述，他认为：知识管理是一种致力于将公司的知识资源转化为更大的生产力、竞争力和新价值的信息管理理论与方法，致力于教导全公司成员如何最有效创造和利用知识。李丹认为：知识网络主要由以下要素构成：①网络核心组织；②网络从属组织；③知识管理

---

① 陈锐著：《公司知识管理》，山西经济出版社 2000 年 9 月版，第 22—23 页。

② 乌家培著：《面向 21 世纪的管理和管理科学》，《经济学家》，1999（3）。

③ 王德禄、韩岱峰著：《以知识管理迎接知识经济》，《未来与发展》，1999（4）。

④ 徐勇、王福军著：《知识经济呼唤知识管理》，《港澳经济》，1998（11）。

⑤ 保建云著：《知识资本》，西南财经大学出版社 1999 年 5 月版，第 102、103 页。

活动；④共享知识资源；⑤信息网络平台。知识网络的建构充分实现了来自不同资源和领域的知识跨越空间和时间的整合，有效弥补了组织自身知识的不足，克服了知识供应主体与知识使用主体之间存在的知识缺口。[①] 常荔、邹珊刚对知识管理与企业核心竞争力的形成进行了研究。他们认为：知识管理与企业核心竞争力的形成有密切联系，知识管理有利于企业核心能力的形成。[②]

3-2-1. 知识与信息

经济合作与发展组织（OECD）1996 年发表的《以知识为基础的经济》报告中对知识有专门的定义。OECD 的报告把知识分为四大形态：①事实知识（Know-what），是指关于事实方面的知识，如中国有多少人口，首都是哪里等等；②原理知识（Know-why），是指自然原理和科学理论，如牛顿定律等等；③技能知识（Know-how），是指做某些事情的技艺和能力；④人力知识（Know-who），是指知道谁能做某些事，进行什么样的研究等方面的知识。

从以上对知识的分类中可以看出，OECD 所称的知识包括我们通常所称的信息，是广义的知识。

野中郁次郎认为：信息与知识经常交互混用，但是两者具有明显的不同。首先，知识与信息不同，知识与信念密切相关，反映了某种特定的立场、观点和意图。其次，知识与某种目的的行为有关，知识通常为某种目的而存在。信息是提炼或组成知识的媒介或材料。[③]

陈锐认为：知识是信息接受者通过对信息的提炼和推理而获

① 李丹、俞竹超等著：《知识网络的构建过程分析》，《科学学研究》，2002，20 (6)。

② 常荔、邹珊刚著：《知识管理与企业核心竞争力的形成》，《科研管理》，2000 年第 21 期。

③ 野中郁次郎、竹内弘高著：《知识创造企业》，东洋经济新报社 2000 年 7 月版，第 85、86 页。

得的正确结论。从广义的角度讲，知识是人类社会经验的总结，是人的大脑通过思维重新组合的、系统化的信息集合。

还有的学者认为：知识管理中的"知识"概念与我们传统认识中的静态的、固定的、分门别类的学科体系知识有着根本的不同。知识是一个个体在特定的环境中，解决具体问题时所使用的信息、运用的策略、行动的方式，以及处理该问题时的感情倾向、信念等多方面综合的表现。

信息是数据载荷的内容，信息只能通过数据来载荷和传递。人对信息的接收始于对数据的接收，对信息的获取只能通过对数据背景和规则的解读。被解读的数据被赋予信息的属性，对人才会有意义。数据可以是数字、文字、图像，也可以是声音或计算机代码，数据本身不具备任何意义。①

信息是在数据的基础上通过加工、整理、分析等得出的有价值的资料，信息是数据的有序排列，每天都会产生出海量的信息，信息的核心价值是创造、传递，信息是人类创造的财富之一。

知识和信息既有区别又有联系，知识是信息之间的内在联系，是人类从相关信息中总结抽象出来的、客观存在的规律。

3－2－2. 知识管理中思想的共享与创新

目前，国际上在知识管理方面尚没有一个统一的体系，对知识管理的概念也没有清晰的界定。Yogesh Mathora 认为："知识管理的实质在于信息技术处理数据与信息的能力以及人们创造和创新的能力有机结合的组织过程。"Karl. E. Sverby 对知识管理的定义是："利用组织的无形资产创造价值的艺术。"Daniel. E. O'Leary 认为："知识管理是对知识进行的正式管理，以便知识的产生、获取和重新使用。知识管理是将组织可得到的各种来源的信息转换为知识，并将知识和人联系起来的过程。"

① 陈锐著：《公司知识管理》，山西经济出版社 2000 年 9 月版，第 26 页。

野中郁次郎认为："知识管理就是如何把组织内及其组织周围相关的知识资产加以灵活运用。"菲拉保罗认为："知识管理就是运用集体的智慧提高应变和创新能力。"乌家培认为：知识管理是信息管理的延伸，是信息管理发展的新阶段，是信息转化为知识，并用知识提高特定组织的应变能力和创新能力。关于知识管理的定义，可以说是众说纷纭，百家争鸣。之所以会出现这种状况，主要是由于人们出于不同的研究或应用目的，从不同的角度出发，对"知识管理"进行了不同的理解和阐释。

虽然目前对知识管理的定义尚不同一，也没有一个统一的学科体系，但是，有两点是显而易见的，这就是知识共享和知识创新。所有的知识流程都包括两类基本的行动：生产新知识（创造或发现知识）和共享现有的知识（包装、应用或重复使用），当然，生产或共享可以相互补充，互为促进。因此，我们认为：知识管理就是通过建立知识共享机制，促进知识创新的过程。

知识管理主要包括两方面的内容。一方面是对现有知识的共享和转移，另一方面是促进知识创新。知识管理的一个重要目标是共享现有的知识。组织内部存在着各种各样的知识，有显性知识，也有隐性知识；有被公认的知识，也有尚未被认可的知识；有被总结出来的经验，也有尚未被总结出来的、存在于组织结构和组织文化中的知识。这些知识都是组织的宝贵财富，对组织完成既定目标，应对外部环境的变化，提高竞争力起重要作用。知识管理的任务之一就是首先理清这些知识，储存好这些知识，以便于组织的任何成员需要时能随时利用和共享这些知识。一个知识管理成功的组织，其每一个成员对组织内部储存了何种知识，知识储存在何处是很清楚的，或者清楚地知道到何处能找到所需要的知识。这样，组织内部那些行之有效的知识就会迅速地得到传播和转移，组织的任何一个成员在其需要的时候就可以随时随地利用这些知识，知识就会得到共享。然而，仅仅共享现有的知识是不够的，知识管理的目的是知识创新。我们在进行理论分析时，把知识管理过程分为知识共享和知识创新两个不同的行为过程，但是，现实中是很难把共享知识与创造知识的活动截然分开的。共享知识只是创新活动的一个方面，因为共享知识只有通过人这个主体才得以实现，共享他人知识时本身就包含着知识主体的知识创造活动，特别是相互共享隐性知识时更是如此。知识共享中伴随着知识创新，知识创新中也包含着知识共享。

知识传播过程中也包含知识创新的因素。教师向学生传授知识是典型的知识传播活动，然而，在这个知识传播活动过程中同样也伴随着知识创新，因为学生听课的过程本身就是一个知识创新的过程。学生在听课时绝不是原封不动地简单吸收老师教授的内容，而是通过自己已有的知识结构去同化其所接受的内容，听课本身就伴随着学生的创造性思维。学生听课听得越认真，其大脑活动就越活跃，创造性思维就越显著，在创造性的思维活动中，接受知识本身也内含着创造，可以说知识传播中本身就包含着知识创新。

3－2－3. 知识共享与"场"

组织中许多知识存在于组织成员的头脑中，是隐性知识。这些隐性知识都是尚未表述出来的，有些知识是只可意会、难以言传的宝贵经验。知识管理的最终目标就是通过营造各种各样的"场"，使人们之间的隐性知识得到共享和转移，最后达到促进知识创新的目的。在这种知识创造"场"中，具有不同知识背景的人通过相互交流、相互碰撞、相互启发，从而产生智慧的火花，激发灵感，促进创新。知识管理的灵魂是交流与沟通，通过交流与沟通促进了知识共享，而知识共享的结果则是知识创新。

日本学者野中郁次郎认为："场"既可以是自然形成的，也可以是有意识创造的。"场"既有实实在在的"场"，也有虚拟的"场"，还有精神观念的"场"。他把"场"分为三类：

（1）现实的"场"　通过召开研讨会、座谈会等方式进行的沟通，这是实实在在的现实"场"，人们通过这种会议上的发言、解说、辩论等，相互共享思想。知识管理理论认为：现实的"场"是隐性知识传播和转移的最有效的方式。

（2）虚拟的"场"　通过技术手段，如：卫星接收技术、数字电视、互联网的视频会议等手段实现的沟通就是一种虚拟的"场"，在虚拟"场"的环境下，人们虽然远隔千山万水，却可以通过虚拟环境实现超现实的互动沟通，从而共享彼此的思想。

（3）观念的"场"　通过阅读书籍、报刊等活动，领受和感悟作者的思想，从而与作者产生共鸣，读者与作者形成对话，这也是一种"场"，是一种精神观念的"场"。我们通过这种精神观念的"场"可以从古人那里汲取养分，吸取智慧，我们之所以能"站在巨人的肩膀上"就是得益于能通过这种观念的"场"来学习前人积累的知识。

通过实实在在的"场"，人们可以近距离地接触和沟通，彼此可以交流和共享各自的隐性知识，从而实现创新；通过虚拟的"场"，人们可以跨越地域的限制，在整个地球范围内实现横向间的思想沟通，从而实现知识转移和知识共享；通过观念的"场"，人们既可以跨越地域限制，实现横向间的思想沟通，也可以跨越时间上的限制，继承前人思想。

这里，必须强调指出的是：通过网络实现的"虚拟"可以分为两种不同的"虚拟"。一种是"虚拟人格"，另一种是"虚拟环境"。在"虚拟人格"的情况下，人们彼此隐瞒自己的真实身份，在这里，男人可以变为女人，老人可以变为孩子，流氓可以变为君子，君子也可以变为流氓。"虚拟人格"的世界是一个虚幻的世界，也是一个真实与谎言错位的世界，人们在这里追求的是自我的宣泄和自我的表白，在"虚拟人格"的环境下，人们不需要为自己的言行负责。在这里，真真假假，虚虚实实，你分不清哪个是真实的，哪个是虚幻的，哪句话是实话，哪句话是谎言。因此，我们说"虚拟人格"的网络环境具有虚拟性和不可信性。

"虚拟环境"与"虚拟人格"有着本质的不同，"虚拟环境"是通过技术手段，制造一个"虚拟"的环境，通过这个环境把本来不可能直接联系在一起的人和事联系到了一起，从而使参与者之间实现了互动。通过"虚拟环境"，人们既可以进行商务活动，例如浏览网上商店，选择商品，并通过网上交易系统完成交易等；还可以进行交际活动，如结识新朋友，与朋友进行互动交流等；还可以在虚拟环境中浏览，以寻找自己需要的信息，甚至实现虚拟出国旅行等等。需要指出的是"虚拟环境"是以"真实"为基础的，也就是说，"虚拟环境"中的一切信息必须是真实的、可靠的，否则，"虚拟环境"则无从谈起。因此，真实性和便捷性是"虚拟环境"的重要特征。离开了真实性，"虚拟环境"就失去了存在的基础，没有便捷性，"虚拟环境"则失去了存在的意义。所以从这个意义上来说，通过虚拟环境实现的沟通是本质的互动，是人类器官和中枢神经的延伸。在"虚拟环境"中，人的器官得到了延伸，人们可以不再受空间和时间的制约，可以在任何时间、地点，实现与他人的"本质互动"。虽然"虚拟人格"和"虚拟环境"都是通过网络实现的，然而所起的作用却截然不同。网络是一把双刃剑，既可以为人类发展服务，也可以为不法分子提供方便，既可以彼此共享思想，也可以传播糟粕。知识管理的一个重要任务就是通过建立可供知识共享的"虚拟环境"，为知识转移和知识创新服务。

心理学认为：记忆对知识的习得以及知识转移有重要意义。心理学把记忆分为短时记忆和长时记忆，加拿大心理学家塔尔文（Tulving）把长时记忆分为情景记忆和语义记忆。

"情景记忆是指个体接受和储存关于个人特定时间内所经历的情景和事件，以及这些事件发生的时间和与相关空间相互联系的信息。在情景记忆中，包含着个体与某个特定时间和地点相联系的个人经验。""情景记忆使一个人能够回忆起自己经验过的事件，所经历的事件已经嵌入他们的记忆痕迹之中了。"

"语义记忆与情景记忆相对，它涉及人们关于这个世界的知识，包括语言的、百科全书式的知识，其中不包括像情景记忆的具有个人性质的东西。""语义记忆包含了世界所存在的事物的意义，存储着个体运用语言或知识时所需要的和所获得的信息。"塔尔文把这些关于世界上的有关事物意义的信息称为语义信息。"由于人类具有语义记忆，所以才能够掌握和保持有关客观世界所存在着的各种事物的信息，对这些刺激信息的表征，为个体提供了客观世界的主观模像。语义记忆给人们提供了思考的材料，从而摆脱了由直接的、具体的事物直觉对客观事物的认知操作。因此，语义记忆的真正含义是人对世界的一般知识的记忆。"① 也就是说，情景记忆与主体本人的直接经验有关，而语义知识是指关于世界的知识，是百科全书性的间接知识或经验，不涉及具有个人性质的东西。

现实中，（1）实在的"场"和（2）虚拟的"场"，对我们来说是一种情景记忆和语义记忆相融合的记忆，这种记忆既有情景记忆的生动性，也有语义记忆的可理解性。但是，在这种环境中，人们沟通的媒介主要是通过自然语言进行的，不象书面语言那样可以反复阅读，所以，在这种"场"的情景下，其内容往往是稍纵即逝的，因此，这种记忆不象观念的"场"（3）那样具有恒常性。在观念的"场"，人们主要是通过书籍、报刊、杂志等书面媒介接受传播者的思想，主体主要是通过语义记忆和思维实现与作者"对话"的，书面媒介具有可以反复阅读、反复理解，易于保存等优点，因此，观念的"场"比实实在在的"场"和虚拟的"场"，更具恒常性。

心理学家格拉夫（Graf）和沙可特（Schacter）把人的记忆分为内隐记忆和外显记忆。"内隐记忆是指个体所具有的特定经

---

① 梁宁建著：《当代认知心理学》，上海教育出版社 2003 年 11 月版，第 165、166 页。

验无意识地影响了当前信息加工处理的绩效，而自己并没有意识到这些经验，也没有进行有意识的提取与操作。也就是说，内隐记忆是在不需要意识或不需要有意回忆的情况下，个体已有的经验自动地对当前任务产生影响而表现出来的记忆。"外显记忆与内隐记忆相对，"外显记忆是指个体能运用记忆中所储存的信息并能意识到记忆活动的过程，能够意识到自己正在积极地搜寻记忆线索，并把当前的刺激信息与提取出的信息内容进行比较以便能回忆出不在当前的事物的记忆。"

梁宁建认为"将内隐记忆从外显记忆中分离出来，是当代认知心理学研究中的一个重要突破"①，这种分离拓展了关于记忆机理的研究，从内隐记忆中又引申出内隐学习的概念。

"内隐学习是指个体在无意识的情况下获得客观环境中的刺激信息或复杂知识与经验的过程。即在解决问题或学习的过程中，没有意识到控制自己行为或动作的规则是什么，但是却学会了去运用这些规则来获得知识与技能。""内隐学习一般具有三个典型特征：第一，内隐学习能够自动地产生，并无须个体有意识地去发现任务操作的规则；第二，内隐学习的过程具有概括性，它很容易概括来自于不同方面的符号集合；第三，内隐学习具有无意识性，内隐地获得的知识一般很难用语言表达出来。"②

一般来说，实在的"场"（1）和虚拟的"场"（2）适合进行隐性知识的转移和共享，精神观念的"场"（3）适合显性知识的转移和共享。在知识管理过程中，如何利用心理学关于情景记忆和语义记忆以及内隐记忆和外显记忆的规律，在组织中营造一种适合心理发展规律的知识转移和知识共享机制，使自觉的学习活动转化成为一种自然的过程，形成一种在无意识中的学习，从而真正实现在工作中学习，在学习中工作，在生活中学习，在学习

---

① 同上，第170页。

② 同上，174页。

中生活的状态，真正把学习活动寓于工作和生活中，这既是知识管理的一个重要方面，也是知识管理的最高境界。

3－2－4. 知识管理与信息管理

　　知识管理是在信息管理的基础上发展起来的管理理论，知识管理与信息管理既有共性又有不同。信息管理指的是对信息资源的管理，其注重的是对信息的收集、整理、分类、储存和利用。信息管理的对象是信息，信息管理的目的是为人们的管理和决策提供参考依据。在信息管理中，信息管理本身与使用信息管理成果的人之间是相互分离的，因为信息管理的对象仅仅是已经编了码的符号。"知识管理则是与人打交道的信息管理活动，其实质上将结构化与非结构化信息与人们利用这些信息的变化的规则联系起来。"① 知识管理的对象是知识，知识管理的对象既包括已经编了码的符号，也包括存在于人脑中的尚未编码的隐性知识，因此，知识管理与人的存在不可分，与人的记忆、认知以及知识的建构和应用有密切联系。知识管理的目的是促进知识创新，知识管理重视组织成员之间的信任关系，注重组织文化建设，主张知识共享和知识创新。虽然知识管理也注重已经编码化知识的共享，但对编码化知识的利用和共享只是知识管理的一部分。知识管理的核心在于怎样促进人们去创造知识。知识管理是在信息管理的基础上发展起来的管理理论，因而比信息管理的范围更宽泛，更复杂。知识管理不仅涉及管理的技术和管理的对象知识，还涉及知识的创造者和知识的载体——人本身。

　　在信息管理中，信息传播的路线一般是：传输者的信息——数据——信息——接收者的信息。只有当信息被接收者接收到并能从中提取相关事物的正确理解和对现实世界的合理解释时，信息才能转化为知识。当一群人能够从某一信息中提取出相同的正

---

① 陈锐著：《公司知识管理》，山西经济出版社 2000 年 9 月版，第 13 页。

确结论时，信息便可转化为社会或团体知识，或称真理。对信息的理解能力取决于接收者的信息接受能力以及自己的知识准备。信息只有同接收者的角色、学习行为、个人经验、信息与知识准备结合，也就是同接收者的个人背景融合才能转化为知识。在人类社会之中，只有通过信息，知识才可以在个人、组织之间流通、共享和传递。①

在知识管理中，虽然也重视信息的收集、分类、储存以及提取应用等，但是，只是零星化的信息无论对组织还是对个人其作用是有限的。知识管理注重的是知识和信息的共享，主张通过建立机制促使信息和知识在组织内部流动起来，这种信息和知识的流动甚至超越组织而转移，从而促进知识创新。

在知识管理中，知识的传播和转移可以分为两类来描述：一类是显性知识的传播和转移；另一类是隐性知识的传播和转移。显性知识的传播和转移与信息传播的路线基本一致，可以简单表示为：

传输者的知识——数据——信息（书面语言）——接收者的知识。

隐性知识传播和转移与显性知识的传播和转移大不相同，与信息传播也不相同。因为隐性知识的转移一般需要直接的互动对话，有时甚至需要肢体语言以及情感的协助才能够完成。隐性知识的转移在知识管理中占有重要地位，促进隐性知识的转移是知识管理的灵魂。隐性知识是指尚未编码的知识。隐性知识之所以尚未编码有的是因为有些知识难以用语言表达，有的是因为隐性知识尚未完全成型，还需要完善或者需要外部的撞击，有的时候则是因为隐性知识持有者主观上不愿加以总结、不愿进行编码公开的缘故。隐性知识传播和转移的路线一般是：

传输者的隐性知识——互动的对话以及肢体语言——接收者

---

① 陈锐著：《公司知识管理》，山西经济出版社 2000 年 9 月版，第 26、27 页。

的隐性知识

3－2－5. 知识管理与组织文化

知识管理与组织文化的关系是相辅相成的，先进的组织文化对知识管理的成功有重要作用。在一个不能容忍知识共享的组织文化中，知识管理是不可能取得成功的。一方面，知识管理需要知识导向型文化的支撑。知识导向型文化至少包括以下几方面的内容：相互信任——这是知识共享和交流的基础；开放交流；学习；共享与开发公司的知识运行机制；享受知识管理过程；对待员工的积极态度等。围绕知识管理建立强有力的激励制度是建设知识导向型公司文化最有效的措施。另一方面，知识管理有利于先进组织文化的形成。通过知识管理，人们可以共享彼此的知识，其结果是组织成员彼此都增加了对方的知识，从而实现共赢。知识管理的成果可以强化先进组织文化的形成。组织文化的形成需要激励机制，这种激励机制必须明确无误地向员工表明组织的态度：不是员工拥有的知识，而是员工持续创造和利用知识的能力表明了他的价值。知识管理注重知识共享，特别是隐性知识的共享。人的隐性知识载体是每一个知识所有者的大脑，虽然组织可以通过管理将一部分个人的隐性知识转化为组织知识并加以储存，但是，将个人的隐性知识转化为组织知识的前提是需要隐性知识持有者的合作。只有隐性知识持有者愿意与组织合作时，隐性知识才有可能转化为组织知识。对于隐性知识持有者来说，自己的隐性知识转化为组织知识意味着自己在组织中可能丧失自己的知识垄断地位，这也可能危害自己在组织中的职位和晋升。因此，只有彻底打消隐性知识持有者以上的顾虑，隐性知识持有者才有可能真诚与组织合作，并配合组织将自己拥有的隐性知识转化为组织知识。

要想使隐性知识所有者自觉地配合组织把自己的隐性知识转化为组织知识，首先，需要在组织中培育积极向上的组织文化、团结奋进的精神面貌、相互信任的同事关系、无私奉献的高尚情操。组织要通过薪酬以及升迁等手段，鼓励和支持那些积极参与知识共享、无私向组织奉献隐性知识的员工，使这些员工不会因组织分享其自己的隐性知识而感到失落，更不能使其因为知识垄断地位的丧失而受到歧视。要在组织中营造一种与他人分享知识光荣的文化氛围，要在物质方面、职位升迁等方面补偿那些乐于奉献知识的员工。其次，要广泛宣传、反复教育员工，使其充分理解知识管理的深远意义。要让员工们明白这样一个道理：与他人分享自己的知识并不会使自己失去什么，自己在与他人分享自己知识的同时，也会分享他人的知识，从而使自己的知识更丰富。另一方面，知识不用会老化，与其让自己的知识在头脑中老化，不如用自己的知识去换取他人的知识，从而使自己的知识得到进一步深化。在知识经济时代，"没有人还能成功地保存知识，实际上，如果他们这么做，可以肯定他们所保有的知识会在几小时、几天、几星期或最多几个月内贬值。更进一步，封锁知识的企图将妨碍系统赖以生存的信息交流，使之丧失自我组织和自我更新的能力。"① 所以，相互共享知识既是组织的需要，也是每个个体自我更新知识的内在需要。再者，组织要积极为成员之间进行知识交流创造良好的环境和条件，使组织成员之间的交流更加顺畅，使知识共享行为更加方便，更加深入人心。在一个组织内部，如果相互依赖的部门和人员之间不愿彼此分享知识和进行合作，那么，在这个组织是不可能实现知识管理目标的。

此外，开放的组织沟通文化对知识管理有促进作用。陈锐认为：组织文化对交流环境的影响可以从两个角度进行分析：①垂直交流（上下级之间）的模式与质量。理想的知识共享文化应当树立这样一种文化理念：任何事情均可讨论，并存在一个支持这

---

① ［美］Vrna Allee 著，刘民慧等译：《知识的进化》，珠海出版社 1998 年 9 月版，第 27 页。

种垂直交流的行为规范，促使高层领导人变得平易近人的行为规范和惯例也有助于建立一种促进知识有效地利用的环境。所以如果一种组织文化缺乏相应的鼓励，以及实行不同职级之间进行开放交流的行为规范和惯例，就必然导致一种妨碍知识有效分享的交流环境。②横向交流的模式与质量。组织文化同样会影响知识生产、分享和利用所必需的横向交流的模式与质量，其中与知识管理密切相关的是：交流量、集体负责程度以及对寻求现有机能或知识的态度。组织文化影响横向交流的另一种方式是形成一些促使团队内部合作的行为规范和惯例。

3-2-6. 知识管理的特点

知识管理是适应知识经济时代而兴起的一种管理革命，与信息管理和人力资源管理关系密切，但又与二者有所不同，知识管理主要有以下几个特点：

（1）充分利用网络技术

知识管理理论是随着计算机技术和网络技术的发展而发展起来的管理理论，注重网络技术和信息处理技术是知识管理的一个重要特点，也是知识管理必不可少的工具。知识管理系统应该是一个灵活的、易管理的系统，应该支持多种输入，提供多种输出结果，支持不同的环境与经验，并易于修正和更新。成功的知识管理系统必须将知识传播融入日常生活之中，必须能够包括多种形式的信息与背景，使得该系统中的信息能成为原始数据的富有象征性的代表。

知识管理包括显性知识的管理，这既包括公共的显性知识，也包括组织内部积累的、已经编码了的特有知识，对这类知识进行收集、整理、储存、应用是知识管理的一个重要方面，网络技术和信息处理技术则为处理这类知识的整理、储存等提供了便捷的工具；此外，知识管理还包括对隐性知识的管理，因此，促进人与人之间的联系与沟通在知识管理中有着重要意义。网络技术和信息处理技术不仅为建立专家库、知识地图等管理工具提供有力的支撑，而且在促进成员之间联系和沟通方面具有不可替代的作用。所以，知识管理离不开网络技术和信息处理技术的支撑，任何一个在知识管理方面获得成功的组织都建有高效、快捷、使用方便的知识管理网络系统，这种网络系统是知识管理的重要手段和工具。

需要强调的是，知识管理并不会因为建立了完善的知识管理网络系统，就一定能够获得成功，因为知识管理网络系统只不过是知识管理的一个重要工具，在知识管理失败的案例中也不乏建有完善的知识管理网络系统的组织。知识存在于知识库中并不一定能够发挥应有的作用，知识只有流动起来，知识持有者之间只有互动起来，知识才会发挥更大的作用。因此，建立促进知识主体之间的互动机制，促进知识主体之间的互动是知识管理的关键之所在。

（2）共享外部知识资源

管理和利用组织外部的知识是知识管理的另一个重要特点，这个特点是由目前便捷的传播方式所决定的。知识管理是对知识的管理，不管这种知识存在于何处。传统管理学的管理对象是对组织内部资源进行的管理，对人力资源的管理也主要是针对组织内部人力资源的管理。与传统管理学不同，知识管理的对象是知识，是对知识进行的管理。这种知识既可以是已经编码了的显性知识，也可以是存在于人们头脑中的尚未编码的隐性知识。这种隐性知识既可以是存在于组织内部成员头脑中的隐性知识，也可以是存在于组织外部人员（如专家或顾客）头脑中的隐性知识。不论知识存在于何处，只要是组织可以利用的知识都可以进入知识管理的视野（管理外部知识严格地说是利用外部知识）。知识管理的这一特点大大扩展了知识管理的范围，使组织可以超越组织边界、地域边界，甚至是国家边界共享对方的知识。对组织外部知识的把握是组织适应外部环境、利用外部条件的基础。组织外部知识主要是指存在于组织外部的、与组织运转有关的知识和信息，组织外部知识的网络主要包括专家网络、客户网络、主管部门信息网络、供应商知识网络、经销商知识网络、合作机构知识网络、技术源网络等相关外部网络。组织外部知识管理的核心在于明确对组织有利的外部知识的范围，对其进行系统整理，通过绘制知识地图等方式，尽可能将其整理储存到组织知识库中，以便进行共享，从而实现组织内部知识与外部知识的融合和统一。专家网络管理主要包括专家知识的管理、不同类型专家的分类、与专家建立良好合作关系及专家联系方式的管理等。

（3）重视隐性知识转移

知识管理不仅注重显性知识的转移和共享，更注重隐性知识的转移和共享，所以，知识管理不仅可以共享知识，还可以共享思想。知识管理理论认为"隐性知识"的共享比"显性知识"共享更重要，要促进隐性知识的共享，重要的是创建可供"隐性知识"共享的"场景"。一般情况下，"隐性知识"之所以没有总结为"显性知识"的原因主要有以下几点：①"隐性知识"的所有者受自身理论水平等条件的限制，难以对"隐性知识"进行总结；②"隐性知识"的内容本身难以总结；③"隐性知识"在其所有者的大脑中潜存着，尚没有完全形成，还需某种外部条件的激荡。知识管理的一个重要任务就是通过建立机制，在组织内形成形式各异的可供隐性知识共享的"场"，通过这种"场"，实现隐性知识的转移和共享，最终达到促进创新的目的。

3—2—7. 知识管理的原则

根据知识管理的性质和特点，在实施中必须遵循以下几个基本原则，才能进行高效而成功的知识管理。

（1）整体性原则　整体性是指在知识管理过程中要保持在文化、行为规范、奖励措施等方面整体的连续性和一致性。在组织个别部门进行的知识管理是难以获得成功的，因为知识管理需要整体的文化氛围。知识管理不是针对某个个体或者局部问题的管理，而是涉及组织如何认识和利用知识的问题，是关系到组织未来知识发展战略的问题。要成功地开展知识管理，改变人与人之间相互作用的方式是先决条件，组织文化与知识管理活动的不相容常常是知识管理活动失败的最主要原因。知识管理客观上要求组织应具有蓬勃向上的组织理念，相互信任、相互尊重的人际关系，团结奋进、相互协调的团队精神。因为在一个成员之间相互对立的组织中要实现知识共享是不可能的。保持组织文化与各种管理措施的整体一致性是知识管理成败的重要因素。

整体性原则还表现在，制定组织各种措施的指导原则不能相互矛盾和相互不和谐。因此，知识管理需要组织的领导人予以高度重视，需要组织从长远规划出发，制定符合自身实际的知识发展战略，从组织的宏观环境方面创造适合知识交流和知识共享的环境。这种环境不仅仅包括提供相应的条件和设备，建立相应的机制，还应包括营造适合知识交流和共享的氛围和组织文化，建立适合知识传播的行为规范，使组织的各项管理措施始终保持一致性。

（2）积累的原则　无论对于组织或个人，知识积累都是实施知识管理的基础。积累首先是组织内部的知识积累。任何组织内部都存在着丰富的知识资本，这些知识资本有的以隐性知识的形式存在于组织成员的头脑中，表现为技术、知识、经验、诀窍等，如果不注意对隐性知识的积累，随着人员的流动，这些宝贵的知识资源也会随之流失。有的知识是以专利、著作权、商标等显性知识的形式存在的，还有的则是以组织结构、办事程序、理念、规范、办事作风等结构性知识的形态存在的，这些知识资源是组织的宝贵财富，对这些知识资源的收集和培育是知识管理的一个重要方面。

另一方面，知识积累也包括对组织外部知识的收集和整理。包括与组织竞争力有关的信息和知识的收集和加工，包括对国家和政府相关法令法规的收集和整理，还包括有关客户知识和竞争对手相关知识的收集和储存。组织要制定规则，重视和加强关于信息和知识的积累，因为这是知识管理的重要条件。

（3）共享的原则　积累知识只是手段而不是目的，知识只有使用才会实现价值。知识共享就是在组织内建立鼓励知识共享的机制，以最大限度促进知识共享。在组织中存在各种各样的知识，有个人的经验、案例，也有用户的反馈，顾客的建议，甚至还有失败的经验等，这些知识以不同的方式存在于组织的各个角落。我们所需要的知识大多存在于组织的内部，只不过我们没有找到它罢了。如何建立机制使组织的知识更容易寻找，以便促进共享，是知识管理的重要内容。

共享知识不仅对组织有利，对个人自身也有好处。首先，在知识经济时代，知识老化的速度在不断地加快，知识的价值会一天天降低，我们为何不在知识老化前用自己的知识去换取他人的新知识呢。其次，知识只有得到公众的认可和使用才会有价值。随着知识的公开，知识逐渐在组织或行业中得到认可，知识所有者在组织中的地位也会得到确立和提高，还可能得到来自精神或物质的奖赏。再者，在知识共享群体中，每个人只是群体中的一分子，每人只付出一次，就可以得到好多次。所以，在知识充分共享的群体中，每个个体的知识都会不断地增多，其结果是大家共赢。在很多情况下，知识提供者本身也许并不清楚知识使用者为何选中自己提供的知识，以及怎样使用自己的知识，甚至有的时候知识使用者并不是使用被提供的知识，而是受到启示或者只是借用他人思路和方法去创造知识。在隐性知识共享过程中，知识提供者本身也常常会受到这种来自外界的启示。

（4）沟通的原则　知识管理理论认为，沟通是促进知识传播和知识转移的重要环节，特别是隐性知识，只有通过沟通才可能在组织成员中转移，因此，对沟通怎样强调也不过分。通过网络沟通思想，交流知识是知识管理的重要手段，但不是唯一的手段，知识管理同样重视面对面的沟通，主张个体之间应当经常进行交流与沟通，通过交流与沟通促进知识创新。

知识管理理论把知识分为显性知识和隐性知识，认为隐性知识比显性知识更为重要。由于隐性知识不易于用文字表达，难以实现组织成员之间的转移，所以在隐性知识的传播和共享方面，沟通显然更有意义。

知识管理理论认为，知识就像机体的血液，只有流动起来，机体才有生命力，再先进的知识，如果不沟通、不应用，也会老化、过时。科学学专家齐曼认为，知识具有非磨损性、非派他性、非独占性等特性，知识在使用中不会被消耗，可以反复使用，知识不会因为传播而减少和受到损害。相反，知识越交流越是能产生新的知识，知识也就越丰富、越完整。人是知识的载体，知识与人不可分离，知识与产生知识的人一起存在。我们不能将知识创造与具体的人分开，也不能与其工作分开。因此，要实现知识的转移和共享，促进人与人之间的交流和沟通具有重要意义。这包括促进组织内部不同部门之间的人员交流和沟通，也包括促进组织间的人员交流和沟通，促进不同行业、不同专业之间人员的沟通。

（5）激励的原则　激励的原则是指组织在进行知识管理时，要建立机制，对在知识管理中做出贡献的积极分子进行奖励。这主要包括两方面的内容，一方面是对积极投入知识管理的行为进行奖励，这是因为知识管理是个新事物，大部分成员对知识管理并不了解，同时，人们的行为和习惯存在惯性，未必能主动去适应知识管理的一些做法。如果组织成员不能积极参与知识管理，那么，再好的设备和共享平台也不会发生作用。另一方面，对积极将自己的知识与别人分享的行为要给予激励。因为在知识经济时代，知识已成为组织竞争力的一个重要方面。对组织内部的个人来讲，与他人分享自己的知识就意味着帮助他人获取知识，从而使自己丧失对这些知识的垄断，降低自己在组织中的地位。在没有这种奖励机制的组织，成员是不会主动将自己的知识与他人分享的。

要说服人们把自己的知识与其他人分享是件很艰苦的事情，因为那样做会使自己丧失对知识的垄断，因而在组织中会处于不利的地位。组织对组织成员头脑中的知识不能强行剥夺、索取，而是要引导他们自觉地奉献给组织，为组织所共享，只有这样才能使组织成员的隐性知识转化为组织的竞争力，但其前提是该成员必须得到合理而富有吸引力的补偿。因此，必须有效地调整组织的薪酬制度，形成员工彼此合作创新与知识共享的管理机制。鼓励员工积极奉献自己所拥有的创新知识，让奉献出隐性知识的员工觉得，奉献出自己所拥有的知识远比让知识永远滞留在自己的头脑中得到的好处要大得多。所以，组织对乐于与他人分享知识的员工要加以激励，这种激励包括职位升迁、提供学习机会、精神奖励以及物质奖赏等等，使其不至于因为与他人分享知识而后悔。同时，也应该使每一个组织成员懂得，与他人分享知识的目的也是为了分享他人的知识，要想得到他人的知识，必须赋予他人，不愿与他人分享知识的人，同样也分享不到他人的知识。经常在一起交换知识的人，能够对对方的知识体系有较深的理解，较容易建立相互信任的关系，可以彼此共享对方的知识，提高相互间习得知识的效率。在这样的群体中，付出一次，可以得到好多次。久而久之，这部分人的知识更新会更快，知识的质量会更高，个人成长也会更快。此外，共享知识不仅仅包括吸收他人的知识，还包括组织成员之间熟知何人储存了何种知识。这样，当有人需要某种知识帮助时，会很容易与之取得联系。

任何组织在建立知识共享机制时都必须充分考虑对知识提供者的激励措施，以此营造共享知识的文化。组织内若没有这种文化，那么，任何人也不会愿意把自己的知识与他人分享了。

3－2－8. 知识管理的方法和手段

（1）建立知识库，绘制知识地图 将组织原有的分散的经验、知识进行收集、分类、加工、提炼，形成组织的系统化的不断发展的知识资产和共享资源。知识库的知识包括：①有关组织本身的知识，如组织沿革、成果累积、战略计划、发展前景等；②有关行业知识、合作伙伴、客户、供应商、经销商的知识和信息；③组织业务或产品和服务方面的知识；④知识地图，主要是人力资源方面的知识，包括组织内部和外部可寻求帮助的专家和有丰富经验人员的信息；⑤组织知识源，主要是与组织研发和生产相关的各类专业知识、信息及同行的发展动态。

（2）设立知识主管 由知识主管（CKO）主要负责组织内部的技术、学习、教育、培训、市场分析、客户资料积累和经验共享等各方面工作，了解组织信息需求和组织环境，为员工营造一个能促进学习、积累知识、共享经验的物质基础环境和人文环境，监督和保证知识库的建设和运行，促进知识的共享、应用和创新。

（3）建立知识网络平台 英国的大卫·J·斯卡姆认为，"知识网络是不容易定义和形容的，它是一个活跃的动态平衡现象，在这里知识是共享的、开放的、发展的。其中，人们分享信息、知识、经验，为新的形势创造新的知识。知识网络集合了分散的知识以提供新的见解而且解决了棘手的问题。"网络允许最有价值的知识快速地传播。斯卡姆把网络分为电子网络和人际网络，这两者构成知识协作战略。一方面，电子网络给人际关系网络提供了相互沟通的平台和技术支持；另一方面，这种频繁的沟通又强化了人际关系网络之间的联系，使这种人际关系得到强化并使其建立了相互的信任。

（4）完善激励机制和构筑良好组织文化 共享知识往往会使

知识公开者面临某种心理和行为方面的障碍。分享知识特别是某员工的隐性知识常常会意味着将自己的位置和优势置于风险之中。①知识一旦公开就存在被模仿的可能，这会使隐性知识主体部分地丧失其在组织中的特殊地位，这种风险是隐性知识公开的最大障碍。解决这一障碍的出路在于组织建立健全激励机制，切实使积极公开隐性知识的成员在个人升迁、经济利益、事业发展以及研发资源等方面得到相应的激励，以达到贡献知识的风险与由此而得到的利益之间的平衡。此外，组织的激励机制必须准确无误地向员工表明组织的态度：不是员工拥有的知识，而是员工持续创造和利用知识的能力表明了他的价值。②知识特别是隐性知识一旦公开，难以得到保护。与显性知识相比，隐性知识的知识产权保护问题更为复杂。隐性知识大部分是尚未编码的知识，因此，难以从法律的层面对其进行保护，在这种情况下，组织中是否确立良好的学术规范和道德标准与隐性知识的共享程度有密切关系。因此，在组织内部树立正气，弘扬人文精神，确立积极向上的道德规范和学术风气就显得尤为重要。③组织内部的过度竞争机制会影响隐性知识共享。一般来说，没有竞争的组织缺乏活力，但是，过度的、畸形的竞争也不利于组织整体实力的发挥。过度竞争会促使组织内部人员产生人为垄断信息、人际资源、设备等知识资源的行为。因此，创建一种既有竞争又有合作的机制，是知识经济时代所有组织面临的挑战。组织内部的竞争一般包括升迁的竞争、利益的竞争、专业的竞争、资源的竞争以及被认同程度的竞争等，这些指标都会对知识共享产生影响。组织要充分考虑到不同人群的内在需求，合理地划分不同人群的利益目标，充分发挥不同目标对不同人群的激励作用，要通过引导、整合，使个体目标与组织目标趋于一致，要引导和鼓励成员积极参与组织外部的竞争，建立客观、公正、合理的评价体系和竞争机制，在组织内真正建立既有竞争，又充分合作的机制，实现共享。④知识共享特别是隐性知识共享需要信任关系的支撑。

隐性知识的公开需要在特定的团体中进行，团体成员之间是否建立信任关系与隐性知识共享有密切联系。这种信任关系还包括团体成员之间是否相互尊重，团体成员对隐性知识公开意义的认识和实践是否一致等等。只有在相互充分信任的基础上知识主体公开隐性知识的行为才有可能是主动的、积极的行为。因为隐性知识共享是基于这样的机理才得以实现的，即每个团体成员都各自公开自己的隐性知识，同时，又从其他成员那里汲取他人的隐性知识。假如团体中存在只索取不奉献的成员，那么，就会大大影响隐性知识共享的效率，甚至会使隐性知识共享流产。因此，在组织中积极营造和谐的合作氛围，创造良好的组织文化对知识共享有重要意义。组织要想方设法让每个成员相信：如果自己公开了知识，自己将得到更多的知识；如果知识不能公开，知识将会很快被淘汰。

3－2－9. 知识共享与知识产权保护

知识产权保护的思想由来已久，较典型的是专利权保护，早期的专利权保护形式主要是保护垄断权。1324 年至 1377 年英国爱德华二世至三世统治期间，很多外国织布工人及矿工作为新技术引进者被授予生产方面的各种专有权，即垄断权，以鼓励他们在英国创业，这促进了英国从畜牧业国家向工业化国家的发展。这一时期，专利权主要以独占权为表现形式，用来鼓励建立新工业，但权力经常被滥用。1474 年 3 月，威尼斯共和国颁布了世界上第一部专利法，正式名称为《发明人法规》，从 1475 年到 16 世纪，在威尼斯许多重要的工业发明，如提水机、碾米机、排水机、运河开凿机等被授予了专利。1449 年英国产生了最早的发明专利。当时的亨利六世国王向佛兰芒人授予其为著名的伊顿公学制造彩色玻璃方法的专利。1545 年，德国查尔斯五世国王颁发了风轮机和水轮机的专利权。1624 年，英国颁布了《垄断法》。《垄断法》宣告所有垄断、特许和授权一律无效，今后只对"新制造品的真正第一个发明人授予在本国独占实施或者制造该产品的专利证书和特权,为期十四年或以下,在授予专利证书和特权期间其他人不得使用。"《垄断法》被公认为现代专利法的鼻祖,它明确规定了专利法的一些基本范畴,这些范畴对于今天的专利法产生很大影响。其后,欧美其他国家纷纷效仿。1787年,美国联邦宪法规定"为促进科学技术进步,国会将向发明人授予一定期限内的有限的独占权"。1790年,以这部宪法为依据,美国又颁布了专利法,这是当时最系统、最全面的专利法。我国于1984年3月通过《中华人民共和国专利法》,该法于1985年4月1日起开始实施。

知识产权保护的基本功能是依法保护知识产权所有人的合法权益和促进技术公开,最终目的是促进创新。促进创新是通过对知识产权所有人的保护实现的。知识共享的目的也是创新,但是,这种创新是通过知识共享和知识传播实现的。两者虽然方式不同,但是目的是相同的,具有异曲同工的作用。对于政府来说,一方面,知识共享的广度与深度越高,对国家、地区以及企业科技创新促进作用就越大;另一方面,为了保护知识创造者从事知识生产的积极性,又需要对知识产权进行必要的保护。首先,保护知识生产者从事知识生产的积极性,其最终目的是为了促进知识创新。当初建立知识产权保护制度,其根本目的就是为了鼓励人们积极参与知识生产活动,因此赋予发明人一定期限、一定程度的相对权力,通过制约不当的侵权行为,使发明者获得合理的利益,以便有动力进一步创新。知识产权是一种无形财产权,是从事智力创造性活动取得成果后依法享有的权利。知识产权制度的实质是一种对人类智力劳动成果从产权角度进行激励的制度,产权制度的合理化是促进知识创造性活动的重要条件,人们是否愿意进行知识创造性活动与其所获得的收益有关,而这种收益的多少则取决于知识创造性成果权的产权关系。因此,知识产权保护关乎知识创造性活动的发展后劲和持续状况。保护知识产权，是知识创造性活动健康发展的关键。知识产权保护是一个复杂的系统工程，需要从法律、政策、技术、管理以及强化知识产权意识等方面入手。政策法律的完善只是为知识产权保护提供了一个良好的外部环境，提高全民族的知识产权保护意识对促进创新起重要作用。

另一方面，促进知识共享，加快知识的传播速度，对创新同样具有重要意义，其目的也是为了促进创新。知识共享与知识产权保护之间，究竟应该掌握一个怎样的尺度，是许多知识持有者不得不思考的问题，也是政府以及法律工作者不得不面对的问题。理想的状态是，在充分保护知识产权的前提下，最大限度地实现知识共享，以促进知识传播、促进创新。

3－3. 知识管理理论的代表人物

3－3－1. 组织学习理论

彼得·圣吉是学习型组织理论的创始人。然而，学习型组织理论是在组织学习理论的基础上发展起来的。在彼得·圣吉之前，许多心理学家从人的行为以及人的行为动机，有意识学习和无意识学习等视角出发研究组织学习过程。行为学习理论认为，如果一位雇员习惯于不假思索便表白一时产生的想法，原因可能是其上司一直用关注的态度鼓励该雇员这样做。组织的态度强化了组织成员的无意识学习，个人在不知不觉中掌握了知识。一个组织里有很多可资学习的榜样，榜样能使组织成员了解该组织需要什么行为或不需要什么行为。在诱推理学习方面，伊登对两组士兵的训练状况进行了研究。在实验组里，排长们被告知，他们的士兵将具有超乎普通人的潜力，但其实际潜力同对照组士兵的潜力相同。对照组的排长们没有得到关于其士兵潜力的信息。经过10天的训练，实验组的士兵在书面和实际测验上比对照组士兵取得了更高的成绩。这个实验显示，因受到期待，个人或集体的信心往往会得到加强。

在组织学习理论中，心理学家得出以下结论：学习并非总是有意识的；个人经常会不自觉地向榜样学习；学习是有动机的行为，学习的动机来自于因果推断；集体储存知识的能力超过个体储存知识的能力；集体越是较好地认识其成员的专长，他们越能更好地做出决策等等。赛厄特和马奇（March）第一次提出组织学习概念，阿吉里斯和舍恩从行为科学的角度展开对组织学习的研究。阿吉里斯和舍恩认为"个体学习是组织学习的基础"。克拉克和斯蒂芬森认为集体储存知识的能力超过个体储存知识的能力。这些理论对学习型组织理论和知识管理理论产生了较大的影响，阿吉里斯便是其代表人物。

（1）阿吉里斯与组织学习

阿吉里斯 1923 年 7 月 16 日出生于美国新泽西州的纽瓦克，1947 年，在克拉克大学获得心理学学士学位。1949 年，在堪萨斯大学获得心理和经济学硕士学位。从 20 世纪 50 年代末到 60 年代初，阿吉里斯考虑的是人性与组织的关系问题，以及组织需要和个人需要之间的吻合问题，提出"人性与组织"理论，也称为"不成熟——成熟"理论。他认为人不仅需要生理的成熟，还需要心智的成熟。其主要成果有《人性与组织》（*Personality and the Organization*，1957）、《人际能力与组织效能》（*Interpersonal Competence and Organizational Effectiveness*，1962）、《个人与组织一体化》（*Integrating the Individual and Organization*，1964）等。从 20 世纪 60 年代到 70 年代，他关注组织变革，努力寻找促进组织变革的方法，并且提出把行动科学作为一种转变组织行为的工具来运用，提出了"行动科学"理论。这一时期的主要成果有《组织与创新》（*Organization and Innovation*，1965）、《介入理论与方法》（*Intervention Theory and*

Method，1970)、《实践中的理论》(*Theory in Practice*，1974) 等。20 世纪 80 年代以后，他的学术研究眼界更为广阔和深入，重点放在组织知识的作用上，主要成果有：《组织学习》(*Organizational Learning*，1978，与 Donald Schon 合著)、《增加领导效能》(*Increasing Leadership Effectiveness*，1976) 等等。阿吉里斯从心理学等方面研究了习惯性防卫等问题，探讨了习惯性防卫对组织学习的影响。他认为，习惯性防卫通常会在人们面对和处理具有障碍性或威胁性的工作或人际问题时显现出来，如：沟通时隐藏自己的真实想法、维护自己和别人的面子、将错误归因于别人或环境的因素等等。但是此时恰恰是需要有效解决这些问题的时候。所以，习惯性防卫是一种保护性心智，它阻止人们勇敢面对错误和纠正错误，是阻碍组织不断学习和发展的障碍。在研究习惯性防卫的基础上，阿吉里斯研究了组织防卫问题。他认为阻碍组织学习和创新发展的重要因素是"组织防卫"。组织防卫可以表现在组织的政策、实践或行动的任何一个方面，可以出现在组织的任何一个层次上。

此外，阿吉里斯还对学习与个人素质进行了研究。人们一般认为，学习的目的是提高员工的素质。这种观点隐含一个逻辑前提，就是低素质才需要或更需要学习。但阿吉里斯倡导的组织学习的对象主要界定在"聪明人"上。他认为"那些被认为是最善于学习的人，也并不真正善于学习。这里所指的是现代公司中那些有良好教育背景、占据关键职位、大权在握、肩负重任的专业人士。"而这种人，恰恰是阿吉里斯要改造的重点。阿吉里斯的这些思想对后来的学者影响很大，我们从彼得·圣吉和野中郁次郎的理论体系中都能看到阿吉里斯的影响。

(2) 彼得·圣吉与《第五项修炼》

彼得·圣吉，1947 年生于芝加哥，1970 年于斯坦福大学完成航空及太空工程学士学位后，进入麻省理工学院读研究生，

1978 年获得博士学位。1990 年,出版《第五项修炼:学习型组织的艺术与实践》,该书被《哈佛商业评论》评选为在过去 75 年中影响最深远的管理书籍之一,连续三年荣登全美最畅销书榜榜首,在短短几年中,被译成二三十种文字风行全世界。彼得·圣吉是美国"学习型组织理论"的创始人,当代杰出的管理大师,1992 年荣获世界企业学会最高荣誉的开拓者奖。他提出的学习型组织理论核心观点是:企业持续发展的源泉是把企业建成善于学习和持续学习的学习型组织。而企业要成为学习型组织,必须完成"培养成员的自我超越意识"、"改善心智模式"、"建立共同愿景"、"团队学习"及"系统思考"五项工作。

彼得·圣吉认为:学习型组织,就是通过不断学习来改革组织本身的组织。要建设学习型组织需要进行 5 项修炼。

(一)自我超越:"自我超越"是指突破极限的自我实现,或技巧的精熟。他认为"自我超越"是学习型组织的精神基础。"精熟自我超越的人,能够不断实现他们内心深处最想实现的愿望,他们对生命的态度就如同艺术家对艺术作品一般,全心投入、不断创造和超越,是一种真正的终身学习。"自我超越是个人成长的学习修炼,主要有以下几方面的内容。

①个人学习是组织学习的基础,只有透过个人学习,组织才能学习。

②要创造性地工作。自我超越的意义在于以创造,而不是反应的观点,来面对自己的生活与生命。

③超越极限首先要树立愿景,只有树立了愿景,行为才会有动力,才能更好地实现自我超越。

(二)改善心智模式:"心智模式"是根深蒂固于心中,影响我们了解这个世界,以及如何采取行动的许多假设、成见,或甚至图像、印象。我们通常不易察觉自己的心智模式,以及它对行为的影响。彼得·圣吉认为大多数人习惯于对现况的认知,不自觉地加入自己主观的偏见,这便是心智模式。改善心智模式也是个人的修炼，关键要做到以下几点：

①把镜子转向自己，这是心智模式修炼的起点，改善心智模式，首先要从自己开始。"人们并不抗拒改变，他们是抗拒被改变。"

②学会有效的表达自己的想法。

③学会开放心灵，容纳别人的想法。

从彼得·圣吉以上观点里我们可以看到阿吉里斯的影子。

（三）建立共同愿景：共同愿景就是共有的目标、价值观、和使命感。愿景就是内心最关心的事，愿景不是抽象的，而是具体的。

三个要素：目标、价值观、使命感

三个层次：组织愿景、团队愿景、个人愿景。

三个原则：

① 对个人愿景要重视，不能排斥压制。

②要学会将领导的意愿变成鼓舞组织的愿景。

③共同愿景，应随形势和环境而变化。

彼得·圣吉还认为：负面的愿景会对组织产生危害。如有时手段变成了目的就会对组织产生负面影响。

（四）团体学习："团体学习"是发展团队成员整体搭配与实现共同目标能力的过程。他认为"在现代组织中，学习的基本单位是团体而不是个人。"

①目的：团体智商大于个人智商；

②关键：深度会谈；

③取得更高层次的共识。

彼得·圣吉认为团体的集体智慧高于个人智慧，团体学习的修炼从"深度会谈开始"。他认为"深度会谈的目的是要超过任何个人的见解，而非赢得对话，如果深度会谈进行得当，人人都是赢家，个人可以获得独自无法达到的见解。"深度会谈也包括找出有碍学习的互动模式，讨论是深度会谈不可缺少的搭配，一个学习型的团体是一个善于交互运用深度会谈和讨论的团体。从彼得·圣吉的"深度会谈"和野中郁次郎倡导的"场"中可以看到两位大师的许多共同之处。

（五）系统思考：系统思考修炼的精义在于心灵的转换。①从看部分转为看整体；②从把人们看作无助的反应者，转为把他们看作改变现实的主动参与者；③从对现况只作反应，转为创造未来。系统的观点告诉我们，要了解重要的问题，我们的眼界必须高于只看个别的事件、个别的疏失和个别的个性。"系统思考"可以使我们了解学习型组织最重要的部分，也就是以一种新的方式使我们重新认识自己与所处的世界。

①要整体地思考问题；

②要动态地思考问题；

③要本质地思考问题。

系统思考语言有三个基本元件：增强的反馈；调节的反馈；时间延滞。

增强的反馈：比如在学校中，教师对学生的看法会影响那位学生的行为。被视为才能高的学生，得到更多的关切；而被视为才能低的学生却因增强的反馈而更糟。

彼得·圣吉借用法国童谣描述了增强的反馈现象。一个池塘角落最初只有一片荷叶，荷叶的数目每天增加一倍。一共需要30天，整个池塘就会布满荷叶。但是在前28天，根本没有人理会池塘中的变化。一直到第29天，村里人才注意到池塘的一半突然充满了荷叶，但为时已晚，第二天，整个池塘充满了荷叶。由此说明，增强环路所产生的危机，在问题被注意到的时候，或许已经太晚。优秀的企业需要在危机产生初期就认识到事情的本质，如果认识不到危机的实质，或许等到发现危机时，已经为时已晚。

调节的反馈：一个反复调节的系统会自我修正，以维持某些目标。当我们需要食物时，调节的反馈提醒我们吃东西，当我们冷的时候，提醒我们添衣服。原有的调节环路如被破坏，系统将可能失灵。

时间延滞：时间延滞是一个变数对另一个变数的影响，需要一段时间后才反映出来的现象，是指行动与结果之间的时间差异。时间延滞往往使组织矫枉过正，不是太过，就是不及。

彼德·圣吉重视系统思考，认为"系统思考"是学习型组织理论的核心。"学习型组织"的五项修炼是一个有机体，各项修炼相互作用，相辅相成，不可或缺。"系统思考"则是其他四项修炼的基石，因为其他四项修炼都离不开系统思考的见识和能力。

彼德·圣吉将学习型组织描述成为一个"学习行为已经渗透到组织结构中的组织"，你身置其中不可能不学习。"在工作中学习，在学习中工作"是学习型组织的理想境界。

3－3－2. 显性知识与隐性知识相互转化论

日本的野中郁次郎、竹内弘高和美国的托马斯·M·科洛波洛斯和卡尔·佛雷保罗认为隐性知识和显性知识可以相互转换，知识共享和知识创新从某种意义上说就是隐性知识与显性知识通过不断转化、螺旋上升的结果。但是，他们之间各自在侧重点上又有所不同。

（1）野中郁次郎和竹内弘高

日本野中郁次郎和竹内弘高是较早开展知识管理研究的学者，其提出的 SECI 知识转换模型在世界范围享有很高的声誉，是知识管理的代表人物。野中和竹内认为：知识管理就是如何把组织内及其组织周围相关的知识资产加以灵活运用。管理知识只不过是知识管理的第一阶段，知识管理应该更进一步，应该实现到经营知识的飞跃。他们把知识管理称作知识经营，认为知识经营不仅仅是利用信息技术对形式化的知识进行共享和再次利用，还应包括对隐性知识（暗默知）的利用。他们认为：①知识可以分为显性知识和隐性知识。②人类的知识创造活动就是显性知识与隐性知识相互作用，螺旋上升的过程。即不断由显性知识转化为隐性知识，再由隐性知识转化为显性知识的过程。③每个组织都有其特定内容的知识（包括显性知识和隐性知识），其特定内容的知识都是通过其知识所有者个体间相互作用创造的。为此，野中提出了"知识转换"四种模式。他把知识通过显性知识与隐性知识的相互转化划分为四个具体的模式，即共同化、表出化、联结化和内面化。在这四个阶段中知识形态由隐性知识到显性知识，再由显性知识到隐性知识不断地转化，螺旋上升，达到知识创新的目的。他们重视隐性知识与显性知识的知识转化过程，更强调隐性知识的共享。

共同化：是指个人间的隐性知识通过共同体验相互产生共鸣的过程，其知识转化模式是从隐性知识到隐性知识的转化。在这个过程中，隐性知识通过共鸣使所有者发生了转移，实现了共享；

表出化：是指从隐性知识转换成为可以通过语言、图表等符号进行表述的显性知识过程；

联结化：是指原有的显性知识通过组合转换成为系统的显性知识的过程；

内面化：是指将系统的显性知识通过体验内化为自身隐性知识的过程。人类知识就是这样不断从隐性知识到显性知识，再从显性知识到隐性知识的不断螺旋上升的过程，在这个不断螺旋上升的过程中知识得到不断深化。

野中认为，实现以上的知识转化需要一定的环境。最好的环境是各知识主体间通过对话形成的"场"（日语汉字为"场"，发音是"ba"，故有的学者音译为"吧"，本文译为"场"）。原本隶属于个人的隐性知识（个人知）通过对话的"场"，转化为群体的隐性知识，再经过不断总结外化为组织的显性知识，然后通过在组织内部的传播转化为整个组织的知识，形成组织知（有时甚至转化为组织之间的知识），最后通过内化又转换成为每个人的隐性知识（个人知）。不过，这时的个人知与原本的个人知有根本的不同，经过群体的提炼和丰富过程，个人知已经上升为更高层次的隐性知识，因而比原本的知识更加丰富。

野中把"场"定义为共享、活用以及创造知识的场所。"场"既可以是像办公室一样的物理空间场所，也可以是像电视会议一样的虚拟环境，还可以是共同拥有的体验、思想以及理想等精神存在。理解"场"的关键在于相互作用。知识决不是仅仅由一个人创造的，而是通过个体间的相互作用以及个体与环境间的相互作用创造的。不同的行为主体在同一时间空间进行面对面的直接沟通对知识转换非常重要。所谓"场"就是由相互作用的人们共享的环境。

野中认为与共同化、表出化、连结化以及内面化相对应，"场"可以分为"创发场"、"对话场"、"系统场"和"实践场"。

创发场：是指通过与多种类型人群接触共享、体验知识和情感。

对话场：通过面对面的相互作用而形成的环境。在这个环境中，个体间隐性知识得到共享，并通过语言表述为显性知识。与创发场相比，对话场大多是有意识、有目的创造的。选择具有特定知识和能力的人组成对话环境是成功的关键。

系统场：通过局域网或者互联网形成的虚拟场。通过这种场创造互动的环境，通过交流知识和信息促进知识创新。

实践场：与把书本知识应用到实践中相似，实践场是通过显性知识与行为的相互作用而产生的互动。换句话说是将显性知识通过实践内化为隐性知识的过程。在实践场中，行为由个人发起而最终超越自我。

野中对知识管理的研究更多的还是在企业层面，他把企业的知识资产划分为四大类：①经验型知识资产；②概念型知识资产；③系统化的知识资产；④恒常性知识资产。

①经验型知识资产：是指在创发场下，员工间或者员工与供应商之间、员工与顾客之间通过直接的共同体验创建的隐性知识。经验型知识资产属于隐性知识范畴，难以进行总结和评价，而且

难以用金钱交换，企业只有通过共享经验才能积累这种知识资产。

②概念型知识资产：是指在对话场下，通过语言、数字、图表、记号等表述的显性知识。这种概念型的知识资产虽然大多是有形的，与经验型知识资产相比较容易识别，但是这些员工以及顾客的知觉仍然是难以测定的。

③系统化的知识资产：是指成型的显性知识资产。明确表述的技术、产品说明书、关于顾客或供应商的记录文件、受法律保护的专利以及知识产品等。这类知识资产最容易总结，也最容易数字化，而且也比较容易买卖和转移。

④恒常性知识资产：是指隐藏在组织日常活动中的隐性知识。如：组织成员共有的思维和行为方式等组织规范和组织文化，而且这种知识资产每天都在不断建构。值得注意的是这种恒常性知识资产如果演化成为惰性，反而会阻碍知识创新。

野中的知识管理理论是建立在知识创新的基础之上的，他认为知识管理的目的不仅仅是知识共享和知识应用，更重要的是知识创新。不断创造促进知识创新的"场"是实现知识创新的重要手段和途径。

(2) 托马斯·M·科洛波洛斯和卡尔·佛雷保罗

美国托马斯·M·科洛波洛斯和卡尔·佛雷保罗也认为隐性知识和显性知识是可以相互转换的，知识就是在隐性知识和显性知识的相互转换过程中不断被丰富的。他们合著的《知识管理》对知识管理的发展产生了重要影响。他们认为"知识管理是充分地利用集体智慧来增强应变和创新能力"。他们重视知识主体间的沟通效率，重视沟通渠道，认为知识管理不在于信息数量的多少，而在于连接信息和人之间的联系渠道的多寡。知识的动态连接特性是区分知识管理和信息管理的关键因素。信息和人之间在整个价值链活动中的流通组成了知识链。他们提出了价值链概念，认为：价值链是形成一个组织创新周期的一系列互动过程。

包括 4 个阶段：内部意识、内部反应、外部反应和外部意识。①

①内部意识是指一个组织能否迅速评估其拥有的各种技能和核心能力。组织中的每个人是否对组织的内部环境，如各种职能、核心能力、人才等有足够的认识。

②内部反应看重的是各种能力如何被迅速地转化为行动，是一种快速反应和抓住机遇的能力。

③外部反应是组织对产生于外部的各种威胁和机遇的反应以及反应速度。

④外部意识代表一个组织对市场是如何接受其产品和服务价值的理解能力。

科洛波洛斯和佛雷保罗认为，仅仅精通这 4 个部分是不够的，衡量成功的标准是看知识在这 4 个环节上流通的速度。

科洛波洛斯和佛雷保罗把知识资本分为人力资本、顾客资本和结构资本。人力资本代表了员工的知识总量，其价值至少与重新创造这些知识的成本相等。顾客资本代表了组织和顾客之间相互关系的价值。这不仅是顾客对品牌的信任，顾客资本看重的是组织能否很好地了解你的顾客以及他们不断变化的需求。它的价值至少与培养一个新顾客的成本相等。结构资本代表了人力资本和顾客资本向产品或服务的转换，转换速度越快，组织的结构资本价值就越高。

在知识的分类方面，他们把知识分为隐性知识和显性知识，认为隐性知识的共享更为重要。认为"传递隐性知识的最有效途径是面对面的交流"。

科洛波洛斯和佛雷保罗还建立了知识管理的应用程序：中介、外在化、内在化和认知。

中介是知识和人之间的关系。中介指的是将寻求某方面知识

---

① ［美］托马斯·M·科洛波洛斯、卡尔·佛雷保罗著，陈岳、管新潮译：《知识管理》，上海远东出版社 2002 年 10 月版，第 12 页。

的人和能够提供该方面知识的人引到一起的中间人功能。它的作用是将知识寻求者"许配"给能为他提供最佳知识的个人。中介又分为异步中介和同步中介。

异步中介：出现于外在化和内在化不同时存在的时候。

同步中介：出现于外在化和内在化同时存在的时候。知识在转移过程中并没有被储存，取而代之的是知识提供者和知识寻求者进行直接的交流。

隐性知识中介作用的一个例子是实践群体，即由于共同兴趣或职业而联系在一起的非正式小组人员，他们与同行一起互动、交流知识。

外在化指的是这样一个过程：将获取的知识放入一个外部知识储存器，然后根据某个分类原则或分类学原理进行调整。外在化是获取知识，而内在化则使知识符合某个用户求知的需要。内在化是从一个外部的储存器里提取知识并加以过滤，以便提供更强的检索能力。

中介将知识寻求者与知识以及知识拥有者联系起来。内在化集中于传递显性知识，而中介则主要调节隐性知识。通过跟踪个人的经历和兴趣爱好，中介能够将需要知识的人与拥有知识的人连在一起。

认知为用户提供了一种能力，使他们能够通过利用浏览复杂知识体的视觉工具将互不相关的一些知识迅速、自动地联结起来。

虽然野中、竹内和科洛波洛斯、卡尔·佛雷保罗都认为隐性知识与显性知识可以相互转化，但是他们彼此的理论也存在很大差异。野中和竹内利用其对日本公司和美国大公司的比较研究，提出日本公司的成功是因为重视模糊的、非正式的知识及工作经验，和以亲身经验、直觉和直接交流为基础的非正式的知识创新过程。他们认为，这种知识对每个公司来说都是独一无二的，竞争者很难模仿。野中和竹内认为：与美国企业在规模缩小时削减中层管理人员的趋势不同的是，日本中层管理人员（例如知识工程师和生产线监督员）

是沟通上层管理人员和下层工人思想的重要纽带。① 野中和竹内重视显性知识和隐性知识的相互转换，并认为这种知识转换是在正式的或非正式的"场"的交流中实现的。在野中和竹内那里，"知识转换"的四种模式也是通过"场"实现的。知识的外在化（表出化）"是把隐性知识用明确的概念表述出来的过程……其典型的概念创造往往是通过对话即共同思考实现的"。"内在化是显性知识内化为自身的隐性知识的过程。这一过程与实践性学习密切相关。"② 科洛波洛斯和卡尔·佛雷保罗也使用了外在化和内在化等表述，与野中和竹内不同的是，科洛波洛斯和卡尔·佛雷保罗更重视技术的作用，在他们那里，外在化是对知识的收集和整理。"外在化是获取知识，而内在化则是知识符合某个用户求知的需要。内在化是从一个外部的储存器里提取知识并加以过滤，以便提供更强的检索能力。"③ 可以看出，科洛波洛斯和佛雷保罗更重视知识的收集、加工和整理，重视知识库的作用，注重运用技术手段促进显性知识的共享，体现了美国管理理念的特点。而野中更重视知识的主体——人的作用，重视人与人的互动，强调通过人与人的互动（场），实现隐性知识的转移。当然，佛雷保罗也并非不重视人的作用，他认为好的知识管理系统还应具有"可追踪知识提供者并直接从中吸出知识的功能"。"技术将是一种必要但不充分的促进因素。甚至对隐性知识来说，技术能够通过改善人与人之间的相互关系来加强知识转移的各种技巧。技术仍将是知识管理的促成因素，但是如果没有人创造和使用知

---

① ［德］迈诺尔夫·迪尔克斯、阿里安娜·被图安·安托尔、［英］约翰·蔡尔德、［日］野中郁次郎、张新华主编，上海社会科学院知识与信息课题组译：《组织学习与知识创新》，上海人民出版社 2001 年 8 月版，第 556 页。

② ［日］野中郁次郎、竹内弘高著：《知识创造企业》，东洋经济新报社 2000 年 7 月版，第 9、10 页。

③ ［美］托马斯·M·科洛波洛斯、卡尔·佛雷保罗著，陈岳、管新潮译：《知识管理》，上海远东出版社 2002 年 10 月版，第 47 页。

识，知识本身则仍然是毫无价值的信息。"①

3-3-3. 知识资本论

瑞典的埃德文森和美国的斯图尔特是知识资本论的代表人物，他们都认为知识是组织的重要资产，但他们关注的侧重点又有所不同。埃德文森的主要贡献是在对知识资本的测度方面，斯图尔特关注的是知识资产共享的机制。

（1）埃德文森

埃德文森是瑞典最大的保险金融服务企业斯堪的亚（Skandia）保险公司的副总经理，他认为：知识管理就是把人力资本与结构资本完美地组合起来加以利用。埃德文森把知识资本分为人力资本和结构资本。①人力资本：个人的能力、诀窍、技能等；②结构性资本：企业战略、计划（无形的）、设备、设施、财务资产以及企业中有价值的资产（有形的）。这被称为广义定义。他把有形资本也包括在知识资本中，在他看来，有形资本是无形资本的一种表现。埃德文森还在研究知识资本的基础上建立了知识资本量化评估体系，并把这一体系应用于保险公司的管理，取得了成功。

在知识经济时代，知识在企业的生产活动中所起的作用越来越重要，然而，传统的财务报表却不能正确反映知识对企业的贡献，知识资本也得不到认定。为此，他从理论和实践两个方面开展了关于知识管理的研究。埃德文森认为：企业就像树木一样是有生命的。企业的有形资本如建筑物、产品等账面资本相当于大树的树干、枝叶，而企业的真正价值在于看不见的根部，是那些无形的知识资本，传统的会计账面却无法反映这些无形资本。他

---

① ［美］托马斯·M·科洛波洛斯、卡尔·佛雷保罗著，陈岳、管新潮译：《知识管理》，上海远东出版社 2002 年 10 月版，第 173 页。

认为这些无形资产虽然不易测度，但其还是可以通过增加的产值、经费的减少、生产力的提高、市场份额的扩大等反映出来，因此，有必要对这些无形资产进行测度。1991 年到 1995 年，在他的倡议和领导下，公司成立了由会计和财务人员组成的研究小组，开始了世界上首次对无形资产测度的研究和实践工作。经过 4 年的努力，1995 年 5 月，他们作为公司年度财务报告的补充，发表了该公司题为《看得见的知识资本》的关于知识资本年度报告。这一报告具有划时代的意义，开辟了人们对知识资本测度和管理研究的新领域，在世界范围内掀起了研究知识资本的热潮。1996 年 4 月，由美国证券交易委员会资助的有关无形资产的国际学术会议在华盛顿召开，把这方面的研究推向新的阶段。1996 年春，该公司又发表了专门研究组织资本的研究报告《价值创造程序》，同年秋天该公司又发表了题为《革新的力量》。对知识资本的测度也促进了公司业务的开展，1991 年与该公司建立业务协作关系的客户有 5000 家，到 1995 年达到 50000 家，顾客达到 100 万人。斯堪的亚保险公司对知识资本价值测度的思路和方法不仅仅限于盈利部门，对军队、政府等非营利组织同样具有意义；其对知识资本的测度不单单是对财务状况的测度，也是对人力资本的测度、对组织价值的测度，因此，具有广泛的社会意义。

埃德文森认为：企业资本分为财务资本和知识资本。知识资本又分为人力资本和结构资本。所谓人力资本就是每个员工所持有的、能够使其完成任务的知识、技术、创造力及其各种能力的组合。人力资本还包括企业的价值观、文化和理念。他说：从本质上说，企业不可能拥有人力资本。所谓结构资本是使人力资本实现价值的东西，是赋予其权限的东西，是支持人力资本的基础设施，是支撑员工生产活动的组织能力。结构资本包括硬件、软件、数据、专利、商标等所有东西。换句话说，就是员工离开单位后留在单位里的所有东西。此外，结构资本还包括顾客资本以及与主要顾客之间的关系。在人力资本与结构资本的关系方面，他们认为两者是相辅相成的,"一方面,人力资本是促成结构资本的重要因素,另一方面,结构资本越优秀,人力资本往往越能发挥作用。"与人力资本不同,结构资本可以归企业所有,也可以在企业间进行买卖。结构资本还可以细分为组织资本、程序资本和革新资本。组织资本是指组织的理念、制度、知识和信息传播系统、企业的营销体系等。程序资本是指与生产有关的工艺、程序和过程等。革新资本是指革新的结果,如专利、商标权和著作权等知识产权。他认为:进行知识资本的管理并不仅仅是找出隐藏的知识资本并加以利用,而是加强与员工的联系。通过对知识资本的测度,可以起到促使员工关注知识资本的目的。管理知识资本不是个别部门的事,如果组织的全体成员都积极管理自己的知识,那么,知识管理就成功了。

在对企业知识资本的测度中埃德文森首先定义了知识资本的性质,认为:①知识资本是对财务信息的补充,但不是从属性的信息;②知识资本是非财务资本,表现为隐藏在市场价值与账面价值之差的价值;③知识资本是负债,而不是资产。他认为:知识资本是负债,是来自与企业密切相关的顾客、员工等的借贷。在人力资本的归属方面,他们认为:组织不可能完全拥有人力资本,人力资本是属于员工自身的,因此,他们主张尽可能使人力资本转化为结构资本,结构资本可以为组织所有,也可以在组织间买卖。此外,在经济全球化的今天,结构资本可以在世界范围内转移和应用,而人力资本仅仅局限于当地。埃德文森主要从财务、顾客、业务运转、改革与开发以及人力 5 个方面,划分为111 个指标对知识资本进行了测度。

在知识管理实践方面,他们在自己的保险公司建立了知识管理系统(斯堪的那导航仪),在这个系统中设有知识库、专家库以及知识地图等工具,员工通过这个知识管理系统彼此进行沟通,共同分享各自的知识。

（2）斯图尔特

斯图尔特认为知识资本包括一个三元结构：第一元叫人力资本。包括职员的知识技能等；第二元是结构性资本。包括组织结构、制度、规范、组织文化、工作作风、上下级关系、组织内外人际关系等；第三元叫顾客资本。包括市场的营销渠道、顾客与企业的关系、企业形象等。斯图尔特重视组织成员之间的联系，认为：任何知识管理系统的核心都是它在人们之间建立起来的联系纽带。

斯图尔特认为对知识企业的管理首先就是对智力资本的管理。为此他提出管理智力资本的四个流程：①识别和评价企业中知识的作用；②分析可以产生这些收入的知识资产；③形成一个投资和开发治理资产的战略；④改善知识工作和知识工人的效率。在知识资产的测度方面，他不赞同市场价值与账面价值之间的差异就是知识资产价值的说法。他认为：这种差异是没有经过加工的，它们并不是衡量智力资产的可靠指标。这是因为，第一，账面价值是历史成本数据，而市场价值包括股票市场对未来收益的估价。第二，这是建立在股票市场基础上的，这些比率随着股票市场的发展而上升和下降。[1] 他认为托宾 Q 是表明知识密集度的非常有用的指标。"托宾 Q 是由诺贝尔奖获得者、经济学家詹姆斯·托宾发明的一个统计指标，在将折旧返回账面价值的时候形成的，当 Q 向上达到 1 的时候，市场会使公司的无形资产价值增加。"[2]

斯图尔特还提出知识创造"知识链"概念。知识链是从科学基础—市场知识—发明—产品开发—流程开发—应用开发—工厂支持—顾客支持的过程，他认为传统的产品供应链中全部都是原

---

[1] ［美］托马斯·A·斯图尔特著，邵剑兵译：《软资产》，中信出版社、辽宁教育出版社 2003 年 4 月版，第 316 页。

[2] 同上，第 316 页。

料的流动，而创新的供应链则与知识的流动相联系。两者不能用同样的方式进行管理。创新供应链不是线性的，创新是一个反复的过程。实际上，多条创新供应链可以并行运行。

在知识资本理论方面，埃德文森和斯图尔特都重视结构资本的作用，"结构资本代表了知识资本和顾客资本向产品或服务的转换，转换速度越快，组织的结构资本价值就越高。"无论是人力资本还是顾客资本都是组织资本的负债，知识管理所要做的是"使其尽快转化为结构资本"。斯图尔特认为结构资本是连接人力资本与财务资本的纽带，他强调组织成员之间的交流，认为："知识管理的根本是连接，而不是收集。知识项目的目的就是让知识流动起来，而不是将知识静止。"[①]

与埃德文森不同，除了重视结构资本，斯图尔特还非常重视顾客资本，把顾客资本看作同人力资本和结构资本一样重要，并把顾客资本单独列为一元。他认为任何企业组织都应该向顾客学习，在向顾客学习中激发灵感。提出向顾客学习要建立顾客学习流程，认为一个好的顾客学习流程至少包括以下四个特点：第一，向顾客学习要强调信息基础上的沟通；第二，向顾客学习需要进行跨职能的整合——也就是说，不仅仅是局限在营销、销售和服务等个别的领域中，而是要接触到新产品开发，甚至是人力资源和财物。第三，流程必须可以创造出一种对购买者和销售者同样重要的关系资本。他把顾客不仅仅看作是单纯的消费者，而是组织的重要伙伴。企业组织必须考虑顾客的利益，以此来形成自己的忠诚顾客。第四，顾客学习流程应当确保每天都可以看到，他们认为不能想象一家公司根本没有顾客学习流程就可以进行经营。

---

① ［美］托马斯·A·斯图尔特著，邵剑兵译：《软资产》，中信出版社、辽宁教育出版社 2003 年 4 月版，第 185 页。

3－3－4. 知识网络论

英国的大卫·J·斯卡姆是知识网络论的代表。"知识网络是一种不同的工作方式，它是超越部门、组织和国家边界的开放与联合。"斯卡姆的知识网络论是从其知识共享理论开始的，"知识共享能够在最佳时机、最佳地点把最合适的知识传给最合适的人。"① 知识共享循环中有以下 5 个流程：①收集：按照常规或根据需要收集现有知识。②整理储存：将知识归类并储存起来，这样做能使随后的知识检索更为方便。③共享传播：按常规将信息传给需要的那些人，这是信息的推广。各种会议和活动起到了共享隐性知识的工具作用。④存取：便于使用者读取信息方便。⑤使用：把知识用作工作流程的一部分，知识得到提炼和发展。他认为知识网络是知识共享的最佳方式，指出："知识网络是不容易定义和形容的，它是一个活跃的动态平衡现象，在这里知识是共享的、开放的、发展的。其中，人们分享信息、知识、经验，为新的形势创造新的知识。知识网络集合了分散的知识以提供新的见解而且解决了棘手的问题。"② 网络允许最有价值的知识快速传播。

斯卡姆把网络分为电子网络和人际网络，这两者构成知识协作战略。他认为网络技术的发展促进了知识网络的形成，"同时异地的技术手段能在远距离辅助同步通讯。电话是普遍应用的一种手段，而电视会议将很快成为知识网络中的必备工具。电视会议给谈话者增加了一个重要的直观条件，它跨越了空间，尽量实现面对面的交流。"③ 知识网络要求人们一起工作，共享并组合

---

① ［英］大卫·J·斯卡姆著，王若光译：《知识网络》，辽宁画报出版社2001年1月版，第83页。

② 同上，第48页。

③ 同上，第115页。

自己的知识。全球通讯技术的提高，从而使知识网络组织在更广的范围内实现。因为电子通讯的成本通常只是面对面沟通形式的很小一部分，即使是对于居住在同一地域的人也是一样。此外，地域条件的利用还体现在把原本集中的活动分散到不同地点进行，以充分利用具有专长的优势地域。

在国家创新体系中各主体之间的"网状结构"可以理解为一种人际关系网络，也可以理解为一种通过通讯技术和设备实现的电子网络，还可以理解为二者的结合。在国家创新体系中，各个主体间的人员联系构成了这种人际关系网络，这个人际关系网络通过电子网络加强了相互间的互动，增进了了解，加深了感情，使这种人际关系更加紧密。一方面，电子网络给人际关系网络提供了相互沟通的平台；另一方面，这种频繁的沟通又强化了人际关系网络之间的联系，使这种人际关系得到强化并使其建立了相互的信任。

关于知识网络的形成，斯卡姆认为知识网络既可以是有意识创建的，也可以是自然形成的。在研究与开发中，有些跨国公司就充分利用知识网络来整合分布在世界各地分公司的研究力量，以便参与共同开发。如1990年，Digital 公司开发出的一种磁盘驱动器，把该公司的开发工作分摊到 7 个专业设计小组，他们分别工作在以色列和美国。[①] 这种跨越国境的知识网络使分散在不同国度的知识得以共享，同时还节省了因会面而产生的旅行成本，也避免了旅途的辛劳。需要强调的是，这不仅仅是成本和减轻疲劳的问题，它的意义还在于通过知识网络可以在极短的时间内共享全球范围的知识资源，同时，又不影响手头正在进行的工作。这种沟通方式使知识网络成员得以根据自己的日程调整与共享团队的沟通时间，使时间的利用更加灵活。知识网络的形成还使组织的结构发

---

① ［英］大卫·J·斯卡姆著，王若光译：《知识网络》，辽宁画报出版社 2001年1月版，第 131 页。

生了变化，促进了虚拟组织和虚拟团队的发展。通过知识网络，人们的活动范围将不再局限于某一特定的地域，也不再局限于某一特定的组织，知识得以在更广阔的范围交流和共享。基斯·皮尔斯特在总结网络优点时指出：①加快知识交流的速度。他认为：知识网络不是靠往来发送电子邮件，而是用共享的项目资源辅助分散团队在几分钟而不是在几天内完成一个合作项目的设计。②建立那些由于旅行成本和时间限制而无法建立的联系。③交流更有规律和连续性。因为不必长途旅行，这样的沟通就能够更多实现，也更能建立起"亲密"关系，加深双方理解。④可以提高投入程度。电视会议使得面对面交流的投入性更容易保持。

在知识网络的实践方面，意大利托斯卡那高技术网（Tuscany Hi—Tech Network）的做法可供借鉴：为了共享，托斯卡那高技术网将大大小小的各类公司与比萨、锡耶纳和佛罗伦萨等地的大学连接起来。该地区的传统产业走向衰落，需要重新谋求更好发挥当地智慧资源优势的途径。结果是一个新型网络社会的出现，它把各个研究中心、公司和公共机构连成一体。他们以虚拟方式合作，形成称为四个应用领域和七个核心权限的虚拟部门。其应用领域包括文化资产、环境、生物制药、机器人技术以及航天研究等等。虚拟科技公园就是该网络的一个成就，它促进了不同机构之间的合作，尤其是在当地小型企业间传播知识。Järvenpää 合作网位于赫尔辛基北部，大约 100 个单位和个人的技术成果都汇集到本地的技术合作网之中。该网络是一家非营利性的社会组织，共同拥有者都是一些小企业、自由撰稿人、失业的专业人员和能工巧匠。他们所提供的知识技能涉及到环保咨询、市政规划、法律服务、销售与营销、翻译和图形设计等等。他们在因特网上虚拟工作，所以吸引了本地之外的大批业务。① 知识网络的

---

① ［英］大卫·J·斯卡姆著，王若光译：《知识网络》，辽宁画报出版社2001年1月版，第155、156页。

形成使本地的变成了世界的，也使世界的变成了本地的。一方面，知识网络可以使我们直接获取外部资源和进入市场；另一方面，同样的灵活性意味着外部人员可以轻易进入，直接与我们竞争。

虽然斯卡姆把知识网络分为电子网络和人际网络，从斯卡姆的理论看，他似乎更重视电子网络，或者是期望通过电子网络等工具实现电子网络与人际网络的融合，并通过电子网络强化人际网络。斯卡姆认为："良好的交际对有效的知识分享至关重要。信息接受者清楚地知道信息发出者的意图并相应地做出回应，良好的交际就产生了。这需要对话，而不是独白。"[1] 因此，知识网络应当提供可以及时反馈的网络环境，以便交流双方随时对话，随时沟通。知识网络为知识共享者之间的交际和知识分享提供了不可替代的交流平台。这个平台不仅交流知识，还增进感情，建立信任。通过知识网络分享的知识既包括显性知识，也包括隐性知识。知识网络交流的是思想，而不只是形式，分享的是难以转移的隐性知识和经验，而不是表面的现象。因此，可以说斯卡姆倡导的是电子网络与人际网络的统一。

---

[1] 同上，第178页。

4. 国家创新体系理论与创新

OECD 在《国家创新体系》的研究报告中指出："创新是由不同参与者和机构的共同体大量互动作用的结果，把这些看作是一个整体就称作国家创新体系。"在有关创新的应用理论中，国家创新体系理论具有代表性，较能体现创新的特点，因而受到各国的普遍重视，许多国家以不同方式实施了国家创新体系建设。国家创新体系对一个国家的创新活动产生重要影响，研究国家创新体系与创新的关系对提高创新效率具有重要意义。

4-1. 概念阐述

1987 年，英国著名技术经济学家克里斯托夫·弗里曼 (Chris Freeman) 在其分析日本经济实绩的著作《技术和经济运行：来自日本的经验》中，提出国家创新体系（National Innovation System，NIS）这一概念。他把 NIS 定义为"一种公共和私营部门的机构的网状结构，这些公共和私营部门的行为和相互作用创造、引入、改进和扩散新技术"①。1992 年，他进一步把

---

① National Innovation System ［R］, OECD, 1997, http://www.oecd.org/dataoecd/35/56/2101733.pdf

国家创新系统分为广义和狭义两种：广义的国家创新系统包括国民经济涉及引入和扩散新产品过程和系统的所有机构；狭义的国家创新系统涵盖了与科技活动直接相关的机构，包括大学实验室、产业的研究开发实验室、质量控制和检验、国家标准机构、国立研究机构和图书馆、科技协会和出版网络，以及支撑上述机构的、由教育系统和技术培训系统提供的高素质人才。[1]

弗里曼教授的国家创新体系理论侧重于分析技术创新与国家经济发展实绩之间的关系，特别强调国家专有因素对于一国经济发展实绩的影响。他认为，技术创新是国家创新体系的核心，其他因素围绕在它周围并发挥各自的作用。如图 4－1 所示。

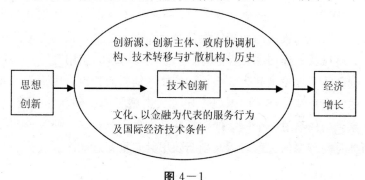

创新源、创新主体、政府协调机构、技术转移与扩散机构、历史

思想创新　→　技术创新　→　经济增长

文化、以金融为代表的服务行为及国际经济技术条件

图 4－1

资料来源：林衡博、陈运兴著：《弗里曼国家创新体系理论的改进初探》，《当代经济》2003 年第 6 期。

丹麦技术创新经济学家本特－雅克·伦德威尔（Bent－Ake Lundvall）也是一位较早开始研究国家创新理论的学者（也有学者认为国家创新体系是他在 1985 年出版的《产品创新：用户——生产者之间的相互作用》一书中最先提出来的）。他给 NIS 定义为"在一个国家内部进行的，由在生产、扩散和运用有

---

[1]　中国科学院著：《迎接知识经济时代，建设国家创新体系——呈送党中央、国务院的报告》，1997 年。转引自霍明远著：《四论中国国家创新体系的有机构成》，《资源科学》，2001 年 7 月。

经济效益的新知识的相互作用的行为主体及相互关系组成"①。

美国学者理查德·纳尔逊（Richard R. Nelson）教授在 20 世纪 80 年代初期就开始探索技术创新的国家制度安排，并且将创新问题与国家的竞争力问题联系起来进行考察，并在 1993 年主编的《国家创新系统》一书中，对不同的国家创新体系作了一个详细的比较，他给国家创新体系定义为"一系列的制度框架，他们的相互作用决定着一国企业的创新能力（业绩）"②。因此，国家创新体系是一种将制度安排与一国的技术经济实绩相联系的分析框架。梅特卡夫也认为："国家创新体系是一套明确的制度，这套制度可以共同或单独行使，有助于新技术的开发和传播，另外，这套制度为政府制定和执行影响创新进程的政策提供框架。这是一套相互连接的制度体系，用于知识、技能和新技术产品的创造、储存和转让。"③

帕维蒂对国家创新系统的理论研究做出了贡献。他认为不同国家在对技术的投资上政策是不相同的，从而造成了国际技术差距在某些国家之间的扩大。而国家创新系统理论可帮助一国去确定应如何对技术进行投资，从这种投资的效果，去理解不同国家在这种投资上的差异和不同模式。由此，帕维蒂把国家创新系统定义为"决定一个国家内技术学习的方向和速度的国家制度、激励结构和竞争力"④。

① National Innovation System［R］，OECD，1997，http：//www. oecd. org/dataoecd/35/56/2101733. pdf

② National Innovation System［R］，OECD，1997，http：//www. oecd. org/dataoecd/35/56/2101733. pdf

③ P. Stoneman, ed. , Handbook of the Economics of Innovation and Technical Change, Blackwell, London, 1995, p409－512. 引自宋霞著：《"国家创新"体系及其在拉美的历史演变》，《拉丁美洲研究》2004 年第 2 期。

④ 石定寰、柳卸林著：《国家创新体系建设的政策意义》，《中国科技论坛》，1999（3），第 11 页。

经济合作与发展组织（以下简称 OECD）在对 NIS 进行了大量研究的基础上，给 NIS 定义为"由不同机构组成的集合，这些机构共同及单独致力于新技术的开发和扩散，并向政府提供了一个制定及执行政策以影响创新过程的框架"①。1997 年，OECD 在《国家创新体系》的研究报告中指出，研究国家创新体系的目的是关注在总的创新系统内的互相作用和联系的网络。在 OECD 的研究报告《以知识为基础的经济》中又指出："创新是由不同参与者和机构的共同体大量互动作用的结果，把这些看作是一个整体就称作国家创新体系。"可以看出，OECD 强调根据创新体系各创新要素之间的互动对技术创新的重要作用，而不是强调某个环节和个体的作用。OECD 认为参与推动技术进步和发展的各行为主体之间的相互作用与研究和开发中的投资同等重要，并在把投入转化为产出的过程中起着关键作用。创新体系的良性发展依赖于企业、大学和科研机构之间知识的流动。隐性知识（tacit knowledge）（即通过非正式途径交流的"知道如何做（know how）"）和显性知识（即在公开刊物、专利和其他途径编纂成文的信息）同等重要。OECD 对 NIS 的测度与评估主要集中在四种主体知识和信息的流动上：①企业间的相互作用，主要的联合研究行为和其他的技术合作；②企业、大学与公共研究机构间的相互作用，包括共同（联合）研究、合作专利、合作出版物及种种非正式的联结；③知识与技术向企业的扩散，包括工业界引进新技术的比率和通过机器、设备的扩散；④人才流动，集中于公共和私营部门内部和相互间的技术人才的流动。创新思想能够来自不同的途径以及研究、开发、销售和扩散的任何阶段。创新是不同的行为主体和机构之间错综复杂的相互作用的结果，技术变化并不是发生在理想的线形流程中，而是通过这个体系中的环状的

---

① National Innovation System ［R］, OECD, 1997, http：//www. oecd. org/dataoecd/35/56/2101733. pdf

反馈结构。一个企业，乃至作为一个整体的国家的经济成功与否，越来越取决于他们从这些机构收集和运用知识的效率。

OECD 还认为，员工及他们所拥有的知识（经常是隐性知识）的流动是国家创新体系中的一个关键的知识流。个人之间的相互作用，不管是基于正式还是非正式的途径，对企业内部及公共和私营部门之间的正式传播来说，都是一个重要的渠道。有时候，重要的不是能传播多少具体的知识，而是创新方法和解决问题的能力。找出和发现信息及进入研究人员的结构网络的能力是一笔很有价值的知识资本。企业进入其所需要的创新网状结构的能力，去发现和找出相关的技术和信息，并将这些知识转化成自己所需要的能力，是影响企业创新的一个重要方面。①

我国学者对国家创新体系的研究始于 20 世纪 90 年代中期，经济科学出版社 1992 年翻译出版由 G. Dosi 等主编的《技术进步与经济理论》，首次将国家创新体系的概念引入中国。1995年，加拿大国际发展研究中心（IDRC）在其提交给加拿大国家科委的关于中国科技体制改革问题评估报告中，首次运用国家创新体系理论对中国的科技体制改革进行分析，并提出：中国应该注意"国家创新系统这种分析方式，作为讨论辩论未来科技改革需要、确定科技系统与国家整个经济和社会活动的关系的手段"。1997 年年底，中国科学院经过反复酝酿，向中央提交了《面向知识经济挑战，建设国家创新体系》的研究报告，得到了中央领导同志的肯定，推动了国内学者对国家创新体系的研究。

石定寰、柳卸林在较早的时候将国家创新体系概括为由政府和社会部门组成的、以推动技术创新为目的的机构和制度网络。该网络由几个创新链相互联系、相互作用而成，包括以国立公共研究所、国家重点实验室和高校为主体的基础研究和应用研究体

---

① National Innovation System［R］，OECD，1997，http：//www.oecd.org/dataoecd/35/56/2101733.pdf

系，构成创新体系的知识供应链。以企业为主体的应用和开发型研究体系，构成创新的核心链。以政策为主要手段的国家调控体系，以教育、培训中介服务机构等为主的创新支撑体系，构成创新体系的支持链。以国家创新政策、科技计划和创新战略为引导的国家创新引导体系，构成创新体系的引导链。[①]

中科院院长路甬祥给国家创新体系定义为由与知识创新和技术创新相关的机构和组织构成的网络系统，其骨干部分是企业（大型企业集团和高技术企业为主）、科研机构和高等院校等；广义的国家创新体系还包括政府部门、其他教育培训机构、中介机构和起支撑作用的基础设施等。国家创新体系的主要功能是知识创新、技术创新、知识传播和知识应用，具体包括创新资源（人力、财力和信息资源等）的配置、创新活动的执行、创新制度的建设和相关基础设施建设等。根据其功能，国家创新体系可分为知识创新系统、技术创新系统、知识传播系统和知识应用系统四个子系统。[②] 各系统的组成部分及其功能详见表4—1。

表4—1 国家创新体系的系统结构及其主要功能

名　称	核心部分	其他部分	主要功能
知识创新系统	国立科研机构（国家科研机构和部门科研机构）、教学科研型大学	其他高等教育机构、企业科研机构、政府部门、基础设施	知识的生产、传播和转移
技术创新系统	企业	科研机构、教育培训机构、政府部门、中介机构和基础设施	学习、革新、创造和传播技术

---

① 石定寰、柳卸林著：《国家创新体系建设的政策意义》，《中国科技论坛》，1999年第3期。

② 路甬祥著：《国家创新体系建设呼唤知识创新工程》，《中国科技信息》1999年第15期，第5—6页。

名　称	核心部分	其他部分	主要功能
知识传播系统	高等教育系统、职业培训系统	政府部门、其他教育机构、科研机构、企业等	传播知识，培养人才
知识应用系统	社会、企业	政府部门、科研机构等	知识和技术的实际应用

　　王春法（1999，2003 年）认为，所谓国家创新体系就其本义而言，就是在一个国家之内由知识与人力资本的使用者、生产者以及转移机构之间的相互作用形成的一种创新活动推动网络，是一种有关科学技术长入经济增长过程之中的制度安排，其核心内容是科技知识的生产者、传播者、使用者以及政府之间的相互作用，并在此基础上形成科学技术知识在整个社会范围内循环流转和应用的良性机制。它首先是一种关于科技知识流动和应用的制度安排，这种流动是通过国家创新体系各组成部分的相互作用而实现的，这种相互作用在本质上是一种学习。[①]

　　从以上各学者对国家创新体系的定义也可看出，国家创新体系并不是一成不变的，而是随着社会经济的发展而发展完善。尽管学者们在概念的阐述上仁者见仁，智者见智，但正如 OECD 指出的，强调"创新过程中各主体（actors）之间的联系对于改进技术实绩至关重要。一个国家的创新实绩很大程度上取决于这些主体如何相互联系起来成为一个知识创新以及它们所使用的技术的集合体的一个组成部分"[②]。概括地讲，国家创新体系是一国内的促进创新的网状结构，在该结构中：①创新行为主体是政府、企业、大学、科研机构及中介机构，其中企业是技术创新的

---

　　① 王春法著：《论综合国力竞争与国家创新体系》，《世界经济》，1999 年第 4 期；《国家创新体系理论的八个基本假定》，《科学学研究》，2003 年 10 月版。
　　② National Innovation System［R］，OECD，1997，http：//www.oecd.org/dataoecd/35/56/2101733.pdf

主体，大学和科研机构是知识创新的主体及科技知识供应者和创新源，政府是协调机构及政策制定者和导向者，中介机构为技术转移和扩散提供方便；②创新体系主要任务是启发、引进、改造、传播与应用新知识和新技术，配置创新资源，优化产业和组织结构，促进国家的创新活动和经济发展；③国家创新体系要解决的问题主要是克服市场失灵、防范政府失灵、缓解系统性失灵等，因此，创新主体间的联动至关重要。简单地说，国家创新体系中强调的创新是一个系统化的行为，一个领域或部门的创新活动，在该体系中应该追求最大的扩散效应和经济效应。制度、组织环境和市场等因素在创新发展中发挥着极为重要的作用，制度安排和网络结构是创新活动系统性效率高低的决定因素。

4-2. 国家创新体系的类型

不同的国家由于价值体系、文化背景、发展道路不同而拥有不同形式的国家创新体系，而且，同一个国家在不同时期和发展阶段，其国家创新体系也是不尽相同的。对于国家创新体系的类型或种类，学术界也有不同的看法。

有的学者根据国家创新系统发展的演化进程及强调的重点①，将其分为三种形式：一是国家技术创新系统，主要指 19世纪 40 年代至 80 年代工业经济时期由产业应用带动相关科技研发的逆向国家创新体系，或称国家技术创新系统，它强调技术流动，相互作用和技术创新，弗里曼、纳尔逊在其著作中论述的主要就是这种创新系统；二是以科技研发推动产业发展甚至突破的正向的国家创新体系，主要是 20 世纪 80－90 年代欧美发达国家后工业时期的国家创新体系，它强调知识创造、知识扩散、人员

---

① 陈建斌著：《面向知识经济时代的国家创新体系建设》，《山西科技》，2004年第 2 期。

流动和技术创新，目前西方发达国家建设的国家创新体系大都属于这种；三是以知识为中心，双向联动的国家知识创新系统，其雏形刚开始出现，是知识经济时代的国家创新系统，也是一种较高形式的国家创新系统，强调知识创新和知识的高效利用以及知识创新所带来的经济的可持续发展。

安维复（1999）[①]，认为国家创新体系是由基础研究、应用研究、开发研究、技术创新、新技术的产业化和形成市场规模等要素或环节构成，其实质是一个国家的知识创新体系、知识传播体系和知识产业体系等构成的有机整体。根据国家在国家创新体系的基础研究、应用研究、开发研究和产业创新等环节中侧重点不同，将国家创新体系分为三种类型（或称战略格局）：一是在科技转化为生产力中选择全程自主创新战略，即全程自主型国家创新体系，美国所采用的就是这种创新体系；二是重点突破某个环节而其余的环节则靠从国外或企业外引进，即重点突破型国家创新体系，如拉丁美洲的巴西；三是介于前两者之间的点线兼顾型国家创新体系，日本的国家创新体系就属于此列。

4－3. 国家创新体系的基本构成

对于国家创新体系的构成要素，从不同的角度可以有不同的划分，从创新核心主体来看，国家创新体系主要由企业、大学、科研机构、政府及中介机构四部分组成。

OECD将国家创新体系看成是一个动态的系统，认为其中主要包括四大要素：创新动力，是决定企业层次创新的要素系统；转移因素，是指影响企业了解、获取、传递创新信息的人文、社会、文化因素；科学与工程基础指已积累的知识和科技的机构，包括大学、基础研究机构、公共研究开发机构和技术培训系统等；环

---

① 安维复著：《国家创新体系的三种模式》，《齐鲁学刊》，1999年第3期。

境条件指为创新提供规则和机会的国家体制与结构要素，包括教育、基础通信设施、财政、金融、产业政策、法律法规等。[①]

从体系的层面来分析，国家创新体系由技术创新、知识创新和制度创新构成，其中制度创新由高到低分为三个层次，第一层次是体制创新，囊括了政府、企业及科研机构、大学等种种创新个体，旨在把政府的政策导引、法律规范和市场调控与市场机制结合起来，为创新系统内的知识生产、流通与应用创造条件。第二层次是市场创新，重在发挥市场的利益机制优势，驱动知识的流动，促使创新扩散，完善风险投资机制，建立技术商品的开发——销售——消费的一体化体系。第三层次是组织创新，强调处于创新网络中的创新个体，不断以管理创新使创新组织增强在网络中的学习能力、创新能力，及时地获取信息，以赢得创新网络中的有利地位。[②] 学习的过程就是创新的过程。知识创新是技术创新的基础；技术创新的实践又不断拓展知识创新的问题域，并为知识创新提供技术手段的支持；制度创新一方面为知识创新与技术创新提供了创新结构的稳定框架，保证创新成果能在市场利益机制的牵引下良性循环、流动通畅；另一方面，制度创新的边界最终决定于知识与技术的存量。还有的学者认为，除了技术创新、知识创新和制度创新外，随着以信息产业为代表的服务业的崛起，国家创新体系还包括服务创新（Service Innovation），即新的设想、新的技术手段转变为新的或者是改进了的服务，这种服务在国家创新体系中不仅向企业提供引进新技术等各方面的创新服务，而且作为一种新的产业，本身就是经济增长的又一大发动机，直接就能产生宏观经济绩效。[③]

[①] 刘宏著：《提高我国创新效率的对策》，《创新科技》，2002 年第 3 期。

[②] 刘劲杨著：《知识创新、技术创新与制度创新概念的再界定》，《科学学与科学技术管理》，2002（5）。

[③] 林衡博、陈运兴著：《弗里曼国家创新体系理论的改进初探》，《当代经济》，2003 年第 6 期。

从整个国家创新体系的结构及运作方式看，一个健全的国家创新体系主要包括三种类型的要素：一是主体要素，主要包括企业、大学、科研机构、中介服务机构和政府服务部门等。二是功能要素，主要包括科学创新、技术创新、产品创新、产业创新和制度创新等。在国家创新体系中，科学创新是基础、技术创新是关键，产品和产业创新是动力，制度创新是保证。因此，国家创新体系不仅要重视科技创新，更要强调科技向产业的转化，提高国家的经济实力。三是环境要素，包括体制、运行机制、管理和保障条件等。环境要素是国家创新体系能否实施、能否取得成效的调控和制约因素，它由一个国家的科技体制、经济体制和政府的职能定位共同构成。①

还有的学者从系统的角度出发，根据创新的产生及扩散的一系列过程，将国家创新体系的组成要素分为六部分，即创新活动主体、行为主体的内部运行机制、行为主体间的联系和合作、创新政策、市场环境、国际联系。②

我们认为，国家创新体系作为一种集研究——开发——生产——市场一体化的多重反馈的创新循环体系，主要由四大主体构成，分别是政府、企业、大学和科研机构、中介机构。其中政府是协调机构及政策制定者和导向者，企业是技术创新的主体，大学和科研机构是知识创新的主体及科技知识供应者和创新源，中介机构为技术转移和扩散提供方便。创新体系中各主体间的关系并不是彼此孤立的，各主体之间形成相互联系、相互影响、相互支持、互动沟通的有机构成，其主要可概括为以下几方面：

（1）创新人才的互动　一切创新来源于人才，重视人才、培养人才、合理使用人才是保证国家创新体系高效运行的关键。在

---

① 傅利平著：《国家创新体系的结构演化及其功能分析》，《自然辩证法研究》，2002（6）第 65～68 页。

② 程桂云著：《美国国家创新系统分析》，《世界经济研究》，2000 年第 2 期。

国家创新体系中，四大主体间的创新人才根据其主体结构层次可分为四大类：承担制定政策、把握方向、协调各主体关系职能的政府专职领导人才；具有高超市场竞争意识、创新意识及组织能力和学习能力的企业高级管理人才和技术人才；具有丰富知识和创新能力的科学研究人才；精通各种技能、掌握各种信息、具有洞察力的专业人才。这些人才分别散布在四大创新主体中，是国家创新体系中最富能动性和最活跃的因子。在国家创新系统中，创新主体间的互动程度和互动效率与整个国家的创新水平有密切联系，而各主体间的互动最终落实为创新人才之间的互动（人员的互动和思想的互动）。

（2）创新动力　创新动力是创新活动的推动力量和催化剂，是促进各个创新主体开展创新活动的内在动力，市场经济效益是重要的创新动力。对于企业来说，富有成果的创新活动既可以改变现有产品的性能和质量，维持和扩大产品的市场份额，也可以通过对市场的预测，开发市场所需的产品进而开创新的市场领域甚至垄断新市场。对于大学及公共科研机构来说，除了对科学本身的追求及执著外，科研活动高效、快捷、显著的经济效益更具吸引力和推动力。动力越大，创新力便越旺盛，创新成果就越显著。

（3）创新主体　拥有多元化的创新人才和强大创新动力的创新主体是国家创新体系的核心和创新的具体执行者、操作者，包括大学、企业、科研机构及中介机构等。主体的创新能力是建设国家创新体系的关键，不仅包括原始创新能力，还包括吸收、应用、转化创新成果的能力，具体来说主要有科学原始创新能力、关键技术的创新能力、吸收、改造、应用科技的能力及系统集成能力即相互协调发展的能力。

（4）信息沟通与知识转移　OECD强调，"知识流动"即"技术和信息在人、企业、各机构间的流动是创新过程的关键所在"，主要包括四种知识流动与相互作用：企业间的相互作用；

企业、高校和公共研究机构间的相互作用；知识和技术向企业的扩散；技术人员在各公共、私有部门内部或之间的人员流动。①知识的流动、转移和各主体间的沟通不仅是知识传播的过程，也是相互学习和创新的过程。现代科技巨量的知识与复杂的体系使得任何个体或机构都不可能拥有和掌握全部的知识，它们之间不可避免地存在着知识差和知识优势。不断消除旧的知识差，持续创造新的知识差的过程就是创新的过程。创新主体只有通过高效、互动、持续的学习才能不断获取信息，增强创新能力。在此过程中，建立具有复杂反馈机制、能够及时互动的网状信息沟通系统或手段是高效的国家创新体系所必备的条件之一，不仅要使用行政、法律、经济的沟通手段，还要运用科学的知识管理等理论引导、丰富主体间的信息交流与沟通。

（5）创新基础和创新环境　创新基础是国家创新体系的基石与必要条件，包括创新硬件基础和创新软件基础。硬件基础包括公共基础设施建设、通信基础设施、国家实验室、大学与公共科研机构的基础设施建设等；软件既包括基础人才和科技人才的培养，也包括为企业的应用研究和开发研究奠定基础的基础性研究及其成果。在知识经济时代，国家创新体系的基础设施还应包括国家知识库的建设。主要指国家创新政策、制度机制及法律法规体系，是为创新活动提供规则、保障和间接动力的国家体制及人文、社会因素，它直接间接地支持、刺激和管理技术创新和扩散过程。政府政策从宏观上把握创新的前进方向，并引导创新主体朝此方向前进，包括财政、金融、产业政策。法律法规不仅为创新提供便利条件，还是创新活动的保障机制。政策法规还是解决国家创新系统失效的一个有力手段，构建有利于科技知识循环流转及其应用的制度机制，能促进科技知识从国外向国内流动及在

---

① National Innovation System ［R］，OECD，1997，http：//www.oecd.org/dataoecd/35/56/2101733.pdf

国家创新体系各行为主体间的流动，提高科技知识的应用效率和产业化效率。创新环境既包括知识产权、技术转移、税收等方面的法律法规，也包括营造鼓励创新的社会、人文环境。

（6）国际交流　广泛而有针对性的国际技术交流与合作创新是国家创新体系的有力补充。随着科学技术的高度复杂化，科学技术活动的国际合作更是具有前所未有的重要意义，任何一个国家都不可能同时在所有的科学技术领域占有绝对优势，在相当多的情况下，必须借鉴、引进、吸收外国的先进技术，通过国际科技合作来取长补短，互通有无。因此，国际交流越来越成为国家创新体系中必不可少的组成部分之一。

4-4. 国家创新体系的基本特征

学者们对国家创新体系的基本特征的归纳，可以帮助我们更好地理解和发展国家创新体系。邓小清将其归纳为三点：一是系统性，即国家创新体系是由不同创新主体组成的一个网络系统；二是经济性，从根本上说它是个宏观的经济概念，指有关一国经济增长的宏观运行及其相关体制组成的系统；三是创新性，其主要目的就是促进一国内的技术、制度的创新。[1]

谢光亚认为国家创新体系具有四个基本特征：一是系统性；二是网络性，它是一组由众多创新行为主体及其互动构成的网络体系，是一种"软"组织；三是制度性，即突出制度的基础作用；四是学习性，强调组织学习的重要性，将组织学习作为技术创新的一个极为重要的环节。[2]

---

① 邓小清著：《对国家创新体系建设的几点认识》，《中国经济导刊》，1999 年 10 月版。

② 谢光亚、张蔚著：《论国家创新系统及其政策工具的选择》，《湖南大学学报》（社会科学版）2002 年 9 月版。

　　段芳芳认为国家创新体系有三个一般的特征：一是开放性，各主体要素不仅在系统内流动，还在系统间流动；二是综合性，是科技与经济在整个社会范围内的有机结合；三是动态性，其建立和发展，始终是个动态的过程，因为技术进步是不断演进发展的，而且创新者的意识、市场环境、消费者群体结构与需求等因素也是不断发展变化的。除此之外，还有人认为国家创新体系具有多样性，一方面，从内部看组成要素多、主体多、环节多、内容多；另一方面，从表现看，不同的国家拥有各具特色的国家创新体系。①

　　事实上，研究国家创新体系的政策意义就在于加强整个创新系统内的相互作用和联系的网络。这种相互作用和联系包括企业与企业之间创新活动的联系、企业与高校及科研机构间的联系、企业与政府之间的联系、政府与其他主体间的联系及中介机构与各要素间的联系等。加强各主体间的联系还是减少系统失效及解决系统失效的最可行的方法和手段。建设我国的国家创新体系还任重而道远，需要借鉴外国的经验与教训，进一步加强各主体间的联系。美国和日本的国家创新体系分别为其现代化建设立下了汗马功劳，使其居于当今世界的最先进国家之列。

---

　　①　安士伟著：《试论国家创新体系的内涵及特征》，《河南教育学院学报》（自然科学版），2003（4）51—54页。

5. 知识管理理论与国家创新体系理论

5-1. 知识管理理论与国家创新体系理论的关系

5-1-1. 区别

知识管理理论与国家创新体系理论是两个不同的范畴，一个侧重于利用系统方法对一国内部知识的生产和资源的配置体系的研究，是一个体系和制度范畴的研究；知识管理属于管理学的范畴，是知识经济时代随着计算机网络技术和通讯技术的进步而发展起来的管理理论。因而，知识管理与国家创新体系有着本质的区别，主要表现在以下几个方面：

（1）国家创新体系与知识管理研究的对象不同

国家创新体系研究的是一个国家内部的知识创新和生产及资源配置体系，即主要研究如何通过制度的安排和体系的建设，不断地将科学技术知识应用于经济增长的过程。这种制度安排研究的核心内容是科技知识的生产者、传播者、使用者以及政府之间的相互联系和作用，并在此基础上形成科学技术知识在整个社会范围内循环流动和应用的良性机制。因此，国家创新体系研究的不仅是知识的创新和生产，更重要的是知识的传播和应用，以及将科学技术知识转化为直接的生产力进而促进经济的持续增长。简而言之，国家创新体系研究的是一个国家内部关于提高创新能力和效率的体系和制度安排，包括该体系是由什么组成的及怎样组成？如何高效率地运作？高效运作的环境是什么样的？采用什么样的制度促进该体系作用的最优发挥？

知识管理的对象就是知识，知识管理的目的是如何收集、储存、积累和应用知识，如何通过建立知识共享机制，促进知识创新。知识分为显性知识（Codified Knowledge）和隐性知识（tacit Knowledge）两种类型，知识管理理论认为隐性知识的管理和共享尤为重要。知识管理就是根据知识的不同，建立适合其特点的知识转移和知识创新机制，使知识在一定范围内得到最广泛的共享和应用，进而达到创造新知识的目的。

（2）国家创新体系与知识管理研究的内容不同

国家创新体系的主要任务是启发、引进、改造、传播与应用新知识和新技术，配置创新资源，优化产业和组织结构，促进国家的创新活动和经济发展。因此，国家创新体系研究的内容比较丰富，从创新层面来看，它不仅研究知识创新和技术创新，还包括制度创新、组织创新、市场创新、服务创新、管理创新等，以及与此相关的一系列的创新活动，目的都是为了更好地调动和配置整个国家范围内的资源，促使新思想、新知识、新技术以最快捷的方式进入生产等应用领域，同时在应用的过程中又激发新知识和新技术的产生，从而形成一个循环往复的创新网状结构。

从系统层面来看，国家创新体系研究的不仅是各个行为主体的创新活动，而且还研究各行为主体之间的相互作用和联系、创新资源如何在体系内流动和得到最充分的利用和发挥。国家作为国家创新体系的最重要的组织者和协调者，应该制定什么样的产业政策、财政金融政策、税收政策、法律法规等一系列的政策、法律法规，也是国家创新体系研究的主要内容之一。

知识管理主要包括两方面的内容。一方面是对现有知识的管理和应用。主要有：①知识的收集、整理、储存以及应用，这包括隐性知识与显性知识的相互转换、隐性知识的分析整理等；②知识传播和知识转移问题，这包括组织内部的知识转移问题以及组织间的知识传播和知识转移问题。另一方面是促进知识生产和知识创新，这是知识管理的高级阶段，也是知识管理的目的。这包括如何通过建立知识共享机制促进知识创新。如建立知识管理系统以及专家知识网络，建立有利于知识创新的激励机制和人文环境等等。

需要说明的是，我们把知识管理分为对现有知识的管理、共享、传播和对新知识的生产、应用二部分，是为了研究方便而划分的，实际上在现实中，现有知识的传播和共享与知识生产和知识创新是密不可分的，往往在知识转移和知识传播过程中会伴随着知识创新，因此，很难把现有知识的传播和转移与创造新知识完全分别开来。

(3) 国家创新体系与知识管理研究的范围不同

国家创新体系主要是运用系统理论对一个国家或地区的创新体系进行宏观的研究。国家创新体系是一个系统概念，本身是一个强调系统化的社会工程，它维护市场机制，同时也主张发挥政府的主导作用；它强调企业是创新的主体，同时也重视大学和研究机构的重要作用。因而不仅涉及大学和科研部门，也涉及企业、中介机构和政府政策，需要从系统的角度去考察创新和知识流动，配置创新资源，协调安排创新网络关系，提高创新资源的利用率，引导和指导创新的方向和目标。创新主体间的协调作用和各种创新资源的集成是建设国家创新体系的关键。为此，建设国家创新体系不仅需要各创新主体的积极参与和各主体创新能力的提高，更需要在宏观上把握该体系的运行，制定一系列的法律法规、政策法令对其进行宏观的指导和促进创新环境形成，包括财政政策、税收政策、金融政策、宏观经济政策、知识产权制度、技术转让制度等。另一方面，创新的高度风险性和其效益的外部性，会使技术创新出现市场失灵，国家创新政策更显得重要，要求从全社会利益出发，通过各种政策手段，形成一种机制，使国家创新系统内部各要素之间相互协调，进而提高国家整体创新水平。

另一方面，国家创新体系也强调重视对微观实体——企业的创新的研究。我国企业创新能力很弱，如何解决企业技术创新机制，使企业真正成为国家技术创新的主体，是国家创新体系建设的一个重点。但是，国家创新体系对企业技术创新关注的重点是如何建立适合企业技术创新的机制方面，包括政策调节等，总的来说，国家创新体系是从宏观导向方面关注企业技术创新的。

知识管理主要是运用知识管理理论对某一组织的知识创新具体问题进行的管理。因此，知识管理主要研究的是在某一组织的范围内如何收集、整理、储存和应用知识，促进知识创新。知识管理属于管理学的范畴，研究的问题主要涉及组织结构、组织的知识战略、人才战略、激励机制以及如何营造良好的组织学习氛围和组织文化等。知识管理还研究如何建立知识管理系统以及技术手段在知识管理中的作用等。虽然在宏观管理方面，知识管理也可以起到重要的参考作用。但是，知识管理对宏观管理的指导是以组织管理理论为基础的，并不涉及法律和金融、财政、产业政策等宏观政策层面的研究。

（4）国家创新体系与知识管理要解决的问题不同

国家创新体系要解决的问题主要是克服市场失灵、防范政府失灵、缓解系统性失灵。弗里曼指出，在国家创新体系中，"技术及其某些方面，部分地具有公共物品的品格，部分地具有私人品格，技术的公共方面和私人方面互相补充，彼此配合。建构国家创新体系就是为了保持技术的私人性和公共性的合理平衡。"

国家创新体系的这种特性有效地避免了私人化的某些弊端，同时仍然保护了创新者追求利益的动机，有效地保持了创新中的竞争与合作的有机统一。此外，国家创新体系要解决的克服市场失灵问题还包括解决知识和技术市场供求问题，即知识和技术在该体系中能各得其所，行为主体能满足各自的需要。

国家创新体系要解决的政府失灵是指政府在配置资源时，由于政府的创新政策背离市场从而产生了比市场自主配置资源更为恶化的结果。国家创新体系把政府、大学、研究机构和企业结合为一个有机整体，创新成为在分工基础上彼此相互合作、相互协调的行为。这样就对对政府行为提供了约束规则，同时也为发挥国家在技术创新中的独特作用提供了重要的制度保障。

系统性失灵是指系统中的各行为主体之间缺乏协调，公共研究部门和高校的基础研究与产业部门的应用研究彼此脱节，技术转移机制不健全和信息机制的残缺，企业的技术吸收和改造能力贫弱等因素导致国家创新能力不强的一种状态。目前我国的国家创新体系在这方面存在着很大的问题，如基础研究与应用研究脱节、各创新部门条块分割、企业的技术吸收能力较弱等。系统性失灵在很大程度上妨碍了技术开发和技术创新，阻碍了整个国家创新能力的发展。

市场失灵、政府失灵、系统性失灵会导致整个国家创新体系的系统失效，例如：一个国家既不能从内部也不能从外部有效地获得科学技术知识供给；或即使一个国家能有效地获得科学技术知识供给，但却不能使之在一国之内迅速有效地扩散和应用。国家创新体系强调各创新主体间的联动，强调创新是一个系统化的行为，主张通过制度安排和网络结构的建设，建立具有复杂反馈机制、能够及时互动的网状信息沟通体系，以致力于解决上述问题。

知识管理的目标是运用集体智慧开发知识资源，把知识用一种适合用户的商业环境方式表现出来，从而使知识生产、知识采集、知识传播和知识利用更为方便有效。它要解决的问题是使现存知识能被发现、传播和最广泛地利用，使需要知识的主体能够迅速找到并利用其所需要的知识，使拥有某项知识（包括显性知识和隐性知识）的主体能迅速地（也可能是有偿的）将自己的知识提供给大家共享，进而创造更多的新知识。简而言之，就是使得在最佳时机、最佳地点能把最合适的知识传播给最需要知识的人，从而达到知识共享和知识创新的目的。

（5）国家创新体系与知识管理的功能作用不同

国家创新体系的主要功能是知识创新、技术创新、知识传播和知识应用，具体包括创新资源（人力、财力和信息资源等）的配置、创新活动的执行、创新制度的建设和相关基础设施建设等。知识创新系统负责知识的生产、传播与转移；技术创新系统学习、革新、创造和传播新技术；知识传播系统主要负责传播知识，培养人才；知识应用系统将知识和技术应用到实际生产和工作中。

知识管理的功能主要包括以下四个方面：①知识管理的外化功能，即获取知识的管理功能，它以外部存储库的形式捕获知识，然后根据分类标准或框架对其进行组织，这里的知识既包括企业内部员工头脑中的未编码的隐性知识，也包括存在于知识库中的已编码的显性知识；②知识管理的内化功能，即处理、吸收知识的管理功能，它设法发现与特定用户需求相关的知识，因而使知识寻求者更方便地获取所需的知识，大大提高了知识获取和生产的效率；③知识管理的中介功能，即传递和转移知识的管理功能，该功能是指将知识寻求者与最佳知识源相匹配，是知识发挥作用的关键步骤；④知识管理的认知功能，即应用知识、创新知识的管理功能，这是知识管理的终极目标，一方面利用所提供的知识形成决策方案，从而指导企业的生产经营活动，另一方面则在提供的知识基础上，进行知识创新，追求新发现、探索新规律、创立新学说、创造新方法、积累新知识。

5-1-2. 联系

如上所述，国家创新体系与知识管理在研究的对象、内容、范围，解决的问题和功能作用上有很大的差别，但二者都与知识的创新密切相关，国家创新体系的主要功能是知识创新、技术创新、知识传播与知识应用，知识在其中是一个重要的因素，知识创新是起点，知识应用是目的，同时知识的应用又促进知识的不断创新，从而形成一个循环往复的网状结构。它与知识管理有着密切的天然联系，因为知识管理主要是通过建立知识共享机制，促进知识创新的过程，其目的是为了知识的创新。总体来看，国家创新体系与知识管理至少在以下三个方面紧密相关。

（1）知识创新目标的一致性

国家创新体系和知识管理都是关于知识创新和知识应用的理论。国家创新体系理论在于研究如何在一个国家范围内更好地创造知识，使新知识能尽快地进入应用领域，通过知识的应用又进一步促进知识创新，如此循环往复不断提高国家的知识生产、获取、吸收和应用能力，从而提高国家的经济竞争力。知识管理理论研究如何在一个组织内最大限度地共享更多的知识，进而创造和创新知识，并将新知识应用到组织的活动中，从而提高组织的竞争能力和应变能力。因此，知识创新和知识应用都是二者研究的重点。

另一方面，知识管理的目标虽然主要是提高组织内部的知识共享水平，但知识管理并不拒绝来自组织外部的知识，共享和利用外部知识是知识管理的一个重要目标。而且，在共享和利用外部知识方面知识管理已经形成了比较系统的理论体系，这对促进知识在组织间的传播和转移具有重要指导意义，对研究如何在国家创新体系框架下促进各创新主体之间的知识转移有指导作用。

（2）建立机制的一致性

国家创新体系与知识管理都需要建立促进知识创新和应用的制度框架或者创新机制。在国家创新体系的知识创新部分，知识管理与其有着很多的共通之处，二者都需要建立一种制度框架，或者说是一种促进创新的机制，以便更好地促进知识创新。国家创新体系的制度框架在整个国家范围内进行，囊括对政府、企业、高校、科研机构和中介机构等所有的创新主体的相关政策、法令、法规、制度的建设，对创新市场环境的引导和培育，对社会创新文化氛围的营造等。国家创新体系的复杂性决定了这种制度框架是一个非常复杂的创新制度体系。知识管理强调的则是通过建立促进知识交流和知识共享的机制，促进知识创新。这种机制建设包括共享平台和共享机制的建设、激励机制的建设，扁平化和柔性化的组织结构以及制度建设，学习型组织创建的机制建设等。在制度建设和知识共享机制建设方面，二者有着异曲同工之效，尽管其各自作用的范围和对象有所不同，但其目的都是促进知识创新。因而，知识管理中有关机制建设和知识共享的理论和方法完全可以融合运用到国家创新体系的建设当中，对国家创新体系的建设有重要的参考和借鉴作用。

（3）重视创新主体内部的管理

国家创新体系也重视对微观实体——各创新主体内部创新机制的研究。国家创新体系由政府、研究机构和高校、企业以及中介机构四大创新主体组成，研究如何促进四大主体之间的互动是构建国家创新体系的重要内容。另一方面，构建国家创新体系也要研究以上四大创新主体内部的创新机制问题，这与知识管理有密切的联系。如何促进知识在组织内部的交流和传播，也是两者共同关心的问题。例如：我国企业创新能力很弱，如何解决企业技术创新机制，使企业真正成为国家技术创新的主体，是国家创新体系建设的一个重点。在研究企业走向技术创新导向型企业的过程中，国家创新体系非常注重企业微观方面的研究，关注企业获取、吸收、应用、创新、开发新的技术和知识的能力。在研究如何提高企业创新能力的微观研究中，知识管理的理论和方法可以完全融合进来并对促进企业技术创新起指导作用。

5－2. 知识管理对国家创新体系的参考作用

从某种视角看，知识管理是一种方法、一种思维方式，更是一种管理工具。知识管理重视知识共享，促进知识创新，崇尚有序竞争下的合作共赢，符合知识经济的特点。知识管理的理论和方法对构建国家创新体系具有参考和借鉴作用。

5－2－1. 知识管理的方法和手段对构建创新体系的借鉴作用

在知识管理实践中积累的方法和手段可以用于构建国家创新体系，这无疑会促进国家创新体系的建设和不断完善。例如知识管理中的建立专家库、对知识存量和流量的测度和评估、建立知识网络、重视机制建设等方法和手段对国家创新体系建设都有重要参考作用，对国家创新体系的建设提供了强有力的理论支持和丰富的经验借鉴。借鉴知识管理在共享和创新知识方面的方法，国家创新体系建设至少可从以下几个方面入手：

首先，国家创新体系的建设应该建立相关的知识库，并进行知识存量和流量的测度和评估。

国家创新体系知识库的建设涉及面广，涵盖国家范围内各个专业和领域的专业技术知识、最新发展动态，及相关人才的储备和供应情况等。当然，为了简化程序、提高效率，也可以重点建设其中对国民经济可持续发展具有战略意义的产业部门的知识库，但也不能忽略乃至影响其他部门知识库的正常运行。知识库的设立要解决的最主要的问题就是要让所有的创新主体能便捷地得到所需相关知识，加速知识的流动。

对知识存量和流量的测度和评估能有效地反映知识库的建设及运转情况。国家创新体系知识存量（Knowledge Stocks）是指某一时点该系统的知识总量，是依附于系统内各创新主体的人员及其所创造知识的总和，是人们在生产和生活实践中知识的积累，反映了国家创新系统生产知识的能力和潜力，体现了国家创新系统的竞争能力。对知识存量的测度应包括知识人力资源（尤其是企业、高校、科研机构的高级研究人员和管理人员）、专利、科技文献、知识产业等因素的评估。就国家创新体系的经济绩效而言，起决定作用的因素与其说是系统的知识存量增长的能力，不如说是系统鉴别、获取和更新存量知识的能力，这也就是国家创新系统的知识流量问题。有专家认为，知识流量是指某一时段内进入该系统知识资源的数量。对知识流量的测度主要是组织间的知识流动、技术扩散、知识人员和科技人员的流动等的测度与评估。

其次，加强国家创新体系知识网络建设。国家创新体系知识网络是在整个国家范围内获取、共享知识的平台，在这里知识是共享的、开放的、发展的，各行为主体通过平台分享信息、知识、经验，以促进各行为主体不断创造新的知识。在国家创新体系中，各主体之间的"网状结构"可以理解为一种人际关系网络，也可以理解为一种通过通讯技术和设备实现的电子网络，还可以理解为二者兼而有之。在国家创新体系中，各个主体间的人员联系构成了这种人际关系网络，这个人际关系网络通过电子网络加强了相互间的互动，增进了了解，加深了感情，使这种人际关系更加紧密。一方面，电子网络给人际关系网络提供了相互沟通的平台；另一方面，这种频繁的沟通又强化了人际关系网络之间的联系，使这种人际关系得到强化并使其建立了相互的信任。国家创新体系知识网还可以看作是由所有创新主体相互联系组成的虚拟组织，其建设还可参照虚拟组织的有关理论和方法，这在后面部分将详细阐述。

再次，建立国家创新系统评估体系。国家创新系统评估体系建设是一项复杂的工程，目前尚在研究和试验阶段。该评估体系能反映其发展和完善情况、经济绩效及其运作中的薄弱环节等，从而为其进一步完善提供指导和帮助。根据 OECD 的 1997 年度研究报告，国家创新体系的分析指标可初步设定为包括一国国家创新体系的国际化与边界、国家创新体系内不同主体的知识基础、公共资助的研究基础设施与企业部门间的相互作用、创新企业的确认及其内部特点与网络四大部分的 21 项具体指标。如表 5—1：

表 5—1　OECD 在分析国家创新体系时所采用的分析指标

影响因素	具　体　指　标
关于一国国家创新体系的国际化与边界	——外国子公司的研究开发机构在贵国国家创新体系中的重要性； ——外国直接投资(内向的和外向的)中的研究开发内容； ——贵国企业参与的跨国技术联盟情况(类型和重要性)； ——熟练工人的国际流动； ——不同机构之间的国际合作申请专利与合作发生情况(企业间、大学间以及政府研究实验室之间)
国家创新体系内不同主体的知识基础	——不同机构(企业、大学和政府研究实验室)间的合作申请专利与合作发表； ——专利和出版物的引用率(按 IPC 和科学领域划分)； ——在不同主体之间的人员流动(按教育类型、科学领域划分)； ——企业内部培育的总量与类型
关于公共资助的研究基础设施与企业部门之间的相互作用	——工业部门委托公共资助的研究机构(PFRI)进行研究的合同总量； ——PFRI 得自专利和技术许可的收入； ——工业部门和学术界的不同专利模式(数量、技术领域等等)； ——企业利用 PFRI 开发的设备和仪器情况； ——企业之间的研究合资情况； ——技术政策针对特定部门的资助(占全部研究开发支出中的份额)

影响因素	具　体　指　标
关于创新企业的确认、其内部特点和网络	——按企业规模划分的技能密集度和研究开发密集度； ——企业内部和外包研究开发项目所占比例（以及外包对象）； ——技术咨询的使用情况； ——客户、供应商和竞争者之间的相互作用类型； ——参与策略性技术联盟的动机与成功情况； ——合作参与与公共资助的研究开发项目的情况（以及效果）

资料来源：OECD，1997 年。

　　第四，加强相关政策法规建设，完善创新激励机制。国家创新体系功能的发挥，关键就是要使创新资源在系统内得到优化配置，使创新资源能得到最大化的共享，从而达到经济绩效的最大化。政策法规的建设将为国家创新体系营造一个优良的制度环境、市场环境和人文环境，主要有产业政策、技术转移政策、专利政策、财政金融政策、税收政策，同时也不能忽视创新的人文环境建设，以及知识产权保护和良好学术规范的建设等。

5－2－2. 共享外部知识的理念对创新体系的借鉴作用

　　管理和利用组织外部的知识是知识管理的一个重要特点。知识管理的对象是知识，是对知识进行的管理，不论这种知识存在于何处或以何种形式出现。也就是说，这种知识既可以是已经编码了的显性知识，也可以是存在于人们头脑中的尚未编码的隐性知识。这种隐性知识既可以是存在于组织内部成员头脑中的隐性知识，也可以是存在于组织外部人员（如专家或顾客）头脑中的隐性知识。不论知识存在于何处，只要是组织可以利用的知识都可以进入知识管理的视野（管理外部知识严格地说是利用外部知识）。公司外部知识管理的核心在于明确对公司有利的外部知识的范围，对其进行系统整理，尽可能将外部知识内化到公司知识库中，从而实现公司内部知识与外部知识的系统化、统一化和连续化。知识管理的这一特点大大扩大了知识管理的范围，使组织可以超越组织边界、地域边界，甚至是国家边界共享对方的知识。

共享组织外部知识这一知识管理理念对国家创新体系的建设尤为重要，国家创新体系各部门对组织外的其他部门知识的获取和共享，是优化创新资源配置的前提条件。主要负责技术创新和知识应用的企业界对大学、科研机构的科研成果的获取和共享及对同行与相关产业界知识与技术的共享，将大大加快创新的速度，提升创新的经济效益，促进经济的发展。借鉴知识管理中共享组织外部知识的做法，国家创新体系建设应加强企业联盟的建设，激励企业与高校及企业与科研机构的联合研究与开发活动的进行。这样，不仅可以缩短创新资源的流通渠道，多快好省地共享现有创新资源，而且可以加速新知识和新技术的产生，从而提高国家的创新能力和竞争力。

最后需要说明的是，把知识管理理论与国家创新体系结合起来，把知识管理理论应用和融合到国家创新体系的建设当中，可以在方法论、管理途径和管理手段方面对国家创新体系的管理创新起到指导和促进作用，同时，知识管理理论也在国家创新体系的建设实践和管理实践中不断丰富和发展。

6. 知识转移与创新

研究成果表明，知识具有可共享性，促进隐性知识的共享对促进创新具有重要意义。因此积极促进各主体之间的人员进行互动沟通，对促进知识共享和知识创新意义重大。从宏观上看，国家创新体系主要包括四大创新主体：政府、企业、研究机构和高校、中介机构。各创新主体间的互动可以促进创新已基本成为人们的共识，如何促进各创新主体间的人员互动对促进创新具有重要意义。通过促进各创新主体人员之间的互动可以促进知识在组织间的转移，最终促进创新。我国科技管理部门在促进知识转移方面做了大量的工作，积累了丰富的经验。如：我国863项目是由科技部主管的高技术研究方面的项目，为了促进企业同高等院校之间的科研合作，科技部要求：高校申报863项目必须同企业合作才能申报，其目的就是为了促进高校与企业的联合，从而实现知识在高校与企业之间的转移和共享；教育部的社科研究基地管理办法规定：参与基地研究工作的外单位专家每年进驻基地的时间不得少于8个月。这个规定的目的也是为了促进知识在组织间的转移；为了促进大学之间的知识转移和知识共享，徐建培提出了建立大学知识联盟的思路。"大学知识联盟是指大学为了获取或学习知识，形成自己的竞争优势和核心专长，而形成的大学相互之间、大学与科研机构之间、大学与企业之间以及大学与政府有关部门之间的一种长期的平等的合作伙伴关系。"① 建立知识联盟的目的是在联盟内部共享知识的基础上,实现知识在组织间的转移。这种方法不失为促进组织间知识转移的好的做法,应当大力提倡,加大力度执行。此外,还要注意在建设知识联盟的同时,促进不同组织间个人层面的知识转移,这也是实现知识共享的重要方式。建立组织间的知识联盟可以调动组织层面在促进知识转移方面的积极性,以发挥组织在促进知识转移中的作用。然而,组织间的知识转移并不能代替人与人之间的知识转移问题,特别是隐性知识的转移最终还必须落实在具体的个人身上。因此,在建立知识联盟的同时,应下大力气建立跨组织的知识转移平台,以促进隐性知识在组织间的转移和传播。虚拟组织理论是近年来兴起的热门话题,虚拟组织理论认为,为了取得竞争优势,不同企业之间可以结成暂时的联盟,以应对市场的变化。利用虚拟组织理论和方法,可以促进组织间的知识转移。

6-1. 组织内的知识转移

虚拟组织是与正式组织(以下简称组织)相对应的概念,因此在考察虚拟组织之前,有必要探讨何谓正式组织(以下简称组织)。巴纳德(Chester I. Barnard)认为组织是"有意识地协调两个以上的人的活动或力量的一个系统"②。在这个定义中主要包含以下 3 点:首先,组织是由两个以上的人构成的;其次,组织是协调人的活动或力量的系统;再者,组织的协调活动是有意识进行的。法律上定义的组织是指人们为了完成共同的目标和任务而结成的社会团体,是指除自然人以外的、法律上能够独立承

① 徐建培著:《高等教育研究》(武昌),2004(2)。

② [美]C·I·巴纳德著,孙耀君等译:《经理人员的职能》,中国社会科学出版社 1997 年 10 月版,第 47 页。

担法律义务的人群。

人具有自然属性和社会属性，人的自然属性表明人作为生物而存在；人的社会属性表明人作为社会的组成部分而存在。作为生物的人，人首先隶属于其血缘组织，最基本的血缘组织是家庭；另一方面，作为社会的人，人又同时隶属于一定的社会组织或生产组织。在现代社会，法人组织已成为主要的生产组织。法人组织一般具有清晰、严密的组织结构，组织与成员之间的关系大多是雇佣与被雇佣关系，组织成员在经济上大多依附于组织。从表现形态上看，组织成员需要将自己某一时段的劳动力出卖给组织，其行为受组织的支配，在这个时间段，个人行为表现为非个人化的倾向。组织的首领代表组织行使管理职权，对组织成员的行为具有一定的支配权，首领的权限来源于社会制度。组织成员之间根据职位的不同，其权限和责任也不相同，组织首领的指令对组织成员的行为具有一定的约束力，依法成立的组织受法律保护。从法律上看，构成法人意义的组织一般需要具备以下要素：①需要有固定的活动场所，需要一定的物质条件；②设立组织需要有章程。章程是组织得以顺利运行的基础，一般来说，组织章程记载着组织的性质、成立组织的目的，章程还规定了组织的决策机制以及运行机制、组织成员之间的关系等；③需要有两人以上的成员。

构成法人意义的组织除了具备以上要素以外，还需要依法办理相应的手续。我们通常所说的组织一般是指依法被有关机构批准设立的法人组织。组织可以划分为不同的类型，从构成性质上看，组织可以划分为政府组织或民间组织，从目的上看，组织可以划分为盈利性组织或非营利性组织等等。

人们结成组织的目的是通过协调组织成员的行为，从而实现单个自然人难以实现的目标。自人类社会诞生以来，组织就存在了，原始人为了生存，展开围猎，就是组织的雏形。一般来说，组织的力量大于组织成员之和。组织要实现组织目标，离不开组织成员之间的相互协调，成员之间的协调是离不开成员之间相互沟通的，因此，沟通与协调对组织来说是至关重要的。

巴纳德认为，构成组织的三个基本要素是：①共同的行为目标；②利益基础上相互协调的愿望；③信息交流的可能与实现。其中，信息交流构成行为目标与相互协调愿望之间联系的纽带。据此，巴纳德提出经济组织内部信息处理的三个基本原则：第一，组织内部的信息交流渠道，以及组织与外部环境之间的信息交流渠道，应被组织成员清楚地了解，这样才能使组织内部成员能够知道他们可以通过什么方式或途径反映他们协调的意愿。第二，每个组织成员都应具备一个正式的信息交流渠道，这是组织内部信息处理的中心任务之一。这个正式信息交流渠道的作用是：一方面使组织的行为目标可以通过正式途径传递给每个成员；另一方面也使组织成员可以通过正式途径反映意愿，而不至于经常通过其他非正式渠道反映意愿。第三，信息交流的路线应尽可能地短捷，以保证信息交流的效率。短捷的信息交流路线既可以减少信息量的损失和信息系统的干扰，又可以维持信息处理的效率。

传统上实体组织成员之间的沟通一般是面对面的即时沟通，美国汤姆·艾伦（Tom Allen）研究成果表明：人们彼此之间的距离如果超过 50 英尺，那么人与人每周沟通或合作一次以上的机会就会大大减少。① 随着通讯技术和网络技术的进步，人们与远距离的伙伴进行沟通的机会也越来越多，沟通的手段和方法也越来越丰富。现在的通讯技术和网络技术已经发展到可以弥补人们因距离而产生沟通障碍的程度，以至人们可以随时实现与远在千里之外的同伴进行即时沟通的愿望，这种沟通不仅仅是文字方面的，还包括语言沟通和富有感性情景的视频沟通。通讯技术和

---

① ［美］杰西卡·利普耐克、杰里弗·斯坦普斯著，何瑛译：《虚拟团队管理》，经济管理出版社 2002 年 1 月版，第 11 页。

网络技术的进步，为组织的管理提供了便捷的管理工具和手段，人们越来越多地利用这些手段来加强组织成员之间的交流和沟通，在这种背景下，组织行为的虚拟化倾向越来越普遍。

组织行为的虚拟化：由于通讯技术和网络技术的进步，组织成员之间的联系、组织与外界的联系发生了很大的变化，一些组织为了降低成本、提高工作效率等，积极使用先进的通讯、信息处理设备，将其作为管理手段和工具，使组织行为呈现虚拟化的趋势。例如：政府为了方便市民，提高工作效率，建立了网上政府（亦称电子政府），通过网络为市民提供服务。日本的一些地方政府就实行了在线申请护照服务，市民可以足不出户，申领到出国护照；有的企业组织开设了网上商店，通过网络销售产品；还有的企业为了提高工作效率，根据脑力工作者的特点，在保证员工与企业之间充分沟通的前提下，允许员工在家工作。在大型跨国企业和跨地域性的企业中，这种虚拟化的现象更是无所不在。位于不同国家、不同地域的成员之间，为了协调工作，通过虚拟会议系统进行协调的现象随处可见。利用知识管理系统，员工之间通过网络共享知识和经验的工作方式提高研发能力已成为一些跨国企业的核心竞争能力。

技术的进步以及沟通方式的变化提高了组织内部的信息沟通效率，通过计算机、电子邮件、手机以及手机短信等方式在组织内部可以建立立体的沟通渠道，知识和信息在这种立体沟通渠道中得以快速传播，进而促进组织内部的知识转移。

6－2. 虚拟组织的知识转移

虚拟组织是指人们为了完成共同的目标和任务而产生的本质互动。与实体组织不同，虚拟组织不一定有固定的活动场所，在法律上不需要独立承担权利和义务，法律上也不需要办理任何手续，成员之间的关系是平等的，成员之间不存在上下级关系，成员之间的互动是建立在对共同目标的追求和对事业的忠诚基础之上的。

虚拟组织之所以称其为虚拟是因为其成员之间不存在必然的联系，成员之间是因为共同的利益和相同的目标，如彼此间相同的专业、兴趣和爱好等把他们联系在一起。这种联系既可以是暂时的，也可以是长久的，成员之间完全根据各自的意愿组合，来去自由。虚拟组织在形态上有的表现为联系的虚拟性，有的表现为人格的虚拟性，有的表现为组织形态的虚拟性，或者兼而有之。有的虚拟组织在联系上是虚拟的，组织形态是虚拟的，人格则是实在的，如各种跨地域的社团组织等（有的社团组织法律上是实体组织，但本质上则是虚拟组织）；还有的虚拟组织联系是虚拟的，其人格和组织形态本身也是虚拟的，如网络上的虚拟社区、聊天室等。

美国 NCR 公司为开发新一代计算机系统"世界标志"产品线组成了超过 1000 人的团队，这个团队主要分布在三个不同的地点（圣地亚哥、哥伦比亚和纳波维尔），团队成员之间通过一个被称为"虫洞"的高速度、全功能、持续开放的视/听/数据连接系统联系在一起。通过"虫洞"系统，成员们天天在一起争论观点，解决问题。NCR 公司副总裁兼科技总裁丹尼斯·罗布森（Dennis Roberson）不无自豪地说："我们使用多种不同的通讯方式将这个分散在世界各地的团队联系在一起。"经过员工的努力，"世界标志"产品线的研制获得了成功。它不仅代表了一个产品的成功，还"代表了一个开发过程的成功"①。这种开发过程表明，通过建立虚拟沟通场景，同样可以达到充分沟通、实现知识共享的目的。

位于美国的施乐公司和位于日本的富士——施乐公司联合开发了尤尼西斯软件系统，利用这个软件系统和卫星通讯联系方

---

① ［美］杰西卡·利普耐克、杰里弗·斯坦普斯著，何瑛译：《虚拟团队管理》，经济管理出版社 2002 年 1 月版，第 93—94 页。

法，"在日本工作的工程师在一天结束时通过电子通讯把他们的资料、档案、工作结果送给在美国的同事，由美国的同事继续进行富士——施乐未完成的工作。在美国一天的工作结束时，同样的行动按相反的方向进行。施乐和富士——施乐这样做的目的，是为了减少整个开发周期的时间，并希望利用在太平洋两岸的员工开发知识。"① 因为他们认为"一些最好的创新来自于不同文化和不同技术背景的人员组成的网络"②。

以上是两个利用网络设备实现远程知识共享的案例，美国NCR公司通过"虫洞"系统在组织内部建立了1000人的团队，可以说是组织行为的虚拟化；而美国施乐公司和日本富士——施乐公司的合作，则是两个相互独立的组织之间所进行的合作，虽然这两个组织在资本构成方面存在某种联系，但仍属于组织之间的合作，为了合作而建立起来的组织就是虚拟组织。当然，因为这两个组织在资本构成方面存在某种联系，所以，它们之间的合作比普通组织间的合作要紧密得多。

需要指出的是，组织行为的虚拟化与虚拟组织是两个不同的概念。虚拟组织本身不具备实体组织的某些要素，成员之间靠共同的目标、兴趣以及相同的利益相互联系，组织不存在明确的边界，也不承担法律上的权利和义务。组织行为的虚拟化是指组织的某些行为发生了虚拟，组织本身是存在的，法律上必须独立承担相应的权利和义务。然而，现实中要想把虚拟组织与组织行为的虚拟化截然分开是困难的，有些时候其表现往往是，虚中有实，实中有虚，虚实相间。例如：有些专门从事网上销售商品的企业，从企业性质看，企业本身是实在的，但从其经营方式看，

---

① ［瑞士］Roman Boutellier. Oliver Gassmann. Maximilian Von Zedtwitz 主编，曾忠禄、周建安、朱甫道主译：《未来竞争的优势——全球研发管理案例研究与分析》，广东经济出版社 2002 年 10 月版，第 72 页。

② 同上，第 82 页。

则是以虚拟经营为主要方式。再例如远程教育，教育者与被教育者通过技术手段彼此连接起来，使偏远地区或参加集中授课不便的人群也能及时享受到统一的、高质量的授课，组织的行为是虚拟的，但是学校本身却是实在的。

虚拟现实是利用技术手段把本来相互分离的场景集合在一起的感官再现，其目的是增加再现场景的生动性。"传统上人们习惯于把真假作为辩证统一的范畴看待，但这种统一仅仅是思维中的统一，在现实生活中，对一个事物或过程的判断要么是真，要么是假，要么是部分真部分假，不会出现亦真亦假的情况。而虚拟现实则超越了这种对立，在虚拟现实中，真的又是假的，假的又是真的。说它是真的，是因为虚拟现实中的客体确实是客观存在的，它们并不像人们主观精神中虚构的客体那样是人们不能用感官直接感知的，相反，它不仅可以被作为个体的人感知，还可以被他人同时地和真切地感受到。"在虚拟现实中，作为主体的人还可以和虚拟客体发生交互作用，这表明虚拟现实仍然是现实的，具有客观实在性。但是虚拟现实又是假的，这是因为无论虚拟客体多么生动逼真，栩栩如生，它始终是虚拟的。

6－2－1. 虚拟组织的分类

根据虚拟组织成员的多寡、联系的方式以及紧密程度、组织的目标以及利益关系等状况，可以分为虚拟社区、虚拟团队以及虚拟企业等等。

①虚拟社区　虚拟社区是通过虚拟的网络环境，各成员之间实现的互动。虚拟社区有的在组织形态上、人格上以及联系方式等方面都表现为虚拟的特征，如门户网站的聊天室等；有的网络社区在组织形态和联系方式上是虚拟的，人格则是实在的，如斯卡姆描述的意大利托斯卡那高技术网等知识网络。网络的发展为虚拟社区提供了一种流畅的沟通和管理工具，在虚拟社区中人们彼此交流知识和信息，而利益和机会相互互补的成员之间则可以

建立更加紧密的联系。英国学者大卫·J·斯卡姆在描述知识网络时指出："网络允许最有价值的知识快速传播……知识网络集合了分散的知识以提供新的见解而且解决了棘手的问题……知识网络是一种不同的工作方式，它是超越部门、组织和国家边界的开放与联合。"① 与虚拟企业不同，结成虚拟社区的动机一般不是直接追求利益，更多的是彼此共享知识和信息。因此，虚拟社区成员之间的联系不像虚拟企业那样紧密，彼此间的关系比较松散，也不存在明显的边界。

②虚拟团队　虚拟团队与虚拟社区组织相比是联系更加紧密的虚拟组织。虚拟团队是为了完成某项特定的目标和任务由两个以上的人结成的互动联系。虚拟团队的特点是其目标和任务明确，成员之间的联系也比较密切，一般有较强的凝聚力。虚拟团队的目标和任务既可以是长期的，以可以是临时的。短期目标的虚拟团队，在完成既定目标后一般就会自动解散。虚拟团队与团队的根本区别在于其超越组织边界的互动本质，通讯技术和网络技术则为这种互动提供了强有力的工具。虚拟团队既可以在相同的、更高一级的实体组织内部产生，亦可超越组织边界产生。

③虚拟企业　虚拟企业一般是指两个以上的企业为了共同的利益结成的互补性合作关系。虚拟企业之间的结合不是实体的结合，而是资源的结合。共同的利益和互补的经营资源等方面的优势把两个或两个以上独立的法人企业联系在一起，形成虚拟企业。徐向艺认为："虚拟企业的建立使企业对资源的使用范围扩大了，一方面可以提高本企业的使用效率，另一方面又可避免在可获得资源方面的重复建设，降低了企业的进入和退出壁垒，提高了企业战略调整的灵活性。"② 虚拟企业在生产方面表现为生

① ［英］大卫·J·斯卡姆著，王若光译：《知识网络》，辽宁画报出版社2001年1月版，第47、48页。

② 徐向艺著：《比较·借鉴·创新》，经济科学出版社2001年6月版，第284页。

产的外包，核心企业只需掌握核心技术和市场，生产则可以外包给成员企业。虚拟企业在销售方面表现为销售网络的虚拟化，公司总部与旗下的销售公司没有法律上的产权关系，这种销售方式的优点是可以降低公司的营销成本，缺陷是其销售体系存在不稳定性，存在一定的风险，这要求核心企业必须是行业的龙头企业。虚拟企业在研发方面表现为合作研发机制，这种机制可以超越专业、地域、组织以至国家边界组合研发资源，以最大限度地共享彼此的智力资源。

把这种现象定义为虚拟企业还是将其看作是企业行为的虚拟化还有待于我们进行更深入的探讨和研究，但是这种行为已经广泛存在。随着技术的进步和管理水平的提高，这种现象必将越来越多，越来越普遍。不管是虚拟企业还是企业行为的虚拟化，其目的是相同的，这就是如何更好地利用外部资源为企业盈利服务。

在虚拟组织中虽然也存在公认的领导者，但是，其领导人的权限不像正式组织那样来源于社会制度，而是来源于其在业内的声望。在虚拟组织中，领导者的指令不具备约束力，相同的利益或共同的目标是成员之间联系的纽带，现代化的通讯设备和网络为虚拟组织的联系提供了方便的工具和手段。虚拟组织领导者的声望大多依赖于其掌握知识或技术的优劣程度，或者依赖于其对组织所做出贡献的大小等等，因此，在虚拟组织中，正确选择沟通手段，建立快捷、方便的沟通机制就显得更加重要了。

6-2-2. 构成虚拟组织的要素

虚拟组织的形成也需要具备一般组织的三大要素。即：①成员之间要有共同的目标；②成员之间要有相互合作的愿望；③成员之间有相互沟通、交流的手段和渠道。只不过在虚拟组织中，成员之间的关系比较松散，维系组织统一步调的力量不依赖于具有约束力的指令，而是依赖于共同的目标和相互间的协调。在虚拟组织中，保持通畅的联系和沟通，就是为了更好地实现组织成员之间的相互协调。

① 共同的目标　共同的目标对维系虚拟组织非常重要。这是因为在虚拟组织中，成员与组织之间一般不存在雇佣关系，成员在经济上并不依附于组织，成员之间的关系是平等的关系，维系成员之间联系的主要力量是共同的目标或相同的兴趣等等。因此，成员对共同目标的忠诚与否是衡量虚拟组织凝聚力的重要方面。

② 合作的愿望　成员之间相互合作的愿望既来源于彼此之间具有的共同目标，也来源于成员的个体心理素质和行为方式，因为具有共同目标的人群之间并不意味着就一定能够相互合作，构成虚拟组织，虚拟组织成员之间合作的动力既依赖于对共同目标的忠诚，也依赖于成员献身于虚拟组织事业的情操和个体的行为方式。所以，对虚拟组织来说，组织文化的确立是事业成功的重要因素。从另一方面看，合作的意愿还意味着自我克制，意味着自己在某种程度上对个人行动控制权的放弃。

③ 沟通的机制　成员之间具有完备的相互沟通机制对虚拟组织尤为重要。因为虚拟组织成员之间的关系本来就是松散的，虚拟组织的边界是模糊的。从地域上看，虚拟组织的成员可以是同一城市的市民，也可以跨越地区甚至国家边界，在这种跨地域的情况下，成员之间如果缺乏沟通交流的机制，即便是有共同的目标和相互合作的意愿，也难以实现有效沟通，而没有有效的沟通，组织就会陷入瘫痪，甚至名存实亡。因此，建立相互联系、沟通的机制，确立联系、沟通的手段和渠道是虚拟组织成功的关键。

这里所讲的沟通机制并不仅仅指通讯手段和联系方式，还包括共享数据资料如共享专家库等。专家库的内容包括虚拟组织成员的背景材料，即专业知识结构、学历、擅长的领域以及住址、联系方式、邮箱地址等详细资料。目前，许多政府部门、企事业单位都建有多种多样的专家库，这些专家库在满足政府以及企事业部门人力资源管理方面发挥了重要作用。但是，知识管理的专家库与一般意义的专家库有所不同，传统的专家库主要是为了便于管理而设，因而专家库不向公众开放，而知识管理的专家库是为了便于组织成员相互共享知识而设，因而必须向每一个成员开放。同样是专家库，因设立专家库的目的和使用方法不同，两者有着很大的差别，因管理的方便而设的专家库固然需要，但是，开放的专家库在促进组织成员彼此共享知识方面会发挥更大的作用。此外，沟通机制还应该包括虚拟组织行为规范、道德规范以及一些其他与组织文化有关的软性环境。在条件允许的情况下，虚拟组织还可以建设可供成员进行交流的沟通平台，以促进组织成员之间的有效互动。

　　虚拟组织成员之间的有效互动对促进组织间的知识转移有着巨大的推动作用，特别是跨行业、跨地域、跨专业等虚拟组织间的互动，可以实现知识在企业与高校、研究机构之间的共享和转移，也可以促进知识的跨地域转移。专家库、网上互动系统、电子邮件、手机以及手机短信等方式为虚拟组织成员之间的沟通提供了便利的条件，沟通可以即时进行，知识和信息在这种即时沟通中得以快速传播。此外，交通手段的进步可以为人员之间的交流提供可靠保障，虚拟组织成员之间的知识交流和沟通会促进知识在组织间实现共享和转移。

7. 沟通媒介效率与知识创新

　　不管是正式组织还是虚拟组织，实现有效沟通都是必须的，但是，对于虚拟组织来说，沟通尤为重要。在沟通过程中根据不同的沟通目的正确选择沟通方式和沟通媒介，可以提高沟通效率，确保沟通质量，降低沟通成本。

　　富尔克（Fulk）和德桑科蒂斯（Desanctis）认为：媒介选择和使用行为在信息处理方面，最终在组织学习方面起重要作用。伦格尔（Lengel）引入了媒介富裕概念，认为：沟通媒介的特性会随着被处理的信息的富裕程度而发生变化。根据达夫特（Daft）和伦格尔的观点，富裕一词指媒介具有的靠阐明歧义问题来改变人类理解的能力。一种机制明显的富裕特性包括：①提供快速反馈的能力；②传播多种暗示的能力；③传达个人感观的能力；④运用自然语言的能力。根据这四种特性，达夫特和伦格尔提出了一套标准，将面对面沟通列为最富裕载体。除面对面沟通外，其余依次为：电话、个人书面文本（信件或备忘录）、正式书面文体（文件、公告），以及正式数字文本（数据）。一般来说，口头载体比书面媒介更富裕，因为它能够提供多种反馈和传达多种提示。也就是说，面对面的交流是最适合充分沟通的方式。①

随着数字通讯、电视电话会议以及音像资料等传播手段的发展，新的传播手段具有超越媒介富裕概念的特点，兹姆特（Zmud）将这一特点归纳为五个特性：第一个特性是，通讯速度越来越快，使人们之间交流的信息容量大增。第二个特性是，随着信息技术的普及，通信成本随之降低。第三个特性是，加强了人机联系，可使组织成员广泛接触信息。第四个特性是，由于更多的信息同时流向不同的人，由于综合使用文本、声音、图像等手段，通信的带宽大大提高。第五个特性是，由于统一使用各种计算机技术来储存信息，成员就能从集体数据库中检索信息。②他们认为以计算机为基础的传播手段为知识传播做出了巨大贡献。

富尔克等的研究还驳斥了电子通信在富裕标准里等级较低的观点。马库斯（Marcus）的研究表明：电子通信和语言邮件的使用要比当初达夫特和伦格尔认为的更频繁，目的也更多样化。他认为电子邮件已成为内部工作联系的主要媒介，在时间紧迫时尤为重要。贝蒂纳·比歇尔（Bettina Büchel）和斯特芬·劳布（Steffen Raub）认为，计算机媒介，特别是电子通信的使用事实上已超越了对媒介富裕的传统解释，需要重新审视媒介富裕概念。他们引入了一个独立的概念来表示媒介的传播范围，这就是媒介覆盖域。

媒介覆盖域包括两个特性：一个是储存性，指信息保存的能力；另一个是覆盖广度，指同时与多人通信的能力。保存信息的能力和同时与多人联系的能力，使组织成员大范围接触信息成为

---

① ［德］迈诺尔夫·迪尔克斯、阿里安娜·被图安·安托尔、［英］约翰·蔡尔德、［日］野中郁次郎、张新华主编，上海社会科学院知识与信息课题组译：《组织学习与知识创新》，上海人民出版社 2001 年 8 月版，第 405 页。

② 同上，第 405 页。

可能，从而降低了不确定性。

　　贝蒂纳·比歇尔和斯特芬·劳布在媒介富裕性和媒介覆盖域的基础上作了一个图示，以此来显示两者之间的权衡比较。

　　但是，网络技术的发展使这一图示发生了很大的改变，特别是网络视频沟通方式的开发，使人们实现综合多种媒介功能的愿望成为可能。人们通过网络不仅可以传送文字，还可以同时传送和储存图像、语音，甚至共享同一块白板。而且，网络和通讯技术的发展还使通讯成本大幅降低，使多种媒体的综合和普及成为可能。在不远的将来，没有视频的网络媒介将是不可想象的。移动通讯技术与网络技术的结合给网络媒介带来更大的机动性和便捷性，同时也提高了即时沟通能力。此外，人们在实际交流或信息发布过程中，同时使用多种媒介发布信息和沟通交流，可以有效提高沟通效率。再者，在进行信息传播和信息沟通的过程中，随时、随地加入到沟通过程中的功能显得越来越重要，例如，现在许多电视节目为弥补电视广播缺乏互动性的弱点，经常采用通过鼓励受众发送手机短信的方式参与节目互动。在传播媒介中使用即时性和机动便捷性等指标可以更准确地表现新兴传播媒介的特性。因此，我们认为，媒介富裕性和媒介覆盖域已显示出明显的局限性，仅靠以上两个指标已不能准确反映媒介的沟通特点和沟通效率，有必要引入能反映媒介沟通特点的概念，建立能反映媒介沟通效率的指标体系。

7－1. 沟通方式的分类

　　沟通有各种各样不同的分类方式。按沟通形式分类有口头沟通、书面沟通、电子沟通以及网络沟通等；按沟通的生动性可以分为面对面沟通、书面沟通和电话沟通等；按媒体传播信息时间的速度和互动程度可以分为即时性沟通和延时性沟通等。分类的意义在于从不同的目的出发，对各种沟通方式的特点进行分析和研究，以便根据不同的要求正确选择沟通方式。为了便于研究和比较不同沟通方式的效率，本文把沟通方式分为三大类。一类是直接沟通，第二类是间接沟通，第三类是混合沟通。

7－1－1. 直接沟通

直接沟通是指人们使用口头语言以及身体语言或借助技术手段使用口头语言以及身体语言进行的沟通。直接沟通主要包括面对面沟通、电话沟通、可视电话沟通等等。直接沟通是通过自然语言或身体语言进行的沟通，即时互动性是其最主要的特征。在直接沟通中讯息传送者与接受者的角色是不断相互转换和重叠交叉的，而且这种转换和交叉是在同一时段进行的，不具有延时性。在直接沟通过程中互动双方可以直接得到对方的反馈，并根据反馈及时了解对方的态度和情感，及时调整沟通内容，使沟通不断深入。具有生动性是直接沟通的另一重要特征，不管沟通双方相距多么遥远，只要彼此听到对方声音或看到对方的笑貌，距离感会顷刻间消失。

在直接沟通中，面对面沟通不仅可以通过语言沟通，还可以通过眼神、表情以及肢体语言向对方传达信息，可以说是能够充分沟通思想的沟通方式。人类从动物进化成为人经历了漫长的过程，在这个过程中，人们之间需要经常彼此交流信息。在语言产生之前，人类是靠眼神、手势、表情等肢体语言来交流信息的。在口头语言产生之后，人们彼此之间得以进行比动物更复杂的情感和信息沟通，父辈可以通过口头语言将自己在劳动生产活动中积累的知识和经验传授给后代。

如果不借助技术手段，直接沟通便不能突破地域的限制。技术的进步为人类提高沟通效率提供了便捷的工具，在科技迅速发展的今天，人们可以借助技术手段实现远距离直接沟通的梦想，这大大提高了沟通的效率。

7－1－2. 间接沟通

间接沟通是指人们通过书面语言、图片、录音、录像等符号媒介进行的沟通。间接沟通的特点是具有延时性，沟通结束后，沟通的内容依然存在。在间接沟通中讯息传送者的行为与接受者的行为可以不在同一时段而分别进行。

通过书面语言进行的沟通，具有表述准确、可以反复阅读、便于保存等优点，是主要的间接沟通方式。在书面语言出现之前，人们使用口头语言沟通，沟通的信息、内容需要人们依靠记忆保存和传承，凭借记忆传承的知识或经验既不准确也容易失传。书面语言的出现，使延时性的思想交流和知识传播成为可能，改变了人们的沟通方式，扩大了交流的范围，提高了沟通的效率，使沟通得以在更广阔的时空中进行。人们利用书面语言不仅可以直接聆听父辈的教诲，还可以通过书面材料从祖先那里间接汲取养分，获取知识。从沟通的广度看，间接沟通可以超越时空的限制广泛进行。"烽火连三月，家书抵万金"就是表达了在得到远方亲人消息时的喜悦心情；我们今天能"站在巨人的肩膀上"也是得益于人类能够借助书面语言进行间接沟通。通过录音、录像等媒介进行的间接沟通，虽然保留了录音、录像等现场感和生动性，但其互动性远不及直接沟通那样充分。在间接沟通中，讯息传送者与接受者之间可以进行延时性的互动，但因时间、空间等条件的制约以及受个人行为习惯的影响，讯息接受者往往难以与信息传送者形成真正的互动，沟通最终往往会演变成为单向的信息传播或信息发布。因此，可以说间接沟通并不是充分互动的沟通方式。

7－1－3. 混合沟通

混合沟通是指人们进行沟通时，直接沟通与间接沟通并存的沟通方式。例如教师在授课时，既可以通过口头语言与学生进行直接沟通，同时还可以利用书本、板书等工具与学生进行延时性的间接沟通，教师即使离开教室，书本和板书仍然存在；再比如会议沟通时，人们既可以进行语言沟通，也可以通过发放书面材料进行混合沟通。现实生活中，人们为了更好地说明问题，常常借助幻灯片、录像片、图片、文本资料等延时性工具配合讲解，以便进行更充分的沟通。混合沟通因为同时具备直接沟通和间接沟通的优点，更便于受众理解，所以效果更好，沟通效率更高。人们在进行面对面交流时，常常会遇到仅仅靠口头语言难以充分表达思想的情景，这时往往会情不自禁地借助纸、笔或者其他书写工具进行书面沟通，以便更充分地沟通思想。混合沟通时双方不仅可以进行即时的互动沟通，还可以进行延时沟通，因而表达比直接沟通更准确。现代医学的研究成果表明，人脑左右两半球表现为一侧优势。左半球主要支配言语表达，阅读、书写、数学运算和逻辑推理等，右半球主要支配形象思维，包括知觉物体的空间关系，控制情绪，欣赏音乐和绘画等。但是，大脑两半球功能的一侧化并非绝对，近年来的许多研究成果表明，右半球在理解语言方面同样起重要作用。此外，研究还发现，支配视觉的大脑皮层与支配听觉的大脑皮层是不同的，听觉区位于颞叶，视觉区位于枕叶，而且，同是视觉感知，视觉确认作业与视觉位置作业也是由脑的不同部位来完成的。所以说，来自外界的刺激越丰富，对大脑的刺激程度就会越高，因而在大脑留下的印记也就越深刻，大脑记忆的时间也会越久，同时，来自外界的刺激越丰富，大脑感知外来刺激的内容和范围也越广泛，因而对外部世界的感知也就越全面。混合沟通对大脑的刺激是最丰富的，从这个意义上说混合沟通是最充分的沟通方式。

在实际沟通中，选择不同的沟通媒介对沟通效率同样产生重要影响。而且，沟通方式与沟通媒介之间具有密切的联系，有时甚至相互交叉，因此，探讨沟通效率有必要对沟通媒介进行研究。选择不同的沟通媒介与沟通效率有密切关系，恰当的沟通媒介可以提高沟通效率。而且，促使不同的沟通媒介之间具有可比性，可以为媒介选择提供参考依据。理想的状态是有一套科学的方法来测定不同媒介的特性及其传播效率，为选择沟通媒介提供标准。但是，由于不同媒介的传播方式以及传播特点不同，很难寻找一种纯科学的量化方法来对沟通媒介进行精确的测度。采用定性的方法，根据媒介的特性，赋予不同媒介一个共同的标准，使不同媒介之间具有可比性，对媒介选择具有重要意义。我们尝试引进一些新的概念，设定指标，对沟通过程中信息传播内容的生动性和储存性、信息传播的广域性、沟通主体间的互动性、主体进入沟通过程的机动便捷性以及信息到达效率等内容进行评估，以期测试不同沟通媒介的效率。

7－2. 测度媒介效率的指标

7－2－1. 生动性：生动性是用以表示在沟通过程中，讯息传送者与接受者之间在沟通内容方面通达程度的指标。其包括表示沟通的内容、暗示、情感程度等方面，具体细分为视觉、听觉、文字、暗示、肢体语言等 5 个子指标进行评估。

7－2－2. 互动性：互动性是用以表示在沟通过程中讯息传送者与接受者互动程度的指标。互动性下设即时互动、延时互动和准即时互动 3 个子指标。

即时互动是指受众对于信息可以迅即作出反应的互动。即时互动通常是通过口头语言进行的，如面对面沟通和电话沟通等。即时互动是沟通最充分的互动方式，不仅可以传播信息，还可以充分沟通思想。

延时互动是指受众从接到信息到反馈信息之间存在时间延迟的互动。延时互动通常是书面语言的互动，如书信互动、文件互动等。

准即时互动是指受众对于信息能够迅速做出反馈的互动。如手机短信互动、电子邮件互动、传真互动等。准即时互动对信息的反馈速度很快，仅次于即时互动，因此称之为准即时互动。需要指出的是准即时互动方式提供的迅速反馈只是一种可能性，这种可能性如果得不到及时利用往往会转化为延时互动。例如，手机短信、电子邮件、传真等沟通方式如果不能及时回复，可能比书信沟通还要慢。因此，准即时互动往往需要良好习惯或者管理层面的支撑才会行之有效。

使用互动性指标还可以对媒体能否快速完成互动沟通进行测度。能够进行即时互动和准即时互动的媒介，其完成互动沟通的速度一般较快。

7—2—3. 广域性：广域性是用以表示在信息传播过程中信息传播广度的指标。具体细分为国内传播、国际传播以及被传播人数 3 个子指标进行评估。

7—2—4. 机动便捷性：机动便捷性是用以表示机动进入沟通环境之难易程度的指标。机动便捷性下设时间机动性和空间机动性 2 个子指标。

7—2—5. 储存性：储存性是用以表示在沟通过程中其内容能够被储存程度的指标。储存性下设文字储存和图像及语言储存 2 个子指标。

7—2—6. 信息到达率：信息到达率是指衡量信息到达指定地点的比率。信息到达率主要包含以下两层含义，一是向特定人员发送信息的能力，我们用信息指向性表示；二是同时向多人发送信息的能力。研究和分析信息到达率对确保信息传递效率具有重要意义。大众传播媒介在传送信息时具有广域性的特点，但其局限是不能确切地测度受众接受信息的状况。引入信息到达率这一指标是为了测度通过媒介向特定人群发送信息的能力以及受众确切得到信息的比率。此外，该指标还可以测度同时向多人传送信息的能力，因此，该指标下设信息指向性和群发能力 2 个子指标。

7－3. 沟通媒介效率的测度

为了测度不同媒介的沟通效率，我们把以上确定的每个指标划分为优、良、中、差 4 个标准进行评估，在以上每个指标下又划分了若干个子指标，对每个子指标的评价划分 A、B、C、D4 个标准进行评价。以下是对 6 种常用的沟通媒介进行的评估分析。

7－3－1. 面对面沟通：面对面的沟通在生动性、互动性、即时性三个方面都是效率很高的沟通，但在机动性、储存性和广域性方面受到很大的限制。

在沟通方式方面，面对面沟通可以分为两类。一类是仅仅通过语言进行的沟通，这种沟通属于直接沟通方式。另一类是在进行复杂问题的沟通时，面对面沟通也借助书面语言、公式、音像、图片、多媒体投影仪等符号媒介进行延时性沟通，这时面对面沟通便具备了混合沟通的特性，沟通效率比单纯的直接沟通有了较大提高，沟通会更生动、更充分。因此，可以说面对面沟通是最充分、效率最高的沟通。

（1）生动性：面对面的沟通方式是最生动的沟通方式，该沟通方式不仅通过语言，还通过音容笑貌、眼神等肢体语言充分实现与对方的沟通，其传达视觉、听觉、语言、暗示、肢体语言的能力都比较好，可以传达各种暗示、情感，没有比面对面交流更生动的交流方式了。因此，在生动性方面，除语言文字指标外，面对面沟通其他评估指标都为最高值，这个指标的综合评估值为优。

（2）互动性：面对面交流的即时互动性也是最好的，可以充分进行提问和辩论，特别是有些意会性的知识和思想，有时只有通过面对面的沟通才会得以传播，因此，其即时互动性指标评估为最高分；准即时互动性主要是指受众在一定时间段内能对沟通内容迅速作出反馈，通过评估，面对面交流的准即时互动性也是最好的，在延时沟通方面，面对面沟通较弱，因此，本指标综合评估值为良。

(3) 广域性：面对面沟通方式虽然具有生动性的特点，但是受地域的影响很大，虽然交通状况的改善使这种沟通更频繁、更广泛，但是其局限性也是显而易见的，而且要实现广域的面对面沟通其成本也较高，所以对其国内和国际指标分别评估为中和差，面对面沟通在参加人数方面也受到很大限制，因此对参加人数指标的评估为中，综合评估为中。

(4) 机动便捷性：面对面沟通有时是自发产生的，有时则需要组织者协调，同时还必须有具体的场所，而且其参加人员易受时间、空间的限制。因此，对其时间和空间的指标评估为中，综合评估值为中。

(5) 储存性：进行面对面沟通时，需要时其内容可以通过文字等形式储存下来，其文字储存性指标为中；在图像及语音储存方面，如果需要也可以进行储存，但是其储存的频率一般比较低，因此对图像及语音储存指标的评估为差，综合评估值为中。

(6) 信息到达率：面对面交流在信息到达率方面较好，在同时向多人发送信息方面，如果沟通借助麦克等技术手段的话，其沟通效率也比较高，因此，对同时向多人发送信息指标的评估为良，信息到达率综合评估值为良。

7-3-2. 固定电话沟通：固定电话沟通是指通过固定的电话线路传播信息或沟通思想的方式。固定电话沟通是通过技术手段实现的直接沟通方式。以下是对固定电话沟通方式的评估。

电话的出现使人们跨越地域限制进行直接沟通的愿望成为可能，双方不论距离多远，沟通都可以在瞬间进行；电话沟通的另一个优点是其具有即时互动性，沟通双方可以即时得到对方的反馈并可以根据对方的反应及时调整自己的通话内容。

(1) 生动性：通过固定电话沟通思想，其生动性与面对面交流相比虽然相对较弱，但能充分表达思想，通过语音语调可以感受和把握对方的情绪，因此该指标综合评估值为良。

（2）互动性：固定电话沟通方式在即时沟通方面很优越，通话双方可以通过电话相互交换信息或沟通思想。固定电话在延时沟通方面不够理想，虽然现在有留言电话以及来电显示等功能，但是其储存内容的容量较为有限，而且不够实用，因此其延时沟通指标评估为一般；在准即时沟通方面，固定电话可以利用电话留言或者来电显示等功能，通过回复未接电话的方式实现即时沟通的目标，但回复的电话是否及时要受许多条件的制约，因此，固定电话的准即时沟通能力评估为良，综合指标评价为良。

（3）广域性：虽然现在多方通话在技术上不存在很大的障碍，但是电话沟通较多的还是一对一的沟通，因此电话沟通的广域性指标在参与沟通人数方面评价为差，在通话范围方面，固定电话可以在世界范围内进行通话，所不足的是国际通话成本较高，故其国内、国际指标分别评估为优和良，总体评估值为良。

（4）机动便捷性：固定电话沟通的机动便捷性在时间方面很好，24小时都可以接听；在空间方面所受的局限性较大，只能在特定地点接听，空间子指标评估为差，综合评价值为中。

（5）储存性：固定电话一般不能储存文字，对图像和语音通常也不进行储存，因此，对固定电话的储存性评估值为中。

（6）信息到达率：固定电话的指向性很高，但是电话不能同时向多人发出信息，因此对电话的信息到达率评估值为中。

7—3—3. 书面沟通：书面沟通主要是指通过书信、文件、网页等文字形式进行沟通的方式。书面沟通属于间接沟通方式。以下是对书面沟通方式的评估。

（1）生动性：通过书面文字传播知识和进行沟通，除了阅读文字和想象以外，其他像听觉、暗示、肢体语言等都不存在，其视觉效果和生动性与面对面交流相比要弱得多，因此该综合指标为差。

（2）互动性：书面交流方式不存在即时互动，其准即时互动性也不及时，总体评估为差。

(3) 广域性：在传播广域性方面书面传播方式的传播效率很高，可以突破地域的限制，因此该指标总体评估为良。

(4) 机动便捷性：因为机动便捷性是用以表示机动进入沟通环境之难易程度的指标，通过文件、报刊等书面媒介进行信息交流，并不存在机动进入沟通环境的问题，因此，总体评估为差。

(5) 储存性：书面传播的文字储存性很高，但图像及语音储存却表现一般，总体评估为良。

(6) 信息到达率：书面传播在信息到达率方面效率是比较高的。在信息指向性方面书面沟通指标为优，但是在同时向多人发送信息方面，虽然像报纸、杂志等大众传播媒介其同时向多人发送信息的能力很高，但是作为管理工具的书面沟通，在同时向多人发送信息方面，其人力成本较高，故该指标评估为良，该指标综合评估值为良。

7－3－4. 电子邮件沟通：电子邮件沟通是指通过互联网接发电子邮件的功能进行信息交流和沟通的方式。电子邮件沟通属于间接沟通方式。以下是对电子邮件沟通方式的评估结果。

(1) 生动性：通过邮件交流主要是交流文字，因此对该指标的评估与对书面沟通的评估大致相同，其生动性指标评估值为差。

(2) 互动性：一方面，通过电子邮件交流和沟通，其即时互动性虽然较差，但延时互动性较好。另一方面，如果养成良好的习惯，收到电子邮件时能迅速回复的话，就可以及时与沟通对象形成互动，因此，其准即时互动性也较好，其互动性总体评估值为良。

(3) 广域性：电子邮件在传播广域性方面国内、国际是一样的，评估值为良；在传播人数方面有较大局限，因此该指标评估值为中，总体评估为良。

(4) 机动便捷性：通过邮件交流，虽然有一定的机动便捷性，但是在空间和设备等方面受到一定的限制，其机动便捷性总体评估值为良。

（5）储存性：电子邮件的文字储存性很高，图像的储存性也很好，但是语音储存却表现平平，储存性总体评估值为良。

（6）信息到达率：电子邮件在信息到达率方面效率是比较高的，此外还具有很好的目标指向性。在信息覆盖域方面，邮件虽然不受国界的限制，也具有群发功能，但其广泛性还存在局限，其信息到达效率评估值为良。

近几年来，电子邮件在传送信息，促进组织成员交流方面的作用越来越受到重视，现已逐渐成为促进组织成员相互沟通的重要方式，成为知识管理和信息管理的重要工具。2008 年 5 月，本书作者前往台湾地区参加了一个学术研讨会，研讨会出版了论文集。编辑人员在编辑论文集时，把每个作者的电子邮件印刷在论文集上，这样，专业相近的研究人员可以很方便地就自己感兴趣的问题与论文作者取得联系，以便共同探讨学术问题。这种做法虽然很不起眼，但是对促进学术交流可以起到很好的效果。回到大陆以后，本书作者对大陆的学术期刊随机做了一个简单的调查，调查结果显示，大陆的学术期刊中，自然科学类的学术期刊约有一半以上的刊物刊出了作者的电子邮箱地址，而且这些刊物大多是一些专业水平较高、学术影响较大的学术期刊，社会科学类的学术期刊尚没有发现刊登作者电子邮箱地址的刊物，但有许多刊物刊登了责任编辑的电子邮箱地址。随后，作者从十几种学术期刊上随机选择了 50 位作者，并向这些论文作者发出了调查邮件，其中，系统退信 12 份，有效发出问卷 38 份。调查邮件的内容主要有以下几条：

①您认为在论文中注明作者电子邮件的做法能否促进作者与读者的沟通？

②您认为在期刊中公布自己的电子邮箱地址是否会侵犯到您的隐私权？

③论文发表后，是否有人通过邮箱给您发过邮件探讨学术问题？

④（接上一问题）如果有，收到的数量大约为几封？

15 天以后，我们共收到了 16 位论文作者回复的电子邮件。在回复电子邮件的 16 位论文作者中，全部认为在论文中注明作者电子邮件的做法能促进作者与读者的沟通，有 15 位论文作者认为在期刊中公布自己的电子邮箱地址没有侵犯自己的隐私权，只有一位作者认为会侵犯自己的隐私权，这说明注明作者电子邮件的做法得到了普遍的认同；16 人中有 11 位论文作者收到了探讨学术问题的邮件，5 人没有收到任何邮件。每位论文作者收到电子邮件的数量从 1 到数 10 封不等，5 封以下的 7 人，6 到 10 封的 3 人，10 封以上的 1 人，其中收到两三封者居多。虽然我们这次调查的范围和规模比较小，调查的科目也比较简单，但也足以说明利用电子邮件迅速与作者建立联系的几率是很高的，在论文中注明作者电子邮件地址的做法可以促进知识交流和知识创新。

这一做法的意义在于：可以把有志于探讨共同问题的人员联系到一起探讨共同关心的问题，有利于学术争鸣和创新；同时也便于读者（如企业的技术人员或决策人员）迅速与作者取得联系，以促进科技成果转化。本建议对促进知识共享意义深远，但其产生的效果是逐渐显现的，因而难以量化，这也是哲学社会科学研究成果与自然科学研究成果的区别之所在。另一方面，让广大研究人员以及企业管理人员知道印刷作者电子邮箱地址这个变化，了解这样做的目的和意义，引导人们自觉地利用好这个工具，对促进知识创新和知识转移同样重要。

7—3—5. 移动电话沟通：移动电话沟通是指通过移动电话传播信息或交流思想的沟通。移动电话具有便于携带、储存信息方便、不受地域限制、接听灵活等特点，现在已经成为人们最亲近的沟通工具。

在沟通方式方面，移动电话沟通可以分为三种类型。第一类是仅仅通过语言进行的沟通，属于直接沟通方式；第二类是通过移动电话接发短信等功能进行的延时性沟通，属于间接沟通方式。这类沟通尚未得到广泛重视，其功能尚处于不断开发阶段，但已充分显示了其强大的生命力。数据显示，从 2000 年以来，我国手机短信发送量飞速增长，2001 年全国手机短信发送量为 189 亿条，2004 年达到 2177 亿条，2005 年达 3046 亿条，若以每条 0.1 元计算，其产值超过 30 亿元。而节假日短信增长更为明显，据估计，2006 年春节 7 天长假全国手机短信发送量预计为 120 亿条左右，上年春节假期这一数字为 110 亿条。今后，通过手机短信进行的沟通将会进一步增加，有目的地利用手机短信进行管理沟通的实践也将会越来越多。2006 年 1 月 3 日，北京东三环京广桥东南角一处路面出现直径大约为 15 米的塌陷事故，造成从长虹桥到双井桥区间的东三环主辅路双方向禁止通行，另外京广桥下东西方向也处于禁止通行状态，40 条公交车改道行驶。为了避免更严重的拥堵，北京市交管部门通过 1860 手机短信平台向市民通报了这一消息，请各种车辆绕道通行，此举受到了北京市民的普遍欢迎，也为行政部门利用手机短信应对突发事件提供了范例。可以预想，手机短信在应对突发事件、防范自然灾害等方面将会发挥更大的作用。手机短信具有覆盖面广、信息到达率高、受信及时等特点，这些优势在管理沟通中将会进一步得到显现，手机短信在管理中的作用也会进一步提高。手机短信功能用在管理方面可以提高管理效率，是因为它的信息指向性和信息到达率特别好的缘故，有些不法商家正是利用了手机短信的信息指向性和信息到达率好的特点，通过肆意向公众发送垃圾短信，以牟取暴利的。2008 年中央电视台第 18 次 3·15 晚会最引人关注的节目是关于手机垃圾短信的调查。从记者调查情况来看，几乎所有的手机用户都收到过垃圾信息。在这些垃圾信息的背后，是一个巨大的产业链，而被肆意贩卖的正是手机用户的个人隐私。记者发现，仅 2007 年，有的垃圾短信发送商家每个季度的业务同比增长竟达到 250% 以上，单个季度的营业收入高达 1400 万美元。垃圾短信发送者不仅有全国 2 亿多用户的姓名、手机号，而且还进一步掌握了手机用户的职业、住址、收入甚至消费取向等信息。不法商家分类划分定向发送，并得意地称之为"指哪打哪"，获取了丰厚的利益。

第三类是边接听手机电话，边通过手机短信、图片、画面等符号媒介与对方进行的沟通。这类沟通属于混合沟通方式，代表手机将来的发展方向。据报道：英国的一所大学，最近推出了"手机课堂"计划，学校将教师课堂授课的实况录制成数字资料，每节课 15 分钟，以方便学生通过手机进行学习。有了"手机课堂"，那些因特殊情况不能及时到校学习的学生就可以申请通过手机参与"虚拟课堂"，以确保不缺课。"手机课堂"计划的测试阶段已经启动，目前只有使用第三代手机的学生才能参加"手机课堂"，没有第三代手机的学生可以通过计算机进入虚拟课堂。[①]手机在远程教育方面的应用极大地拓展了手机的应用空间，为手机的应用开发提供了广阔前景。但是在我国，这些功能尚未被完全开发出来，目前，大部分手机尚不具备进行严格意义的混合沟通功能，有的手机虽然已具备在通话过程中察看被储存的信息和图像等功能，但只能说是进行混合沟通的初级阶段。现在，三 G手机已经入网，从 2008 年 4 月 1 日起，将面向北京、上海、天津、沈阳、广州、深圳、厦门和秦皇岛等 8 个城市，正式启动TD－SCDMA 的社会化业务测试和试商用工作。随着进三 G 手机的普及，充分利用移动电话具有混合沟通能力的特点，不断开发新的产品功能，并将其应用于管理沟通，可以提高组织的沟通能力，提高管理效率。2009 年 1 月 6 日，工业和信息化部发放了 3G 手机牌照，中国移动获得 TD－SCDMA 牌照，中国电信、中国联通则分别拿到了 CD－MA2000、WCDMA 牌照，3G 手机进入寻常百姓日常生活的日子为期不远了。以下是对移动电话沟通方式的评估结果。

---

① 《参考消息》，2005 年 9 月 23 日。

（1）生动性：通过移动电话交流信息或沟通思想，其生动性与通过固定电话进行交流的状况基本相同，新一代手机虽然大多具有传送图像的功能，但因现在尚未普及，因此该综合评估值与固定电话相同，评估值为良。

（2）互动性：移动电话沟通方式在即时互动方面很优越，通话双方可以通过电话相互交换信息或沟通思想。在延时互动和准即时互动方面，因为移动电话具有发送和接受手机短信以及来电显示等功能，可以对来自外界的信息迅速做出反应，因此，其延时互动和准即时互动能力都很好，其综合指标评价为优。

（3）广域性：移动电话沟通基本是一对一的沟通，因此移动电话沟通的广域性指标在其参与沟通人数方面评估为差，在通话范围方面，移动电话与固定电话一样可以跨越国界通话，故该指标评估与固定电话相同，总体评估值为良。

（4）机动便捷性：机动便捷性是手机优于固定电话的最重要功能之一。移动电话的机动便捷性在时间方面很优越，24小时都可以接听；在空间方面也非常灵活，可以不受地域限制随地进行沟通，因此，两个子指标都评估为优，综合评价值为优。

（5）储存性：移动电话可以储存少量文字，对图像和语音通常不进行储存（新一代手机可以迅速改善这一状况）。因此，对移动电话的储存性评估值为中。

（6）信息到达率：首先，移动电话与固定电话不同，不易受通话地点的局限，可以在任何地点和时间接打电话，同时，移动电话还具有发送和接受短消息的功能，这些特点都大大提高了移动电话的信息到达率；再者，移动电话还具备同时向多人发送短信的功能，而且发送的短信具有较高的指向性，其信息到达率较高。因此，移动电话的信息到达效率要比固定电话好，综合评估值为优。

7－3－6. 网络视频沟通：网络视频沟通是指通过互联网的视频会议系统沟通思想的方式。网络视频沟通属于混合沟通方式。以下是对网络视频沟通方式的评估结果。

（1）生动性：通过网络视频沟通与面对面的交流效果基本相同，该交流方式不仅可以通过语言，还可以通过音容笑貌、眼神等肢体语言充分实现与对方的沟通，其传达视觉、听觉、语言、暗示、肢体语言的能力都比较好，可以传达各种暗示、情感。但是在当前的技术情况下，传送的画面还不够稳定，因此，对网络视频沟通的生动性评估值为良。

（2）互动性：网络视频沟通的即时互动性很好，可以充分进行提问和辩论，可以交流思想，同时，网络视频还可以传送文本资料，甚至共享同一块白板，其准即时互动性也很好。因此，其互动性综合评估值为良。

（3）广域性：通过网络视频沟通与面对面的交流相比，其受地域的限制要小，还可以进行跨越国界的交流，因此，其国内和国际指标都评估为优，通过网络视频沟通在参加人数方面虽然受到一定限制，但是可以实现在多处地点同时沟通，因此对参加人数指标的评估为良。综合评估值为优。

（4）机动便捷性：通过网络视频沟通需要组织者组织，有一定的局限性，但是在时间方面非常灵活，因此，对时间指标评估为优，空间指标评估为中。综合评估值为良。

（5）储存性：通过网络视频沟通时，其内容可以随时储存下来，这不仅包括文字储存，还包括图像及语音储存，其操作也非常简便。因此，其储存性综合评估值为良。

（6）信息到达率：通过网络视频沟通在信息指向性方面较好，在同时向多人发送信息能力方面也较好。因此，信息到达效率综合评估值为良。

通过以上分析评估和比较，我们小结如下：

从沟通方式看，直接沟通和间接沟通各有其特点。直接沟通具有生动性好、表达充分、沟通快捷、即时互动能力强等优点；间接沟通具有表达准确、可以反复阅读、便于保存、延时性强等优点。混合沟通则综合了直接沟通和间接沟通的优点，因此具有沟通效率高等优点，特别是面对面的混合沟通是沟通效率最高、沟通最充分的沟通方式。借助技术手段实现的混合沟通，虽然在生动性和真实感方面逊色于面对面的混合沟通，但其在实现跨地域的远距离沟通方面显示出明显的优越性，随着数字技术的进步和新一代沟通媒介的开发，这种优越性必将会得到进一步显现。

在沟通媒介效率方面，面对面沟通在生动性和互动性方面效率非常好，在广域性、机动便捷性、储存性、信息到达效率方面表现一般。因此面对面沟通适合进行沟通思想、交流情感以及进行有关决策方面的沟通，如召开研讨会、讨论会、座谈会以及决策会议等等；借助投影仪、黑板、图片等教具，面对面沟通可以转换成混合沟通，从而提高沟通效率。

固定电话沟通在生动性、互动性和广域性方面效果较好，机动便捷性、储存性和信息到达率一般。固定电话具有沟通迅速，反馈快的特点，一般适合进行个人间信息和思想的沟通，有时有些较重要的范围较广的通知也可以通过电话下达，但与电子邮件和手机短信的群发相比，其人力成本较高。

书面沟通在广域性、机动便捷性、储存性和信息到达率方面效果较好，且具有可以反复阅读、表达准确、便于保存、查阅等优点，但在生动性和互动性方面较差，反馈较慢。因此，书面沟通适合进行信息发布、制定规则、下达通知等。

电子邮件沟通在广域性、储存性和信息到达率等方面都较好，互动性、机动便捷性次之，生动性较差，一般适合进行跨地域之间的信息沟通。此外，在进行电子文档的交流方面，电子邮件有其独特的作用，这是其他媒介所不具备的。

移动电话沟通的效率除了在生动性、互动性和广域性方面与固定电话同样有效以外，其机动便捷性和信息到达率也很好，储存性一般。值得特别指出的是，移动电话不仅可以传播言语，还具有接发短信等书面语言的功能，既可以进行充分的直接沟通，也可以进行书面语言的间接沟通。新型手机可以边接听电话，边进行手机短信、图片、画面等沟通，其混合沟通能力大大加强，沟通效率也进一步提高，是手机将来的发展方向。可以预言，在不远的将来移动电话将是最方便、最快捷、最充分的沟通媒介之一。

网络视频沟通的广域性、生动性、互动性、机动便捷性、储存性、信息到达率等都较好，是网络沟通媒介未来的发展方向。网络视频沟通特别是在即时性等方面更具优越性，信息发送者可以即时观察到谈话对象的反应，并可以即时得到答复。在不同部门、不同领域的专家之间进行这种思想的交流与碰撞，更容易相互启发灵感，引发创造性的思维活动，从而促进知识创新。网络视频沟通平台的建立不仅有利于促进知识共享，提高科技创新能力，而且有利于形成良好的学术氛围和崇尚科学的精神，有利于培养人才，促进不同专业、不同学科之间的交流，引发学术争鸣；有利于开展多学科联合攻关，促进知识创新。

随着移动通讯成本的降低以及图像压缩技术的进步，移动通讯与网络图像传播必将会走向融合。把移动通讯的机动便捷性与网络视频沟通结合起来，可以开发出更加理想、效率更高的沟通媒介。

需要指出的是以上评估带有比较强的主观性，而且，由于媒介本身是不断发展的，随着技术的进步，新的媒介会不断出现，现有媒介也会因为技术进步而提高传播效率。同时，媒介的传播效率会因使用者的文化背景和习惯的不同而存在差异。对媒介效率的评估及其评估结果是动态的，并非一成不变。因此，本研究成果只能作为媒介选择时的参考。

随着数字技术在计算机、网络以及移动通讯方面的应用，数字传播技术得到了飞速的发展，沟通方式已不限于单一方式的交流，各种沟通方式正在走向融合，更便捷的沟通工具将不断出现，同时成本也会不断降低。随着数字技术的发展，将来沟通媒介发展的趋势是向综合性发展。在不远的将来必将会出现集网络、移动通讯、计算机、数字电视为一体的新型媒介，这些新型媒介的出现，将会改变人们的生活方式和思维方式，也会给管理者们提供更加便捷的管理沟通工具。

美国著名媒体研究专家罗杰·菲德勒（Ficller，R.）在其1997年出版的《媒介形态变化：认识新媒体》中描述了在2010年9月的某一天，"电脑居民"麦克斯和埃米莉夫妇如何利用一种交互式数字电视，与世界各地的朋友和家人进行沟通、收集信息以及在虚拟社区里参与政治和社会活动的情景。

"'电脑居民'麦克斯穿上他装满传感器的服装，戴上超轻虚拟现实耳机……开始他在电脑空间的疾驰……他打开汽车专栏。麦克斯一直关注着汽车交易。事实上，他的一个代理器在过去一周中，已扫描过他们的农场方圆25英里之内的轮胎商店。今天早晨，代理器终于发现了一家商店有麦克斯想要的轮胎出售，价格低于他指示的上限。"

麦克斯"进入这家商店后，一个友好的顾客服务化身拿着一本小册子和价格单走过来向麦克斯打招呼。麦克斯只用了几秒钟就完成了挑选和预约"。

"完成任务后，麦克斯飞向城里的电子会议中心。他参加了一个私人讨论组，这个讨论组共有来自五个国家的十四个成员。尽管麦克斯只与其中四个成员见过面，他们所有人已通过每日闲谈成为相互信任的电脑朋友。"

"今天早晨，当他进入讨论的时候，已经有六个成员开始进行实时交流了。另外三个成员则对早先的讨论提供了延时反应。每次讨论都被自动储存并做上索引，这样成员们可以随时调出重温。"

"雷蒙德在雅加达开始发言，谈论一项准备下周公布的印尼投资。他追踪这家公司的活动已经大约半年了，并向组里展示了他准备的一些图表。每个参与者可以用他们的触摸垫，独立检索和使用这些数据。麦克斯储存了几个关于企业营销战略的口头评论，并开始打听另一家几个星期前讨论过的印尼公司。雷蒙德回答说，他今天曾与那公司的销售副总裁共进午餐，他相信那家公司正在走向轨道。"

"起初，麦克斯买来虚拟现实系统的时候，埃米莉持怀疑态度，迟迟不愿去用它，但现在再也不是这样了。她已经开始感谢系统提供给她的机会，以及在使用它时，她追寻她的兴趣的舒适感。在她的虚拟世界里，没有争抢拥挤的人群，一切都是一周7日24小时开放。"

"麦克斯提醒埃米莉，一分钟后水力资源保护会议就要召开了。于是他们飞往电脑市政厅，在那儿他们与其他几十名接入网络的居民一起参加会议，还有几十人亲自到了会场。通过一个现场的电视连接，虚拟与会者可以观察会议过程、参加讨论并投票。"

"没有虚拟现实系统，麦克斯和埃米莉积极参与政府决策的能力将严重受限。与他们切身相关的大多数会议要么在县城举行，离他们住的地方大约有40英里，要么在州政府撒勒姆举行。如果他们想亲自参加州会议，他们不得不驾车8个多小时前往。现在他们可以投入更多的时间来思考议题，在家里履行他们的公民责任。近年来，使用虚拟现实系统参与统辖事务的人数已经显著增长。"①

这是罗杰·菲德勒1997年描写的2010年的某一天的情景，这个情景不是梦想，技术的进步比我们想象的要快得多，利用现有的网络视频技术，已经可以实现简单的跨地域、跨组织的即时互动交流，从而使实现隐性知识共享和转移的愿望成为可能，数字电视的发展可以为这种跨地域、跨组织的思想共享提供更便捷的工具。第三代移动通讯3G的应用使我们在旅行中也可以享受这种虚拟网络环境，国外已经开发出可供移动办公的大客车，客车的每个座位上都安装了移动电视，客车的尾部装有可供多人参加视频会议的设备。可以预想，罗杰·菲德勒描述的情景很快就会成为现实，而且其设备先进程度和方便程度都会比罗杰·菲德勒想象的要好得多。

---

① ［美］罗杰·菲德勒著：《媒介形态变化：认识新媒体》第147页，1997年。

下篇：

实 践 篇

8. 美国的国家创新体系与创新

8－1. 美国的国家创新体系

美国历来重视国家政策在创新中的作用，1945 年，美国总统科学顾问布什发表题为《科学：无止境的前沿》的政策报告，推动了联邦政府的调整和创新体系的发展。冷战结束后，美国更加快了创新体系的建设步伐，不光注重行为主体的参与，更强调其相互作用和知识的流动，其体系化更加完善。2001 年 1 月，美国著名智囊机构兰德公司（Rand）发表了长达 97 页的题为《增长的新基础：美国创新体系的今天和明天》，分析了美国创新体系的发展现状并提出了一系列的建议，对于美国 NIS 的进一步完善和发展起了举足轻重的作用。下面，试从创新主体入手，分析美国国家创新体系的发展现状。

8－1－1. 政策引导

在美国，创新是以企业为主，政府实行的是弱干预。同时，联邦政府还是那些具有战略意义而又难以在短期内赢利的基础研究的主要投入者，2000 年，联邦政府总共在基础性研究方面投入了 233 亿美元，将近全部基础性研究经费的一半。克林顿政府为推动美国科技发展，制定了一系列的科技计划。如"先进技术计划"（ATP，Advanced Technology Program），通过与私人部门分担成本和风险，向企业或企业与科研机构联合体注入资金，促进各种对国家具有高社会回报率的技术的应用研究和产业开发。由国防部领导的军民两用技术开发项目"技术再投资计划"（TRP，Technology Reinvestment Project）1993－1995 年拨款近 10 亿美元，用于一系列竞争性研究开发项目资助，且该项目要求每一资助的工业企业合作伙伴承担 50％以上的成本开支，带动了几十亿美元的研发支出。美国政府还积极向企业或企业与科研机构联合体注入资金，进行高技术的应用研究和产业化开发，自 1990 年至 2001 年，政府就投入了约 15 亿美元。对创新体系的弱干预主要是通过提供恰当的政策指导和创造良好的创新制度环境来实现的。

首先，美国历届政府制定了许多有关创新的法律法规，如 1980 年，美国通过了第一部《技术创新法》及史蒂文——环德勒法等，目的在于提高不同企业间的合作和促进 R&D 成果的转化，以提高美国公司在全球经济中的竞争力。为激励企业的技术创新活动，美国政府还在知识产权及税法方面作了许多有益的规定，如 1986 年制定的国内税法第 41 款规定，一切商业性公司和机构，如果从事的研究开发活动的经费与以前相比有所增加，那么该公司或机构可以获得相当于该增加值 20％的退税。[1] 2000 年 2 月美国国会通过的《网络及信息技术研究法案》，将这项退税政策永久化。同时，国内税法的有关规定还激励了国家创新体系中的其他几个主体对基础研究的支持，国内税法第 170 款就明确规定，无论企业、非赢利机构或个人，如果捐款给政府下属的基础性研究机构、教育机构和独立的"公益性研究机构"，都属于"公益性慈善捐款"，可获得相应的减税待遇。1980 年美国通过的《巴耶——多尔法令》，宣布有关成果的专利归承担课题的机构，也大大激励了

---

[1] 王辉著：《美国科技政策综述》，《全球科技经济瞭望》2003 年第 4 期。

中小企业的创新活动。在软件领域，美国还最早采用版权法来保护软件的知识产权，促进了美国软件产业的飞速发展。

其次，美国政府制定了一系列的科技政策，对创新进行扶持，尤其是冷战结束后，及时调整了科技政策，明确提出政府将奉行旨在加强美国工业竞争力，创造长期的高工资就业机会的新科技政策，改变了以前的冷战色彩。如 1993 年白宫发表的《技术促进经济增长：构筑美国经济实力的新方向》的国家科学技术政策的报告，对科技创新和创新体系建设进行行政指导。报告明确指出："联邦政府在技术开发方面的传统角色，仅仅是支持基础研究和国防部、国家航空航天局和其他机构从事的使命性研究。这一战略对于上一代人来说是适当的，但是对于今天我们所面临的深远挑战来说就不合适了。我们不能依赖于国防技术在私营部门的偶然应用。我们必须直面这些新挑战，并将我们的精力集中于我们所面临的这些新机会之上，承认政府可以发挥关键作用，以帮助私营企业利用创新并从中获利。"[①]

8—1—2. 高校和科研机构发挥重要作用

美国拥有世界一流的高等教育体系和科研机构，大学不仅是知识传播的主要承担者，也是知识创新的主体；不仅是技术人才的培养基地，更是新思想诞生的摇篮。2000 年，美国近 3660 所高等院校的在校生近 1600 万人，授予的 200 多个学位中近 1/4 为科学与工程领域的学位。除了培养了高层次的人才外，美国的高校还承担了 80％的基础研究工作。国立科研机构拥有国家实验室 850 个，20 多万雇员，居全球之首。[②] 私立的科研机构更是为数众多。近年来，随着国家创新体系的发展和完善，各主体都

---

① Willian. Clinton：Technology for American Economic Growth，Feb，1993.
转引王春法著：《国家创新系统与当代经济特征》，《科学学研究》，1999 年 6 月版。

② 程桂云著：《美国国家创新系统分析》，《世界经济研究》，2000 年第 2 期。

更加重视相互的交流与合作，大学及一些科研机构也纷纷开始与企业界密切合作，联合建立了一些科技研究中心并围绕高校及科研机构形成了几大创新工业集群。近年来，2500 家大学为私营企业建立了 350 多个科技中心。这些中心逐渐成为美国高技术的密集地和具有强大竞争力的产业集群，如硅谷的崛起就与斯坦福大学的作用密不可分。1951 年，斯坦福大学划出大片校园建立"斯坦福工业区"，将地产以租让形式供新企业建厂。此外斯坦福大学为硅谷的发展提供了科研设施和人才，并不断使科学研究的新成果迅速产业化。斯坦福大学的许多教授，都以不同方式参与硅谷地区的企业活动，如承担研究项目、担任顾问、直接投资等。斯坦福大学还为一些公司提供特定的教学服务。1981 年，硅谷 18 家企业集资在斯坦福大学建立了"集成电路系统中心"，培养高级科技人才，形成了教学——科研——生产一体化的高技术产业区。目前，硅谷共有大小企业 8000 家左右，其中电子工业制造厂商 2700 多家，直接间接为电子工业服务的公司 3000 多家，另外还有 2000 家从事其他尖端工业生产和研究的企业。①大学科研机构与企业的联合研究与开发，使理论与实践相互结合，研究与生产相互促进，加速了科研成果的产业化。

8—1—3. 企业创新

从一开始，美国企业就是国家创新体系中的一个主要角色和技术创新的主要承担者。20 世纪 30 年代，80％的研究与开发经费是由企业投入的，二战结束后，政府加强了对国家创新体系及研究与开发的重视，政府的投入一度达到了一半以上，但至 1980 年，工业界的研究与开发投入又超过政府的投入。2000 年，产业界的研发（R&D）实际投入为 1760 亿美元，占美国 R&D

① 美国科研体制与政策，http：//www.chinatranslate.net/world/usa－guide/education/Research/system.htm

实际投入的 2/3，同年，产业界的 R&D 使用额占美国 R&D 总支出的比例更高，超过 3/4，达 1992 亿美元。① 在研究人员方面，美国的企业界拥有大量的高质量的具有创新能力的科研人员，占全国在业科技人员的 60%—70%。由于企业在创新方面具有自身的许多优势，如对市场及新技术和思想有高度的敏感性，企业的研发活动具有较大的灵活性，而且其针对性和适应性较强，并直接参与到产品的设计、生产、销售和售后服务等各环节，创新成果显著。据不完全统计，美国私人工业企业目前有不同规模的实验室大约 2 万个。多数大型工业公司都设有中央实验室或研究开发部，拥有雄厚的研究资金、完善的研究设备和众多的科技人员。例如，国际商业机器公司在纽约州设有中央实验室，拥有研究人员 3000 多人，其中 4 人曾获诺贝尔奖。1992年，该公司的研究开发经费高达 66.44 亿美元，占其销售额的 10%。同时，小企业的创新成果也越来越受到重视，据统计，小企业每年获得颁发的专利占 60%。

8—1—4. 中介机构

中介机构是国家创新体系中各行为主体之间相互作用和相互协调的"桥梁"，不仅能起联络沟通的作用，还对科技成果进行深层的评估和咨询，促进科技成果转化的效率及服务效益的提高。在美国，一些诸如管理咨询公司、信息服务中心、技术服务中心、律师事务所、会计事务所等中介服务机构也越来越多地融入到国家创新体系中，成为加强各创新主体间联系及推动国家创新体系不断完善的一个重要因素，随着创新体系的逐步完善，中介机构也日益活跃。1953 年成立的美国小企业管理局（Small Business Administration）在立法、融资、技术、培训、信息咨

---

① 王辉著：《美国国家技术信息服务中心》，《全球科技经济瞭望》，2001 年第 12 期。

询等方面为小企业的创新与发展提供了大量服务，如 SBA 资助小企业的创新，为他们的技术创新计划向有关联邦政府机构申请经费支持，还建立了企业信息中心（BICS）向小企业传播最新计算机软硬件技术和电子通讯技术，帮其赶上高技术发展步伐，促进新产品的开发。始于 20 世纪 50 年代的技术服务中心又称孵化器，70 年代后期在美国广泛推广，为有发展潜力但尚处于雏形阶段的小企业、持有科技成果拟创办企业的科技人员提供场所、解决资金问题，并辅以技术、行销、人员培训和管理支持，以加速科研成果的产业化。另外，联邦政府还建立了一些跨学科的合作研究中心，直接面向工业界，从事重要领域的科技开发、提供信息咨询以及人才培养等方面的服务。

近年来，信息技术和互联网的普及，为创新主体之间的广泛交流与合作提供了方便，一些网络信息服务中介机构纷纷成立，使得信息服务更全面快捷，资源共享程度进一步提高。美国是世界上 Internet 使用人数最多的国家，2001 年达到 14282 万，而同期中国为 3370 万，日本为 5593 万，到 2007 年 1 月，美国互联网用户达到 15344 万，同期中国用户上升为第二位，达到 8675.7 万，中国和印度成为互联网用户增长最快的两个国家。[1] 互联网作为一种中介手段在国家创新体系中的作用也越来越大。美国国家关键技术委员会在其报告中指出："技术本身并不能保证繁荣和国家安全。技术只有在我们学会将它更有效地应用于研制新型、高质而成本又有竞争力的产品时，才能对美国未来的国家利益做出重大贡献。"[2] 而中介机构的功能恰恰在于推进了科技向生产力和产品的转化，使科技成为真正的生产力。

---

① 世界经济年鉴编辑委员会编撰：《世界经济年鉴 2003/2004》，第 689 页。

② 罗伟、王春法著：《国家创新系统与当代经济特征》，《科学学研究》，1999年 6 月版。

8-2. 美国国家创新体系的特点

美国的国家创新体系是一个比较成功且具有强大实力的系统，对推动美国经济的持续发展发挥了巨大作用，它除了具有一般国家创新体系所具有的系统性、经济性和创新性外，还具有自身的一些独特的特点，这也正是美国国家创新体系得以成功的原因。

（1）人员与知识双向流动

在美国，各创新行为主体间的联系与合作密切，特别是企业与大学和研究机构之间更是如此。不仅政府、企业、大学之间双边的合作项目丰富，近年来政府、企业、大学、军方等多角色的全方位的多边合作也越来越多，如美国国防先期计划局（DARPA）于2003年与Cray、IBM及Sun微系统3家公司签订合同，研究开发新型计算机技术项目——高性能计算机系统（HPCS）。Kmart公司在西弗吉尼亚大学的管理学校的投入，回报是每年公司的商店经理们在该校培训30天。斯坦福大学通过开设讲座和为企业提供在职研究生教育培训与企业保持着经常联系。例如硅谷的HP公司有8000名员工，其中有2000名以上的员工拥有斯坦福大学的学位（脱产或在职培养的），这些毕业生与母校保持着非常密切的联系。此外还有很多员工正在选修在职的研究生远程教育课程，通过选修高水平的研究生课程，这些技术人员得以了解最前沿的科技信息，并通过这种联系与大学的教师经常探讨技术问题，这对HP公司的新产品开发以及新的工艺设计无疑是最好的支撑。这些课程加强了企业与大学的联系，使这些技术人员不断接触新技术、使他们深入进行专业化交流成为可能。政府还为官产学研合作制定了相关法规和制度支撑，1980—1992年间一共公布了8个有关促进军民、联邦与州政府、国内和国外的科研资源相互交流的法案。这些密切有效的联系与合作使得创新资源在主体间得以高效流动，各主体间能优势互补，加快创新速度，提高创新效率。

人们通常认为大学担负着创造新知识并向企业传播新知识的职能，实际上知识是在企业和高校之间双向流动的，只不过各自拥有知识的性质不同罢了。大学教师把自己的知识以及创新思路带到企业，由企业帮助其开发或者实现其研究思路，在研究或开发过程中，教师可以验证原有的知识，解决在开发过程中遇到的新问题，同时，大学教师也可以了解企业的需求以及企业在生产中的实践性知识，并由此产生新的灵感。表8－1和8－2是1997年对美国的大学教师和企业所作调查的结果。对教师的调查是在美国研究经费前100位大学中随机选取40所大学进行的，共得到427名教师的回答；企业调查是在美国产学合作团体AUTM的会员企业中进行的，得到了140家企业的回答。调查结果表明：对大学教师通过产学合作研究"实际从企业得到的好处"的回答，排在第一位的是解决研究助手的工资和获取购置研究设备资金，其次就是从企业得到研究启示，第三位是获取自己的研究经费，第四位是验证自己的理论，第五位是获取与教学有关的实践知识，获取创业机会仅排在第八位。在前五位中有两项与经费有关，有两项与获取启示和实践知识有关。说明大学教师通过与企业的产学合作得到的最大实惠除获取经费外，就是得到启示和与教学有关的实践知识。"通过产学合作期望从企业得到的好处"的调查结果依次是：第一位的是解决研究助手的工资和获取购置研究设备资金，其次就是从企业得到研究启示，第三位是获取自己的研究经费。调查结果显示：教师期望得到的与实际获得的结果基本一致。不一致的方面是大多教师并没有期望获取与教学有关的实践知识，但最终获取了这方面的知识。这说明大学教师并没有把提高教学质量作为进行产学合作的目标，但通过产学合作却得到了这方面的实践知识。另外，调查结果还显示：在获取创业机会和扩大专利影响方面，与新建企业进行产学合作时成功的案例较多；

在对研究有促进作用方面，与万人以上的大企业进行产学合作时成功的案例较多。这说明小企业和新建企业与大学进行产学合作的目的是开辟商业机会，大企业与大学进行产学合作的目的是为了将来的研发。表8-2是对企业的调查结果。"企业通过产学合作研究得到的好处"排在第一位的是"接近新研究领域的手段"，排在第二位的是"开发新产品、新工艺"。关于"企业期望通过产学合作得到的好处"问题，企业对"与现有产品相关研究"和"关于新技术的新研究"同样关注，但企业实际得到的后者要比前者多。这说明虽然企业有需求，但大学教师对企业现有产品研究不足，对新技术领域的研究比较充分。企业与大学之间频繁的人员交流以及知识的双向流动是美国创新体系的一个重要特点。

表8-1　美国大学教师从产学合作研究中得到的实惠

项　　　　目	得分（满分为5分）
获得研究助手工资·购买研究设备资金	3.87
获得对研究有益的启示	3.82
获取研究经费	3.55
实际验证自己的理论	3.50
获得有关教学的实践经验	3.04
增加学生的就业机会	2.87
申请专利	2.55
增加创业机会	2.14

资料来源：［日］《アメリカの産学連携》，東洋経済新報社，2002年5月。

另外，技术创新与知识创新和制度创新及服务创新相互作用、相互促进，共同推动经济的增长。随着美国经济提前进入知识经济时代，知识越来越成为经济增长和发展的内在动力。美国国家创新体系以知识为中心，不仅注重技术创新，还强调知识创新，同时致力于制度创新和服务创新，多项创新相互作用，创新数量和质量都不断提高。

表 8—2　美国企业从产学合作研究中得到的实惠

项　　目	得分(满分为 5 分)
接触新研究领域	4.01
开发新产品、新工艺	3.74
维持与大学的关系	3.61
获取新专利	3.37
解决技术难题	3.15
提高产品质量	2.38
改变研究开发方向	2.34
获得好的毕业生	1.75

资料来源:［日］《アメリカの産学連携》,東洋経済新報社,2002 年 5 月。

（2）公私互补

私有部门主要是指美国的工业界，它们是美国国家创新体系的核心力量，在创新能力上有许多优势，如他们对市场反应迅速，对新思想、新技术反应灵敏，适应性强，很容易适应瞬息万变的市场，能灵活地进入和退出市场，可以及时介入新产品和新业务，能直接有效地参与产品的设计、生产、销售和售后服务。但同时，工商界也有自身不可避免的缺陷，如赢利性目的太强而忽视社会福利，不具备预见性和长远影响力的国家战略眼光，缺乏控制不确定因素及承受市场失败的能力，因此需要政府的政策指导及良好的制度环境。美国政府对创新体系的支持主要体现在两个方面。一方面是间接支持；另一方面是直接援助。在间接支持方面主要是通过制定政策和法律为创新提供较宽松的外部环境。例如在税收方面，1974 年将股票转让税从原来的 49％降到 28％，1981 年又从 28％降到 20％，这一改革对投资高风险股票有利，从而促进了风险投资的发展。在直接援助方面，政府扮演了向初期前沿研究开发项目提供资金支持的角色。例如，在 1970 年代，政府重点资助了半导体以及有关电子工学领域的研

究，每年投入约 10 亿美元用以资助以上领域的研究和开发。对
计算机方面的资助从 1976 年的 1.8 亿美元增加到 1995 年的 9.6
亿美元。这些资金大都通过招标形式资助了大学以及私营研究机
构的研究人员。政府经费对国家创新体系的支持正好弥补了私营
企业的不足。政府直接对基础研究进行资助，确定国家的重点研
究领域，同时，制定法律、法规、税收、财政、金融政策扶持和
激励中小企业的创新活动，从而使创新活动能在各领域、各部门
全面地展开，共同推动经济的发展。

（3）多元化的高投入

与美国的高技术产出相对应的是，美国拥有巨大的科技投入
优势，其科技投入规模长期以来居世界各国之首。美国 1995 年
R&D 投入为 1711 亿美元，而同期日本为 1234 亿美元，英国为
241 亿美元，德国为 474 亿美元。从 20 世纪 80 年代以来，美国的
R&D 投入占国内生产总值的 2.3％以上，1999 年高达 2470 亿美
元，占 GDP 的 2.7％。众所周知，美国企业是创新投入的主体，
联邦政府对基础性研究投入最大，大学、州及地方政府和一些私
人非赢利研究机构也是研发经费的投入者。在高科技领域，如信
息产业、生物医学等，社会化的风险投资也是其研发经费的一个
得力的资金来源，大约 90％的高科技企业是在风险投资的扶持下
发展起来的，如数据设备公司、英特尔公司、康柏公司、微软公
司和苹果公司等。1998 年美国的风险投资规模 125 亿美元，仅硅
谷的风险投资即达到 41.2 亿美元，占其地区 GDP 的 2％。

（4）成熟的创新环境

创新不仅包括技术创新，还有知识创新、制度创新和服务创
新。活跃的创新思想是创新行为产生的基础，而一个良好的创新
环境又是持续不断创新的保障。在创新环境的营造上，美国政府
发挥了重要的作用，主要从政策、法规、市场调节等方面来完
善。首先，建立鼓励创新的专利制度，《美国专利法》对可申请

专利的对象几乎没有任何限制，"凡是太阳底下的新东西都可以申请专利"，并且发明专利从 1994 年起由原来的 17 年延长至 20 年。此外，在专利执行方面，实行所谓的"同等功能原则"，即：专利内容中的某一部分即使被同等功能的其他内容所替代，仍属于原专利涵盖的范围，这使得技术发明人的权利得到最大限度的保护，从而有效地激励了人们踊跃创新。其次，对研发活动进行减税和免税的税收政策，也激励了企业界的创新。再次，营造了一个良好的创新市场环境，如风险投资公司的发展和壮大，对高新技术产业的发展做出了不可磨灭的贡献。最后重要的一点是，美国政府、企业及个人已经逐渐形成了一种强烈的创新意识，这种创新意识已融入人们的日常生活和企业文化中，形成了一种良好的创新氛围。

（5）完善的检索及评估体系

尽管对创新成果的评估比较困难，因为有的创新成果很难在短期内实现其经济利益，有的创新具有较强的"溅出"效应，难以全面评估其成果，目前美国进行科研项目的评估采用多种方法相结合的综合评估手段，主要方法有：数次衡量分析法如出版次数、引用次数、专利次数等，经济回报率，同行评议，个案研究，回归分析等，这样使得评估工作更加科学化和民主化，能更好地激励创新。为了更好地引导企业界的创新，美国在一些关键技术的评估中积极吸引产业界的直接参与。这样的评估工作又加强了政府、大学、科研机构和产业界多向的、连续性的沟通与交流，促进了持续的创新。在科技论文检索方面，国际上最具影响的 3 大检索系统《科学引文索引》（SCI）、《工程索引》（EI）和《科学技术会议录索引》（ISTP）都在美国。此外，美国政府科技报告的检索工具种类也很多。在世界各国数量庞大的各类科技报告中，以美国政府的科技报告为最多，而且比较系统。其中，历史悠久、报告量多、参考和利用价值大的主要有四类，即通常所说的"四大报告"——PB 报告、AD 报告、NASA 报告和 DOE 报告。这四种报告的累积量都在几十万篇以上，占全世界科技报告的大多数。有报道 PB 报告的《美国政府研究与发展报告》(US GRDE)，报道 AD 报告的《技术文摘通报》(TAB)，报道 NASA 报告的《宇航科技报告》(STAR)，报道 AEC 报告的《核科学文摘》(NSA)，以及报道 DOE 报告的《能源研究文摘》(ERA) 等。其中，比较全面、系统地综合报道美国政府四大报告的是《政府报告通报及索引》(Government Report Announcements & Index，简称 GRA&I)。另外，美国政府机构发行的研究报告还有其他许多系列，其中较重要的有：COM 报告（美国商务部的入藏报告）、E 报告（地球资源计划调查报告，多数兼有 NASA－CR 号）、ED 报告（美国教育资源情报中心入藏的报告）、EIS 报告（环境影响陈述报告）、HRP 报告（健康资源规划报告）、JPRS 报告（出版研究联合服务处翻译的苏联东欧的研究报告）、RAND 报告（兰德公司的研究报告）等。①这些检索工具种类繁多，分类细致，检索方便快捷，促进了科学研究和技术创新。

(6) 重视外籍科技人才和国际交流

美国是个科技大国，其科学与技术在许多领域都处于世界的领先地位。尽管如此，美国为了提高其科技创新成果，还非常注重与其他国家的交流与合作。政府鼓励企业同外国进行联合科技研究与开发，如微软公司已经在英国剑桥和中国建立了基础研究机构。美国政府还利用科技计划、外交、对外投资、经济援助、市场开发等手段促进美国的国际科技研究合作，仅 1994 年美国政府就同外国政府达成了有关智能制造系统（IMS）、光电子和民用产业技术方面的三项国际协议。政府还通过留学政策和移民

① http://desktop.nju.edu.cn/xxjs/Courseware/Html/chap15/pages/15＿2＿3＿1.htm

政策吸引全球的高科技人员。硅谷聚集着全世界各地的高科技精英,如微软公司的 2 万名员工中,印度籍员工就有 2000 多人,美国 59％的高科技公司中,外籍科学家和工程师占到科技人员总数的 90％。① 与此相应,美国重视外国人在美国的发明及创造,授予外国人的专利数一直稳步上升,外国人所获得的专利由 1964 年占专利总数的 20％上升到 1985 年的 43％,近二十年来仍直线上升。重视移民的作用也是美国高技术产业快速发展的一个重要因素。硅谷是美国 IT 产业的代表,1990 年硅谷所在的加利福尼亚州产业界雇用的技术人员和学者中有四分之一是外国出身,这个数字甚至达到像马萨诸塞州、得克萨斯州这样的产业高度发达的州的两倍。根据 1990 年颁布的有关出入境及国籍方面的法律,向具有职业技能人员发放的签证数从每年的 54000 人增加到 140000 人。到 90 年代,硅谷的技术人员和科学家中有三分之一是移民,其中有三分之二是亚裔移民,大多数是中国以及印度移民。根据 1990 年的美国国情调查,硅谷亚洲出生的人中有 51％是中国人,23％是印度人,13％是越南人。这些亚裔技术人员用他们的聪明才智为硅谷的繁荣做出了杰出的贡献。不仅如此,这些来自世界各地的移民,与自己的国家有着千丝万缕的联系,他们不仅把信息带到了自己的国家,也把产品和技术带到了自己的国家,通过这种辐射,硅谷的产品和技术传播到了全世界。

从以上的分析可以看出,美国的国家创新体系不仅具有完备有效、充满活力而又相互补充的创新主体,而且各行为主体之间存在着广泛和建设性的交流与合作,保持着动态的密切联系。企业始终是技术创新的主体,政府发挥着不可替代的以组织和引导为主的弱干预作用。多元化的高投入又使得美国的创新体系充满活力,成为美国"新经济"的发动机和保持国际竞争优势的关键因素。

---

① 陈昭峰著:《美国科技投入社会化的制度创新途径分析》,《科技与经济》,2003 年第 6 期。

9. 日本的国家创新体系

二战后，日本经济停滞，工业全面瘫痪，科学技术非常落后，在此情况下，日本以技术创新为先导，走以组织创新和制度创新，在"技术引进、学习、改良基础上进行创新"的"技术立国"道路，只用了几十年的时间，便使国家经济出现了十分强劲的发展势头，成为仅次于美国的第二工业大国。纵观"日本奇迹"，不难发现，国家创新体系在战后经济恢复与发展中起了重大作用。尽管到20世纪80年代，才产生国家创新体系这个概念，但实际上，正像日本前首相中曾根康弘所说："日本在刚刚战败时，痛感二战的失败是因为日本科学力量处于劣势造成的，所以政府主张倾注大力气加速科学技术的发展。"① 从1950年，日本政府颁布了《外资法》和《外资委员会设置法》，迈出了实施技术引进战略方针的第一步后，就不断地构筑和完善国家创新体系。为了便于分析和比较研究，下面也将从国家创新体系的主体入手，详细分析日本的国家创新体系。

_____

① ［日］中曾根康弘著：《日本二十一世纪国家战略》，三环出版社2004年版。

9-1. 政府的作用

日本政府是其国家创新体系的主要构筑者和组织者。日本政府对 R&D 的直接投入不到总数的 30%，它主要是运用法律法规、财政激励、统一规划等手段积极引导，重点扶持国内的一些创新活动，在国家创新体系中发挥了不可替代的重要作用。正如伦敦《经济学家》杂志主编诺曼·马克雷说的："日本是当前世界上最高明的统制经济……决定日本产业萌芽期的方向，推动并保护企业朝这个方向发展的产业计划化的最终主宰者是政府。"①日本政府主要是采用以下手段和措施来构筑其国家创新体系的。

（1）强化政府主导作用，促进技术创新

1949 年，日本政府公布实施第一个经济计划——"经济复兴计划"，将技术的发展和经济发展进行统一规划，并在其中的"技术计划"中，具体规划了科研方向、研究课题、技术资料的收集、人员培养、资金分配等内容，确立了大规模发展资本密集、技术密集的产业结构方向，几十年来，日本政府在重点科技发展目标的确立上，根据不同时期国际市场的发展变化和国内经济发展实际情况，不断改变重点扶持的产业部门。如 1950 年代，日本政府重点扶持钢铁产业，到六七十年代转向扶持汽车和石化产业，后来又转向知识密集型产业，重点发展环保产业和信息技术产业。这样，促进了企业对关键技术的掌握，加快了技术结构的升级，增强了企业的竞争力。在此过程中，日本政府还运用直接的政府研究开发补贴和委托费来促进企业的技术创新，重要的产业政策主要由通产省制定和执行，因而能从整体上把握经济和技术的发展趋势，对日本创新能力的提高起到了关键作用。这种

---

① 卢娜著：《日本国家创新系统分析》，《现代日本经济》，2002 年第 2 期。

以引进技术为基础对国内技术创新活动进行积极引导和重点扶持的强干预政策，为日本经济的快速腾飞创造了条件。在战后经济恢复建设及赶超西方的过程中，日本国家创新体系发挥了举足轻重的作用。尤其是 90 年代前的技术引进创新模式，为日本的现代化建设节了大量的人力、物力、财力和许多宝贵的时间。但随着日本与欧美尤其是美国技术差距的日渐缩小，这种引进改良为主的创新政策成为经济持续发展的"瓶颈"，使其经济发展后劲不足。原有的以引进改造创新为主导的国家创新体系也日见弊端，如基础研究薄弱、自主创新劲头不足、风险投资发育缓慢等，以致在美国经济进入持续增长的"新经济"之时，日本经济却在 90 年代初期开始陷入长期的低迷状态之中。1992 年的严重经济衰退除了与 1986－1992 年间的泡沫经济及其严重后果有关外，日本在整体上基础研究薄弱，缺乏重大技术上的突破更是其深层原因之一。日本政府也深深地意识到了这一点，根据这一情况，日本政府积极采取措施，加快了从传统的引进改良创新模式向自主创新的转变，将重心转向基础性研究，同时也加强了企业与大学以及研究机构的相互联系，强化了促进科学研究成果向企业转化的力度。从 90 年代中后期开始，日本加大力度进行国家创新体系建设，进一步完善国家创新体系，增强其国家竞争力。

1994 年 6 月，日本提出应该从科技立国转向科技创新立国，并且开始实施旨在加强日本基础研究实力的"战略基础研究推进制度"，由新技术事业团具体负责资助"隐藏着在将来有巨大应用潜力的研究"。1995 年，日本制定《科学技术基本法》，开始了第一个发展科学技术五年计划。从 1996 年桥本内阁开始，日本全面加大对科研特别是基础研究的投入，重新修订"国家科学技术发展计划"，于 1996 年至 2000 年度实行了《第一期科学技术基本计划》，研究开发水平得到一定程度的提高。2001 年，日本政府又制定并开始实施《第二期科学技术基本计划》，继续实行由"技术立国"到"科学技术创新立国"的战略性转变。首先，政府加大对基础研究的经费投入，第二期科技计划就明确提出政府的总投入为 24 万亿日元，比第一个科技基本计划增加 41%。其次，确定具有战略意义的国家性重点课题领域，主要是生命科学、信息通信、环境、纳米材料、能源、制造技术、社会基础、前沿领域，其中前四项是重点。《第二期国家科学技术基本计划》提出了三个基本目标，即把日本建设成为具有世界一流科技水平的国家，能够创造并灵活运用知识，使日本对世界的发展能够做出重大贡献；具有强有力的国际竞争力，能够持续发展；能使人民过上幸福、安心和富裕的生活这三大目标。并提出在 2050 年前产生 30 位获诺贝尔奖的科学家，使日本获得该奖的学者人数与欧洲主要国家相当的远期目标。

2006 年，日本内阁会议通过《第三期科学技术基本计划》，2006 年 4 月 1 日开始实施。新计划与以往的计划相比有以下特点。一是强调尽快实现从追赶者到领先者的角色转变，提升基础研究水平，创造世界一流水平的科学技术；二是强调创新是立国之本，提出"创新日本"的政策目标，大力推进国家创新体系的改革；三是强调科学技术的社会性与政策性，提出集中优势科技资源解决重大政策课题的重点化战略；四是强调科技人才的重要性，将优秀人才的培育与吸收作为科技系统改革的首要目标；五是首次提出要与亚洲各国合作，开展科技政策对话，促进与亚洲国家的科技与人员交流。计划阐述了第三期科学技术基本计划的基本理念和 6 大政策目标及 12 个中目标。三大基本理念是：①创造人类智慧（建设能够创造和运用知识为世界作出贡献的国家）；②创造国力的源泉（建设有国际竞争力的、可持续发展的国家）；③保证健康与安全（建设安心、安全、高品质生活的国家）。6 大目标是：①飞跃性的知识发现和发明——积累和创造开拓未来的多样性知识；②突破科学技术的极限——挑战并实现人类的梦想；③环境保护与经济发展并举——实现环境与经济相协调的可持续发展；④创新日本——实现不断创新的强大的经济和产业；⑤健康一生——实现从儿童到老人都健康的日本；⑥以安全为骄傲的国家——使日本成为世界上最安全的国家。计划还提出了重点推进的研究领域，提出了重点研究战略，加强产官学合作和科研基础设施建设，提出建设30个左右的世界级水平的大学研究基地计划。第三期基本计划期间政府研究开发的投资总额将达到25万亿日元。尽管日本提出了雄心勃勃的第三期科学技术基本计划，但是在日本经济持续低迷的情况下，财政预算捉襟见肘，新计划仅仅比第二期计划增加了4.1％的研究经费，大大低于第二期计划的增加幅度，显示出日本政府的无奈。

（2）建设创新的制度环境

首先是完善专利制度。专利保护制度不仅能使技术知识产品私有化，产生较大的经济效益，激励创新活动，另一方面，专利和知识产权的保护制度还能促进技术知识的传播，让更多的人了解科技发明，并通过合法的方式得到其使用权。日本是一个专利保护较发达的国家，专利在其科技活动中占有举足轻重的地位，专利申请数量之多也位于世界前列。与其他国家有所不同的是，日本的专利保护法只注意保护本国的企业利益而不是外国专利的保护者。这主要表现在日本专利申请时间较长，往往需要4－6年或更长的时间，而美国只需2年左右，并且在专利申请提交的过程中必须公开其技术资料。这样为日本企业合法模仿西方先进技术提供了条件。在外国公司的专利申请过程中，日本企业就可以利用公开的资料开发出大量的次要专利，并产生出更好的产品占有新市场。这种以"次要专利吃掉主要专利，以次要创新挤掉重大创新"的专利策略，对以引进改良创新为主的日本企业来说，无疑起了很大的促进作用。①

① 麦丽臣著：《日本政府在国家创新系统中的作用》，《日本研究》，2003年4月版。

　　其次，政府还通过税收制度来激励企业的技术创新活动，如扣除试验研究费的税额，减免重大技术开发设备的税收，对购买外国专利和引进外国先进技术的税收优惠，对特定研究开发的税收优惠等。为企业的创新活动创造良好的融资环境，也是日本政府构筑国家创新系统的另一个努力。创新活动需要巨大的资金投入，同时又具有高风险性和不确定性，日本政府设立的金融机构如日本进出口银行、日本开发银行及国民金融公库、中小企业公库等均以低利率为企业的研究开发活动提供资金。如"新技术开发贷款"不仅为技术开发融资，还对新技术成果产业化过程中所进行的投产实验的设备投资。

　　另外，由日本开发银行实行的"国产技术振兴资金贷款制度"，为促进在国内开发新技术、新产品的实际应用和商品化，根据企业的创新活动分别发放新技术贷款额，新机械企业化贷款和重型机械化贷款，这样，提高了企业技术振兴融资能力，为企业界的不断创新提供了资金保障。

9-2. 企业是创新主体

　　日本企业始终是技术创新的主体，在研究开发与实施上处于主导地位。1970年，日本产业界承担了全国72.7％的研发经费，政府只承担了27.3％。1980年，产业界为72.3％，政府为27.7％。1999年企业和民间的研究与开发投入达78％，高于美国的72.5％，是西方发达国家中最高的，历年来，民间企业的R&D投入均占国家总投入的80％以上。从国际比较来看，研究开发费中政府负担最高的是法国，为44.3％，德国次之为37.8％，美国约35.％，英国是32.3％，日本最低仅为21.5％。这也说明日本研究开发费用中的大部分是由企业来负担的。

　　从以上的研究开发经费的负担率可以看出，日本企业在技术创新，技术自主中起着主导作用，这也与日本技术发展模式有关。日本主要是靠引进西方的先进技术进行二次研究开发，把重点放在直接商品化的应用研究和开发上。企业研究开发的目的在于开发新产品以形成未来的主力产品，大多数企业都开展多元化的研发活动，向新的领域渗透。从研究经费的投入结构来看，1996 年，日本企业的研究经费总额为 89,803 亿日元，其中用于基础研究的只有 6,600 亿日元，仅占研究经费总额的 7.3％，而应用研究占 21.2％，开发研究占 71.5％。可见，日本企业重视应用研究，即适用性技术的研究开发，这种研发活动与市场结合相当紧密，一旦有所突破，即能抢占市场甚至垄断市场，立即产生极大的经济效益。因此，在这种高额利润的驱使下，产业界对技术知识的市场有着很高的热情。同时，由于国内外市场竞争激烈，企业要想谋求发展，追求高额利润，必须进行研究开发投资。另一方面，日本政府对企业的研发活动的财政激励政策也促使了其研发投入，如研究开发补助费、税收优惠包括对重大技术研发设备和引进外国技术的税收优惠及扣除实验研究费的税额等，鼓励和支持了企业积极进行 R&D 投入。再者，政府为企业的研究开发所进行的优惠融资安排和"补助金"制度，使得其用于技术创新的大量研究经费成为可能，如日本政府以低于民间金融机构的利率向企业的研究开发活动提供资金。

20 世纪 80 年代以来，日本制造业中的研究开发支出，以平均每年递增 11％的速度持续上升，到 80 年代中后期，研究开发支出已超过资本投资。若以典型的高技术企业为例，则这一特征更为明显。例如，1987 年日立公司在研究开发方面的支出为 2620 亿日元，是其资本投资的 2.5 倍；松下公司同年用于研究开发方面的支出为 2710 亿日元，而资本投资仅为 660 亿日元。研究开发已是企业立身之本，是决定生死存亡的关键因素。

日本企业一般都在企业内部建立了较强的研发机构，主要靠自身的力量进行研究和开发，与此同时，许多企业也非常注意利用公司外的技术资源和人才资源，注重合作研究，尤其是在一些尖端技术攻关上。1961 年，日本公布工矿业技术研究组合法。据此，日本先后成立了许多以特定的课题为目的的企业研究组合，在拥有各种技术基础的企业间开展共同研究，共同攻克难关。这样，就以群体的力量弥补了单个企业研究开发力量的不足，多样化的技术间的合作还弥补了单个企业技术单一的弱点。同时，不同的技术间的相互碰撞交融，可开阔思路，容易产生新思维、新技术，创新效果显著。

日本企业为了在激烈的国际竞争中立于不败之地，其创新活动十分注意充分利用和迅速转化大学等研究机构的科研成果，进行技术创新和事业创新，竭力使其迅速转化成生产力。绝大部分企业都为此采取了种种方式和方法，如参与各类学会活动、参与有关课题的合作研究、充分利用因特网等手段从大学和国立研究机构获取科研成果。至 2000 年，有近 20% 的企业与技术转移机构（TLO）密切合作，进行技术转让与交流活动；70% 的未有合作关系的企业表示将来要加强与 TLO 间的联络与合作。作为技术创新的主要力量，日本企业在国家创新体系中始终是个最活跃的因子，推动日本经济的发展和技术结构的优化，促进了国家创新体系的进一步完善。

9-3. 中介机构

官产学相结合是日本国家创新体系的一大特色，也是其运行的基础。早在 20 世纪 50 年代，日本政府就开始大力推进官产学之间的协作，在制度、体制、法律法规等方面做了许多有益的规定（1981 年，日本通产省和科技厅正式确定了官产学三位一体的以人才流动为中心的科研体制，并取得了显著成果）。在沟通大学及科研机构与中小企业间知识的流动，促进官产学机制的运作的过程中，日本的科技中介机构起了举足轻重的作用。

根据《日本科技振兴事业团法》和《日本中小企业事业团法》，日本成立了日本科学技术振兴事业团（JST）和中小企业综合事业团（JASMEC），前者侧重于基础技术的转让，而后者侧重于对中小企业的扶持，特别是为一些应变能力较差的日本中小企业提供技术支持和融资担保。二者均属于"特殊法人"，半官方机构，大部分的预算来自政府的拨款，如 JST 在 2001 年的总资产为 5493.5 亿日元，民间出资仅占 1 亿日元。① 这些事业团主要通过举办信息发布会、学习会及建立网站等形式征集技术和用户，并通过"契约"来联系技术发明者或技术所有者和技术使用者，如作为隶属于日本文部科学省学术政策局的特殊法人 JST，其工作职能除了收集信息、从事科学试验以及促进研究交流之外，还对一些事关国计民生的重大战略性技术和一些商业化较难的新技术，委托企业实施研究开发；另外，对于一些风险比较小、离实际应用较近的技术，中介机构则站在技术所有者和实施企业之间，通过"契约"调整彼此的关系，进行"开发斡旋"。

除上述两大事业团外，日本民营中介机构也非常多，其中最典型的是依托大学成立的技术转移机构（TLO）。根据日本政府1998 年 8 月颁布的《大学等机构技术转移促进法》，1998 年 8 月，依托东京大学成立了第一家先进科学技术孵化中心（CASTI）（股份公司）。CASTI 的业务主要是通过公开依托大学的研究成果、代理申请专利、代理转让专利、进行市场化调查、转让技术等手段，向企业和社会转移依托大学的研究开发成果，成为加强依托大学与企业之间联系的重要桥梁。截止到 1999 年 12 月，17 家技术转移机构共申请国内专利 740 项，取得专利 8 项，申请国外专利 93 项，取得专利 3 项，实施转让专利 69 项，有 46 项得到专利收入，大大促进了科技成果转化。

TLO 以大学的技术移转为主要业务，根据大学等技术移转促进法（TLO 法）计划实施，TLO 主要业务，是将大学等研究

---

① 钟鸣著：《日本科技中介机构的运营机制》，《全球科技经济瞭望》，2001 年11 月版。

机构产生的研究成果转化成为生产力。在设置形态方面，有股份公司、有限公司、财团法人、学校法人。组织形式上，可分为属校内组织的内部型及属校外组织的外部型。从大学的科研成果能实质性利用的观点来看，将大学的研究成果专利化及技术授权的业务交由 TLO 来负责时，必须提供联系功能、共同研究斡旋以及签订合同等事务性以外的服务。

关于外部型 TLO，其主要的资金来源是补助金。日本过去以"产业基础整备基金"为窗口，从获得许可之后 5 年开始，每年最高可获得 3,000 万日元的资助，资助率为 2/3。不过，此业务在 2002 年之后，移至经济产业省，资助金额也几度下调。半数以上的 TLO 采取会员制，且大部分采取收取会费的方式维持。而对于未采取会员制的 TLO，地方政府也提供补助金等，以确保其稳定的经济来源。

除了这些科技中介服务机构之外，日本还有大量的管理咨询服务中心、法律服务中心、信息服务中心等，这些管理咨询和法律服务机构为日本企业提供各种咨询和信息服务，促进了企业的组织创新和制度创新，推进国家创新体系的不断完善和发展。如一些科技中介服务机构与法律事务所协同为企业的研究开发成果提供专利申请服务，从而更好地保护了创新成果，促进科技成果专利化，促进了科学研究的开展。

9－4. 大学和科研机构

自明治维新以来，日本就一直高度重视教育。大学是培养高级管理人才和工程师、高级技术人员的摇篮，为企业的技术引进、工艺及产品改良与自主创新提供了人才和知识基础。战后日本更加注重教育投入，其教育经费以惊人的速度增长。1970—1982 年，公共教育费年增长 15.8%。公共教育费在国民收入中所占的比率，从 1970 年的 4.7% 上升到 1982 年的 7.2%。从国

际比较的角度看，这个比率，与美国不相上下，略低于英国的
7.5%，高于法国、联邦德国。① 在研究开发方面，大学是基础
研究的主要承担者，但在 90 年代以前，由于"引进创新"周期
短、收效快，在日本赶超西方大国的努力中成果显著，因此，日
本政府并没有高度重视大学的基础研究，对大学的基础研究投入
比较低。在基础研究方面，作为主要承担者的大学并没能够担负
起应该承担的责任，而主要是以"官产学"的形式同企业结合较
紧密，对应用开发的研究比较多。到 1997 年，联合研究项目增
加到 2362 个，参加人数达 2394 名，大学接受企业委托研究的项
目也增加到 4500 个。此外，还有 53 所大学与企业设立联合研究
中心，配备专职教师，开设研究室、实验室和科技信息交流场所
等，为加强同企业的合作创造良好条件。

近年来，日本政府意识到"重应用开发，轻基础研究"的畸
形科技创新机构带来的创新后劲不足的苦头，逐渐重视对大学基
础研究的投入，重视提高大学的科研能力。如日本近年来执行的
"大学结构改革方针"，大胆对国立大学进行合并和重组，通过第
三者对大学进行评估的制度，推动大学开展竞争，以增强大学的
灵活性、战略性，提高基础科学及高科技领域的研究能力和国际
竞争力。另外，文部省还对国立、公立和私立大学的 30 个领域
进行重点建设，通过对有关领域的重点建设，使有关大学成为能
够吸引世界一流学者的有魅力的大学。

日本的国立科研机构以应用研究为主，主要是以国家的科技
政策为依据来设置的，其经费主要来自政府预算，并按照国家经
济和社会的总体发展需求确定研究与发展工作。近年来，其从事
研究的范围越来越广泛，主要有对代表国家整体科技水平的创造
性、基础性的研究，对世界前沿技术领域的研究开发，对与国家

---

① 王利光著：《试论日本教育经费的分担与分配——兼谈日本的经验对我们的
启示》，http://www.edu.cn

可持续发展密切相关领域的研究开发，对进一步提高产业技术和形成新产业具有重大推动作用的研究；对与国民生活紧密相关领域的研究开发。最具有代表性的是从事产业技术综合性研究的产业技术综合研究院，该院由 8 所中央研究机构和 7 所地方工业技术研究机构原工业技术院改组而成（2001 年 4 月），拥有科学家 2400 人，年预算 847 亿日元。在规模上仅次于德国的马克思——普朗克研究所（3000 名科学家、1200 亿日元预算）和美国的洛斯阿拉莫斯国家实验室（3000 名科学家、1400 亿日元预算），以前沿的高技术研究与开发为主向，主要进行工业科学技术的研究开发、地质勘察、制定计量标准和进行技术指导及成果普及等。① 为了优先配置研究资源、集中力量推进战略性研究开发项目，这一科研机构还设立了诸如纳米技术、超临界流体、新碳材料、生命信息科学、生物信息解析等 23 个研究中心。随着日本政府对国立科研机构的大幅度的行政改革和重组，从 2001 年 4 月起，89 所国立科研机构转变成为 59 个独立的行政法人，拥有相对的独立性，在人员编制、预算使用、知识产权、研究开发和技术转让等方面进行类似民间企业的自主运营，并且研究人员还可以创办风险企业，尽快将科学技术转化为生产力。日本的科研机构还进一步加强同高校和企业的联合，所有这些，都将增强日本国家创新体系的系统创新能力。

（1）大学及国立科研机构的体制改革

1981 年，日本科技厅和通产省正式确定的官、产、学三位一体的以人才流动为中心的科研体制，成为了日本国家创新体系的基石。2001 年开始，日本政府加大对大学和国立科研机构的体制改革，以增强大学及科研机构的自由度和能动性，紧密官、

① 《日本大力改革国立科研机构》，http://japan.people.com.cn/2001/03/21/riben20010321＿3324.html

产、学间的进一步联合。如对国立大学进行重组与合并，在国立大学引进市场管理机制和竞争机制，放宽大学教师到民间企业进行兼职的限制，挑选民间企业中具有较强洞察能力的专家到大学长期工作。这样，专家进驻大学后，可以根据大学的科研成果制定创办高科技产业的计划，将其推荐给现有的企业，为大学和企业发挥牵线搭桥作用，强化大学作为高新技术企业的孵化器功能，推动大学加快高新技术的开发以及科研成果的产业化，促进大学教师、学生创业。在此推动下，依托大学创办的高新技术企业数量迅速增加，改变了大学科研成果不能迅速产业化而影响国际竞争能力的现状。在国立科研机构也同样引进独立法人制度，使科研机构更具独立性，在人员编制、预算使用、知识产权、研究开发和技术转让等方面可进行类似民间企业的自主运营，研究人员还可以创办风险企业，尽快将科学技术转化为生产力。此外，还在大学及公共科研机构营造竞争性的研究环境，改善经费分配，扩大竞争性的科研经费；通过普及任期制促进人才的流动，提高年轻研究员的自主性。在官产学结构的建设中，日本比其他任何国家更突出强调"官"的作用，"产学官"与"产学研"的一字之差也道出了日本产学合作的官方主导实质和特征。政府致力于各项法律规定的修订与完善，建立完备法制环境的良好体系，为大学和科研机构的科技成果转化，促进企业科技进步提供了最佳的前提和保证。

(2) 健全风险投资环境，重视与市场互动

日本的风险投资企业相对滞后，与其作为世界第二经济大国的地位是不相称的，更不能同美国相比。20 世纪 40 至 50 年代产生的索尼、先锋、本田、卡西欧计算机等一大批技术型风险企业，后来基本构筑了日本制造业的核心。70 年代后，日本技术风险企业产生速度缓慢，并且多为"武富士"（金融）、"伊藤园"

（流通）等服务型的风险企业。① 近年来，日本加强对风险投资环境的建设，刺激风险企业的发展，如创建政府风险企业培育资金，1999 年开始，由日本科学技术振兴事业团（JST）设立名为"风险创业培育制度"的风险技术资助制度，对每一位通过了审评的风险技术创业者资助 100 万美元（相当于 1 亿日元），部分解决了创办风险企业难以筹措初始资金的难题；从政府和民间两方面入手解决风险企业第一批产品难以找到第一个产品用户的问题；在公司和研究机构内部另组风险公司，加大对其的投入；多渠道解决风险经营人才问题，加强风险经营人才的流动，如针对日本人喜好资格证书的心理，设定"风险企业经营者资格认定制度"，加强高校风险经营学科的建设，培养高级人才；此外，更为重要的一点是加强风险投资的环境建设，制定相关的法律法规、政策措施，更新人们的风险投资观念，培育像美国那样的"多产多死"的风险投资氛围。日本采取的这些措施，就是力图通过重视市场需求，加强风险投资环境的建设，以期进一步紧密创新活动与市场结合，使市场真正成为技术创新的归宿和起点。

（3）加强联合研发，培育创新环境

缺乏独创精神和独创能力不强已经成为日本经济持续增长的瓶颈，日本从多方面着手加强自主创新建设，增强国家创新能力及国际竞争力。由于在创新尤其是自主创新的过程中存在着巨大的风险性和不确定性，为增加研究开发的成功率，减少自己的风险，弥补自己技术的不全面性，日本有些企业共同出资，大力进行研究开发。合作方式也多种多样，从企业间单纯地交换技术信息和企业与大学及公共科研机构的互动交流，到企业筹集资本、人力，设立具体组织而进行的共同研究开发。加速了技术信息的

---

① 田野著：《日本技术风险企业的问题及其采取对策》，《全球科技经济瞭望》，2001 年 2 月版。

转移，有效地分配研究开发的资源，克服研究开发规模的限制，从而促进技术创新的发展。为了达成特定的研究开发目标，日本还设立了具有独立法人资格的组织——技术研究组合，实施共同研究开发的主要事宜，如研究开发的目标和规模、所需资本的分担、研究人员的选派、研究成果的归属及其分配方法等，由参加组合的所有成员经过协商来确定。当研究目标已经达成或组织超过了预定的期限时，这一组织就解散。这样的联合研究大大增强了日本的自主创新能力。

另一方面，日本政府还注重创新环境及机制的营造和建设，如前所述，它主要从创新政策规划、专利制度、财政融资、税收优惠、风险投资、中介机构建设等方面努力。随着经济全球化和国际竞争的日益激烈化，日本在自主创新的培育及引导方面，还会呈进一步加强的趋势。

在日本的现代化建设中，国家创新体系发挥了重要的作用。但是对比日本与美国的国家创新体系的发展状况，我们发现两国的国家创新体系在制度环境和发展模式等方面有很大的不同。

①从创新的类型看，美国更重视原创性的创新，日本虽然也重视原创性的创新，但是日本在传统技术与创新知识的结合方面做得更突出一些。日本民族本身就是一个善于模仿的民族，具有这方面的传统和文化，这从其语言的发展中也得到充分的体现。日语的基础是借用汉语的汉字和发音发展起来的，中国文化对日本的影响体现在社会、经济、文化的各个方面。明治维新以来特别是二战以后，日本注意学习西方的先进技术，日语中源于英语的外来语迅速增加，引进了许多外来词汇，特别是科技方面的词汇更是英语外来语的天下。日本在其发展过程中，非常注意引进和吸收国外技术，善于模仿，并在模仿的基础上不断创新。日本在半导体、电子器件、电器音响、程控机械、机器人等领域居于世界领先水平，但其在这些领域的原创性发明并不领先。在原有的技术和产品上精益求精是日本的一个鲜明的特色。

②从融资方式看，美国的风险投资对美国高技术产业的发展起到了重要作用。美国在 1990 年以前，风险投资的规模是 23 亿美元，1998 年达到 125 亿美元的规模，而且接受风险投资的企业也不断上升，1980 年代是 504 家，1990 年代是 1176 家，1998 年一年就达到 1824 家。① 与美国相比，日本高科技企业开业的融资方式主要依靠自有资金，约占总数的 55%，从金融机构的融资仅占总数的四分之一多点。②

③从风险基金投资的风格看，美国风险投资更具冒险性。美国风险基金对企业风险较大的创业初期阶段投资占整个风险投资的 56%，日本风险基金对企业风险较大的创业初期阶段投资只占整个风险投资的 6.5%，日本风险基金在创业企业逐步走向正轨，进入发展期阶段时对企业的投资占风险投资的 54%，对进入稳定发展期企业的投资占 33.9%。与美国相比，日本的风险投资更具保守性。由于日本风险投资在企业风险较大的创办初期阶段投资比例较低，其投资效率也明显不如美国。美国风险投资在对企业创业初期阶段的投资中，80% 以上的投资能获得与投资数额相同的利益，而日本的这一指标不足 29.2%，这说明日本风险基金在风险管理和利润管理方面尚不成熟。③

9-5. 高技术工业集聚开发区建设

日本除采取以上措施促进创新外，为促进高技术产业集聚和产学合作，还通过中央政府倡导、地方政府推进的方式，在各地

---

① ［美］Chong—Moon Lee，William F. Miller，Marguerite Gong Hancock，Henry S. Rowen 编，《硅谷》中川胜弘监译：日本经济新闻社 2001 年 12 月版，第 108、109 页。

② ［日］铃木茂著：《ハイブリッド型ベンチャー企业》，有斐阁出 2003 年 3 月版，第 49 页。

③ 同上，第 57、58 页。

建设了许多高技术工业集聚开发区。日本最早有计划地推进高技术产业始于 20 世纪 80 年代初期，其大致可以分为两个阶段。第一阶段是 1980 年到 1995 年的发展高技术工业集聚开发区阶段，第二阶段是 1995 年至今的科学技术创造立国阶段。

1980 年，日本通商产业省提出了发展高技术工业集聚开发区的构想，发表了《80 年代通商产业政策展望》，1981 年，通商产业省指定 19 个地区为高技术工业集聚地域开发基本构想后备地区，1983 年，日本制定"高技术工业集聚地域开发促进法"，全面推进高技术工业集聚开发区的建设。

所谓高技术工业集聚开发区就是高技术工业集聚城市以及为实现其目标的计划，其目的就是促进以高新技术产业为中心，构建产、学、住为一体的城市建设，通过推进研究开发设施等各种产业基础的基础设施建设，振兴区域经济，提高社会生活水平。1984 年，通商产业省正式批准 9 个地区为高技术工业集聚地域，后又陆续批准，最终共批准了 26 个开发区。

9－5－1. 建设高技术工业集聚开发区的背景

众所周知，战后，日本经济经过统制经济的恢复期、朝鲜战争期间的"特需经济"期以及从统制经济向市场经济过渡时期，日本经济自 1955 年到 1973 年连续保持了 18 年的长期高速增长，到上世纪 70 年代初期，日本 GDP 总量居世界第三位，人均 GDP 是 4000 美元。70 年代初，日本已经完成工业化目标，进入经济成熟期。但是，从整体的经济实力和经济结构看，当时日本仅仅是实现了非高技术产品的生产大国目标，一些高端产品，比如计算机、高级精密仪器、精密机床、高等级汽车等还无法和美国、欧洲相比，日本的经济增长主要依靠设备投资和出口牵引。民间企业设备投资增长率在 1973 年和 1974 年高达 20%。外贸出口增长率，1971 年为 19.8%，1973—1974 年受石油危机的影响增速减缓，但 1975 年又达到 17%，第一次石油危机爆发后，迫使日本加速调整产业结构。从治理恶性通货膨胀入手，日本加大调整产业结构力度，大力开发节能技术，开发新能源，工业化发展的重点从基础材料型产业向汽车、机械、电子加工等组装型产业转移。在这种背景下，1980 年，通商产业省提出了发展高技术工业集聚开发区的构想。

9－5－2. 高技术工业集聚开发区的发展状况

9－5－2－1. 高技术工业集聚地域开发

高技术工业集聚开发区在日本是最先由通商产业省提出构想的，1983 年通过制定"高技术工业集聚地域开发促进法"使其制度化。

日本高技术工业集聚地域开发的目标主要是实现区域高技术工业集聚，推广新技术，促进产学合作，改善居住环境。采用的政策手段主要有：

（1）促进产学合作。主要是通过国立大学设立地区共同研究中心等方式进行的，到 1998 年国立大学共设立了 52 个地区共同研究中心。地区共同研究中心的主要职能是：①推进与民间机构的合作研究；②介绍来自大学的有关实用技术的秘诀；③接受技术咨询和创业咨询；④对民间机构的技术人员知识更新教育；⑤接受外来人员开展合作研究，进行技术指导；⑥主办有关尖端技术的讲演会、讲座、研讨会；⑦主办机械设施等方面的操作讲习会；⑧收集和提供科学技术信息；⑨推动与外国研究者的技术研究交流；⑩主办各种交流会；⑪开放实验室；⑫推进与大学、国立研究机构的合作研究和技术交流等。日本政府主要是希望通过国立大学设立地区共同研究中心等方式，促进高校的研究成果和技术应用于企业，促进产学合作。

（2）制定优惠政策，在高技术产业领域进行招商引资。各地方政府在获得政府立项后，会制定各种优惠政策促进开发建设，进行基础设施建设等方面的投资，进行水、电、道路交通等方面的配套施工。在软环境方面，设立高技术工业集聚地域开发机构和服务机构等，完善公共试验研究机构的设施，改善投资环境，以吸引高技术企业进行投资。

（3）设立高技术工业集聚地域开发财团。根据"高技术工业集聚地域开发法"规定：所有高技术工业集聚地域有责任设立高技术工业集聚地域开发财团，为高技术工业集聚地域开发提供资金支持。高技术工业集聚地域开发财团的主要职能是：

①高技术中小企业的担保业务；

②技术培训；

③研究开发；

④为研究开发提供支持。

但从根本上说，高技术工业集聚地域开发项目是地方政府主导下的开发项目，其融资的规模都非常有限，26个财团的总基金规模仅达到555亿日元，并不能满足各地高技术工业集聚地域开发的需要。

9—5—2—2. 高技术工业集聚地域的开发状况及评价

日本高技术工业集聚开发区建设，到1995年取得了一些成效，涌现了一批水平高、有竞争潜力的日本高技术工业集聚地区。如：浜松高技术工业集聚开发区，该区共建有12个工业团地，面积达546ha，投资达到855亿日元，推动了当地高技术产业的发展，是非常成功的高技术园区。其次，还有熊本高技术工业集聚开发区等等。

经过十几年的发展，高技术工业集聚地域开发计划取得了一定的效果。从1980—1995年，在高技术工业集聚地域投资的企业数为5,864家，其中，高技术企业798家，占全部的13.6%，在高技术工业集聚地域设立研究机构100家，占其所在县全部设立的研究机构245家的40%，占日本全境设立的研究机构508家的19.7%，以上结果显示，在高技术工业集聚地域并没有更多地吸引高技术企业和研究机构。

在对高技术工业集聚地域开发计划实施状况的评价方面，日本通商产业省设定了高技术工业集聚地域开发评价标准。具体如下：

目标完成率＝（b－a）/（c－a）

生产产品产值的情况下：

a＝1980 年的生产产品产值

b＝目标年份 1990 年或者 1995 年的生产产品产值

c＝1990 年或者 1995 年的生产产品产值的目标值

根据以上标准，日本对 2 次开发计划（第 1 次开发计划：1980—1990 年，第 2 次开发计划：1990—1995 年）进行了评估。在第 1 次开发期内，高技术工业集聚开发区生产的产品产值有较大增加，从 20 兆日元增加到 30 兆日元，其中，郡山高技术工业集聚开发区（完成 141.1%）、北上川高技术工业集聚开发区（完成 139.2%）、宇都宫高技术工业集聚开发区（完成 138.8%）、浅间高技术工业集聚开发区（完成 128.2%）、仙台北部高技术工业集聚开发区（完成 126.5%）完成既定目标，其余 21 个开发区均未完成既定目标。而且，第 2 次开发期内的完成情况还不如第 1 次开发期的完成情况好。因此在日本，对高技术工业集聚地域开发计划实施状况的评价分成了两派。有的学者认为高技术工业集聚地域开发计划失败了，有的则认为成功了。

部分学者认为高技术工业集聚开发政策失败的依据是：

①高技术工业集聚开发政策的目标没有实现；②高技术工业集聚开发财团的财政破产；③公共试验研究机构设施完善得不够；④大学与产业界的合作失败（在高技术工业集聚开发区内并未形成严格意义上的知识集聚型园区）；⑤通商产业省于 1998 年废止了"高技术工业集聚地域开发法"。

主张计划失败的人认为失败有外部原因和内部原因，失败的外部原因有三：①日本经济的国际化，日本广场协定（1985 年）后，企业到海外投资激增（参见表 1）；②日本产业产生了空洞化；③1990 年代初期，受日本泡沫经济崩溃和日本经济长期衰退的影响。

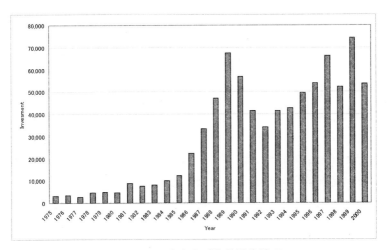

图 9—1　日本企业对海外投资情况

　　失败的内部原因是：①高技术工业集聚开发区过度依赖对外部大企业的招商开发政策，内生性发展动力不足；②地方大学多数是教学型大学（知识产权积累太少），难以为高新技术产业提供技术支持；③法律禁止大学教师到民间企业兼职，影响了大学教师从事应用科学研究的积极性和科技成果转化；④高技术工业集聚开发多为地区项目，因此，总体上对高技术工业集聚开发区的投资额不大；⑤日本型行政机构主导与计划同质性。因为日本的高技术工业集聚开发区建设是在通商产业省倡导下（中央政府），由地方政府推动的，行政主导是开发区建设的重要特点之一，而行政主导也决定了开发计划的同质性特点，这与美国的市场主导型有很大不同。

　　有的学者认为高技术工业集聚开发计划获得了成功，认为成功的依据是：

　　①通商产业省在区域开发政策决策方面，在政府内的地位有

所提高；

②对区域技术政策重要性的认识有所提高；

③改善了公共试验研究机构；

④在整合区内居民意愿方面有所进步。

9－5－3. 科学技术创新立国战略的推动作用

1995 年日本政府制定的《科学技术基本法》，提出了科学技术创新立国战略，调整了高技术产业政策，加大了支持高技术产业的力度；1996 年制定《第一期科学技术基本计划》和 2001 年制定的《第二期科学技术基本计划》以及后来制定的《第三期科学技术基本计划》都对日本高技术工业集聚开发区的发展起到了巨大的推动作用。1998 年，日本政府颁布《大学等机构技术转移促进法》（TLO 法），目的是促进产学合作，促进科学研究，鼓励大学把技术和研究成果向企业转化。1998 年 8 月，依托东京大学成立了第一家先进科学技术孵化中心（CASTI）（股份公

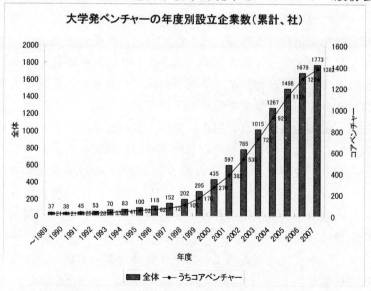

图 9－2　大学创业的高技术企业分年度设立情况

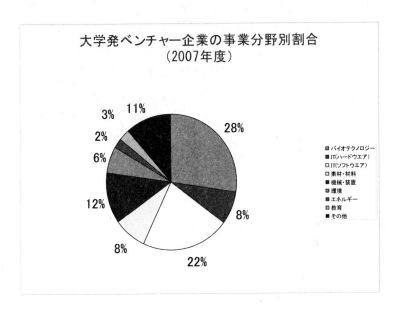

图 9-3　大学创业的高技术企业投资领域分布图

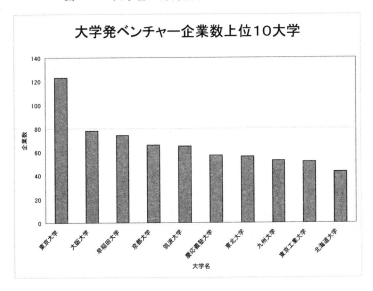

图 9-4　前 10 位设立高技术企业的大学排名

司）。CASTI 的业务主要是通过公开依托大学的研究成果、代理申请专利、代理转让专利、进行市场化调查、转让技术等手段，向企业和社会转移依托大学的研究开发成果，成为加强依托大学与企业之间联系的重要桥梁。

此外，日本还积极推进"大学结构改革方针"，大胆对国立大学进行合并和重组，通过第三者对大学进行评估的制度，推动大学开展竞争，以增强大学的灵活性、竞争性，提高在基础科学和高科技领域的研究能力和国际竞争力。2004 年，国立大学转变为独立行政法人，国立大学教师因此得以到高技术企业兼任企业董事，促进了产学研合作。此外，政府还出台了一些新的支持高技术企业的优惠政策。

10. 中国的创新体系及发展状况

10-1. R&D 经费快速增长，投入强度有待提高

中国是一个发展中国家，多年来对研究与开发的投入严重不足。近年来，国家实施科教兴国战略，加大了对科技和教育的投入，R&D 经费投入逐年上升。2002 年，在统计的 37 个国家中，按当年汇率折算，R&D 经费总额居于前五位的分别是美国（2771 亿美元）、日本（1240.3 亿美元）、德国（501.5 亿美元）、法国（314.5 亿美元）和英国（293.2 亿美元）。中国继 2001 年经费总额超过意大利和韩国之后，再次超过了加拿大，位居世界第六，达到 155.6 亿美元。与 2000 年的数据相比，中国与排名前 5 位的发达国家的差距也在明显减小。2000 年，我国仅是美国 R&D 经费总额的 4%，日本的 8%，德国、法国和英国的 30% 左右；2002 年，相应比重分别提高到 6%、13% 和 40% 左右。

从 2002 年排名在世界前 10 位国家的 R&D 经费的增长情况看，近 10 多年来，除意大利的经费投入有所下降外，其他国家都有不同程度的增长。从 1991 年到 2002 年 11 年间的增量看，美国增长了 1157 亿美元，日本增长了 218 亿美元，中国以 126 亿美元的增长量位居世界第三。11 年来年均增速达 16.2%，居

世界第一，远远超过其他国家的增长速度。

随着我国 R&D 经费总额的不断提升，其在世界研发投入总量中所占比重也明显提高。2002 年，我国 R&D 经费占 37 个国家总额的比重达到 2.4%，比 1991 年的 0.6% 提高了 1.8 个百分点，也是 10 多年来 R&D 经费占世界份额的提升幅度仅次于美国而排名第二的国家。此外，11 年间，除韩国增长了 0.9 个百分点外，其他 OECD 国家所占份额变化不大，而日本、德国、法国、意大利等国家的世界份额则有所下降。2002 年，我国 R&D 经费占 GDP（R&D/GDP）的比重为 1.23%，与 2001 年相比，比重提高了 0.16 个百分点，提升幅度较大。但从世界范围来看，我国的 R&D 投入强度仍然处于中等水平。

在 37 个国家中，R&D/GDP 的比重超过或接近 2% 的国家有 18 个。其中最高的以色列达到 4.72%，瑞典达 4.27%，芬兰、日本、冰岛、韩国和美国比重都在 3% 左右，而欧盟 15 个成员国家的平均水平也在 1.9%，OECD 成员国家的平均水平达到 2.26%。2004 年，我国研究与开发（R&D）经费支出为 1843 亿元，占国内生产总值的 1.35%，2006 年，全国研究与开发（R&D）经费总支出为 3003.1 亿元，比上年增加 553.1 亿元，增长 22.6%，研究与开发（R&D）经费投入强度为 1.42%。我国 R&D 经费投入总量虽然已经接近部分发达国家，但整体投入强度还有待于更大的提高。

人均 R&D 经费也是衡量一个国家研发投入强度的重要指标。瑞典、日本和美国人均 R&D 经费都超过或接近 1000 美元；超过 200 美元的国家有 16 个，其中冰岛、芬兰、丹麦和挪威 4 个北欧国家人均经费都在 700 美元以上，OECD 国家的平均水平也在人均 500 美元以上。相比之下，我国 2002 年的人均 R&D 经费为 12 美元，仅为 OECD 国家平均水平的 1/50，近邻韩国的 1/25。

从各国家 R&D 强度和人均 R&D 经费的分布特点看，发达国家在人均 R&D 经费普遍较高的同时，其 R&D 强度也达到较高水平。而且这两个指标整体上看具有正相关关系。这就是说，从国际经验来看，随着人均 R&D 经费水平的提高，其 R&D 投入占 GDP 的比重也应该按一定的比例相应地提高。所以，我国在实现 R&D 经费总额不断增长，提高人均 R&D 经费水平的同时，必须保证 R&D 经费的增长率远远高于 GDP 增长率，提高 R&D 强度，这是我国尽快赶上发达国家的必然要求。

1992 年，党的十四大确立了社会主义市场经济体制改革的目标，国家开始调整科技资源配置机制，加大科研体制改革力度，着手建立面向 21 世纪的国家创新体系。1998 年年初，中国科学院向中央提出了建设国家创新体系的报告，首次提出了建设中国国家创新体系的构想。同时，中央批准将中国科学院建设成为中国国家创新体系的重要基础部分。

现在，学者们基本上认为，不管是自觉还是不自觉，中国确实存在一个国家创新体系，这一体系在不断地发展中。较早用国家创新体系的概述分析中国现状、并引起较大影响的工作是 1996 年加拿大国际发展研究中心与当时的国家科委所共同进行的对中国科技改革十年所作的评价，在这份《十年改革：中国科技政策》报告中，国际专家组提出，对中国而言，"确定某种国家技术创新体系的概念，并运用这种概念作为制订政策的基础目前看来是有用的。"他们认为，许多重要的国家部、委以及机构在中国国家技术创新体系里的政策制定方面起重大作用，包括：科技部、国家发展计划委员会、教育部、国家经济和贸易委员会。而以下 6 类机构则构成了中国国家创新体系的核心，即研究机构，国有企业、民营、合资和城市集体企业，大学，国防研究院所和乡镇企业。并指出，在中国，有许多机构都在推动科技创新上起作用，但也存在相互间协调的困难。"在中国，我们看到至少有四个重要的委员会通过旨在促进科技改革的方式，在政策制定和计划的分配中起积极作用，并以此刺激在新出现的社会主义市场经济中的创新。但是，我们未能明确了解它们之间的各种活动是如何协调的。"① 但加拿大专家组的报告并没有根据国家创新体系的概念对中国科技体制改革等提出具体的意见。

在我国，在传统的计划体制内，国家创新体系带有浓厚的计划色彩。科研机构被赋予知识生产者的作用，不关注知识的传播、使用。企业是知识的使用者，不关注知识的生产、传播。而高校则主要是知识的生产和传播者，不关注知识的使用。政府则既是知识的生产、传播和使用的组织者又是推动者。国家创新体系间各要素联系方式和机制主要是国家计划和相关政府机构，这一系统配置方式既造成了要素创新动力的低下，又造成各要素之间的功能分割局面，所谓技术、经济两张皮的现象便是这样形成的。

改革开放以来，由于市场机制的不断引入，我国的科技工作发生了很大的变化，已从计划型的创新系统向计划市场混合作用的形式转变。转变的突出之点是政府的职能发生了很大的变化，它扬弃了许多计划体制的东西，使企业和科研机构有了越来越大的自主权，政府虽然还是技术创新的发起者、组织者和推广者，但企业、科研院所和高校在创新中的作用大大增强了，可从以下几个方面看出国家创新系统的变化。首先，通过改革，科研院所为经济建设服务的格局已基本形成；其次，国家科技计划不断向实现技术创新的方向转移；第三，政府通过许多措施，建立了初具规模的技术创新支撑服务体系；第四，政府开始注重通过立法、政策手段来推动技术创新。

尽管改革使国家创新体系的格局发生了新的变化，政府、企业、科研院所及高校、技术创新支撑服务体系相倚的基本态势已经初步形成，但是多个政府部门同时介入科技创新的局面并没有彻底改观，各要素之间功能分割的局面依然存在。在我国目前的

---

① 石定寰、柳卸林著：《国家创新体系建设的政策意义》，《中国科技论坛》，1999（3）6—11。

创新体系中，科技部在组织重大科学研究项目的实施、科技成果推广、科技成果产业化、科技园区建设以及科技共享平台建设等方面发挥了越来越重要的作用，其他部门如教育部、中国科学院、中国社会科学院、国家自然科学基金、国家社科规划办公室、人事部等部门也都关注和介入科技创新体系的构建工作，形成了我国政府及其相关部门主导推进的国家创新体系。

10－2. 政府作用

在我国市场经济体制尚未完善的情况下，政府必须站在把科技和创新政策作为经济大政方针一个不可或缺的有机体的高度充分发挥政府职能，以国家创新体系组织者的角色，优化创新资源，协调国家和社会的创新活动，以推动创新广泛而有效地进行。我国政府利用公共资金支持研究和开发，促进知识的生产、人才的培养、成果的转化等活动，实施各项科技发展规划、计划。以教育部、科技部等部门实施的重大科技计划，加之以前就已有的国家社科基金和国家自然科学基金项目一起，以具体实际的内容构成了中国国家创新体系框架。

（1）高等教育

教育在我国国家创新体系中担负着重要作用，高校不仅担负着传播知识的重任，还是培养高级研究人才的摇篮。我国现有本科高校 1079 所，除少数民办高校之外，绝大多数是由国家或地方政府兴办的，政府在教育方面的作用毋庸置疑，高等院校在校生位居世界第一。1981 年至 1996 年全国高等学校和科研机构共培养博士毕业生 20,514 人，硕士毕业生 285,943 人。① 近几年，

---

① 郝克明著：《当代中国教育结构体系研究》，广东教育出版社 2001 年 12 月版，第 30 页。

我国培养研究生的发展速度明显加快，仅 2007 年就有 31.2 万研究生毕业。2007 年全国高校共有两院院士 612 人，占全国院士总数的 25.66%。

此外，高校还担负着开展科学研究、促进知识创新的重任。在全国普通高等学校中，经上级主管部门批准的研究室或研究所有 3,400 多个。已建成或正在建设的国家重点学科点近 500 个，国家级重点实验室和专业实验室 150 个，还将筹建一批工程研究中心。基础研究、应用研究和高科技研究取得了重要成果。自 2000 年至 2002 年，我国高校 R&D 经费的年均实际增长率达 30%，2006 年，全国研究与开发（R&D）经费总支出为 3003.1 亿元，比上年增加 553.1 亿元，增长 22.6%，研究与开发（R&D）经费投入强度为 1.42%。其中，高等学校（R&D）经费支出 276.8 亿元，增长 14.2%，高等学校（R&D）经费支出占全国总支出的比重达到 9.2%。高校科学研究能力不断提高，高等学校自然科学获奖项目占全国颁奖总数的 50%。在科学研究方面，高校也是科研的主力，如在国家自然科学基金 2004 年面上项目资助的 7711 个项目中，教育部所属院校承担了 3560 个项目，占总数的 46.17%，各省、市、自治区共承担了 1848 个项目，占总数的 23.97%，在各省、市、自治区承担的这 1848 个项目中，大部分也是由地方高校承担的。2007 年面上项目资助的 7713 个项目中，教育部所属院校承担了 3600 个项目，占总数的 46.67%。"十五"期间，高等学校承担的"973"项目占总数的 49.5%，高出科研院所 6.2 个百分点。在哲学社会科学研究方面，由高等学校牵头或参加的"八五"国家规划获奖项目占全部项目的近 60%，在承担国家社科基金项目的数量方面，高校承担的项目数占了绝大多数，如 2005 年，在全国立项的 1194 项国家社科基金项目中，高校共 954 项，占总立项数的 80%。专利方面，截止到 2008 年底，高校共申请专利 178684 件，其中发明专利 121413 件（占总数的 67.9%），高校共获授权专利

78929 件，其中发明专利 40086 件（占总数的 50.8％），充分显示了高校在我国知识创新方面的主力军作用。

近年来，我国通过大力发展高等教育，实施 211 工程、长江学者工程等，促进了高校开展科学研究的积极性，高校已成为国家创新体系中的一支重要力量。这主要表现在以下几个方面：一是科研水平相对而言不断上升。"八五"以来，高等学校的国内科技论文增长较快，具有目标导向的应用基础研究等开展较好，与产业界联合的应用研究和技术开发也相继开展。二是作为教育部门，高校的侧重点不断向培养对企业、对社会有用的人才转移。三是为社会服务已成为高校的一个重要目标，从市场获得的科研经费也不断上升。高校已经成为国家创新体系中知识创新的主体。

（2）科学研究计划

开展科学研究是国家创新体系的一个重要组成部分，我国政府每年都制定各种科学研究计划，以组织科研人员开展科学研究，这些科学研究计划大多是由国家科技部管理，这些计划推动了我国科技创新体系建设，在我国创新体系建设中具有举足轻重的作用。下面首先分析一下由科技部负责组织管理的科学研究计划：

①国家科技攻关计划

该计划自 1983 年开始实施，是改革开放后较早的科学研究计划，主管部门是国家科技部。国家科技攻关计划主要资助在科技促进农业发展、传统工业的技术更新、重大装备的研制项目、新兴领域的开拓项目以及生态环境和医疗卫生水平的提高等方面的项目，自实施以来解决了一批国民经济和社会发展中亟待解决的技术问题，对我国主要产业的技术发展和结构调整起到了重要的促进作用，同时造就了大批科技人才，增强了科研能力和技术基础，使我国科技工作的整体水平有了较大提高。

计划实施的第一个五年计划中，国家对科技攻关计划项目拨款 15 亿元，加上各部门、地方的多种形式投入，总计投资 25 亿元。直接参加科技攻关项目的科技人员 10 万多名，共取得重要科技成果 3900 项，已被用于重点建设、技术改造和工农业生产的 3165 项，获得直接经济效益 127 亿元。"七五"期间共选出 76个项目、签订专题合同 4966 个，参加攻关的单位 16000 余个，科技人员达 13 万多人，其中科学家、工程师占 81.2%。"七五"科技攻关计划资金以国家拨款为主（占 47.6%），同时又注意多渠道筹资。截止 1990 年年底，专题合同经费支出 54.2 亿元，为应用科技成果而新增的固定资产投资 14.8 亿元，共投入 74 亿元。"八五"期间，科技攻关计划共安排了农业、交通运输、能源、原材料、机械电子、现代通讯技术、工业过程控制技术、环境污染治理技术、遥感应用技术、资源开发和利用、重大疾病防治、人口控制等领域的 181 个项目。投资总额达 90 亿元，其中，中央财政拨款为 45.2 亿元，分别比"七五"期间增长了 33%和39%。有 10 万多科技人员直接参加了"八五"攻关课题研究和应用活动。"九五"期间，围绕农业、工业高新技术和社会发展等领域，在农业、电子信息、能源、交通、材料、资源勘探、环境保护、医疗卫生及防灾减灾等领域，组织多部门、跨行业、跨地区联合攻关，共安排了 251 个项目，5100 多个专题，中央财政投入 53 亿元，引导地方配套和单位自筹达 176 亿多元。"十五"攻关计划前两年（2001 年和 2002 年）在信息、自动化、材料、能源、交通、农业、资源环境、生物医药、社会事业等领域批准启动了 87 个项目，其中重大项目 29 项，重点项目 58 项，批准的国拨经费 29 亿元；批准引导项目 126 项，批准国拨经费1.9 亿元。"十五"攻关计划后三年将按农业、基础产业及支柱产业、信息等高新技术及其产业、环境保护和资源合理利用、医药及相关产业、促进社会事业发展以及促进西部生态环境保护和经济建设协调发展等 7 个方面重点安排公关计划项目。

　　2006 年 2 月，我国提出《国家中长期科学和技术发展规划纲要（2006—2020)》，并在原国家科技攻关计划基础上设立了国家科技支撑计划。国家科技支撑计划主要是落实《纲要》提出的重点领域的任务，结合重大工程建设和重大装备开发，加强集成创新和引进消化吸收再创新，重点解决涉及全局性、跨行业、跨地区的重大技术问题，着力攻克关键技术，突破瓶颈制约，提升产业竞争力，为我国经济社会协调发展提供支撑。其管理原则是需求牵引，突出重点，以国民经济社会发展需求为导向，突出企业技术创新的主体地位，促进产学研结合，鼓励企业、高等院校和研究机构之间的合作创新。重点支持对国家和区域经济社会发展以及国家安全具有重大战略意义的关键技术、共性技术、公益技术的研究开发与应用示范项目。

此外，为实现《纲要》提出的战略目标，我国设立了国家科技重大专项。专项主要是围绕《纲要》提出的任务，进一步突出重点，筛选出若干重大战略产品、关键共性技术或重大工程作为重大专项，充分发挥社会主义制度集中力量办大事的优势和市场机制的作用，努力实现以科技发展的局部跃升带动生产力的跨越发展。

确定重大专项的基本原则：一是紧密结合经济社会发展的重大需求，培育能形成具有核心自主知识产权、对企业自主创新能力的提高具有重大推动作用的战略性产业；二是突出对产业竞争力整体提升具有全局性影响、带动性强的关键共性技术；三是解决制约经济社会发展的重大瓶颈问题；四是体现军民结合、寓军于民，对保障国家安全和增强综合国力具有重大战略意义的研究项目。

②"863"计划

"863"计划是经中共中央、国务院批准的《高技术研究发展计划纲要（简称"863"计划)》。863计划从世界高技术发展趋势和中国的需要与实际可能出发，坚持"有限目标，突出重点"的方针，选择生物技术、航天技术、信息技术、激光技术、自动化技术、能源技术和新材料7个领域15个主题作为我国高技术研究与开发的重点，组织一部分精干的科技力量，希望通过15

年的努力，力争达到下列目标：a. 在几个最重要高技术领域，跟踪国际水平，缩小同国外的差距，并力争在我们有优势的领域有所突破，为 20 世纪末特别是 21 世纪初的经济发展和国防安全创造条件；b. 培养新一代高水平的科技人才；c. 通过伞型辐射，带动相关方面的科学技术进步；d. 为下世纪初的经济发展和国防建设奠定比较先进的技术基础，并为高技术本身的发展创造良好的条件；e. 把阶段性研究成果同其他推广应用计划密切衔接，迅速地转化为生产力，发挥经济效益。1996 年 7 月，国家科技领导小组批准将海洋高技术作为 863 计划的第八个领域。目前，863 计划共有 8 个领域、20 个主题。

在项目管理方面，863 计划与其他科技计划相比有几个比较鲜明的特色。

1）鼓励知识创新：863 计划在课题评审、验收等环节中，将是否有自主知识产权的成果的形成，如：发明专利、软件版权等，作为一项重要评价指标。

2）重视企业作用：在课题的设置、评审等环节，课题的组织以有利于发挥企业的作用为原则，鼓励企业参加 863 计划课题的研发并投入经费。主题项目按前沿探索和面向应用两类设置课题，面向应用类课题要求必须以企业为主或有企业参加；重大专项要求以企业为主体申报，否则不予受理。

3）重视知识产权：按照科技部《关于国家科研计划项目研究成果知识产权管理的若干规定》要求，863 计划课题所形成的知识产权，除合同有特殊约定外，属课题承担单位所有，明确知识产权的归属，以提高承担单位积极性。

4）注重联合地方：设立"863 计划引导项目"。支持符合863 计划方向，有利于成果转化，有利于引导地方高技术及其产业发展的项目。

5）重视国际合作：鼓励把自主研究开发与技术引进、消化、吸收有机结合起来的各种形式的国际合作与交流，并设立国际合作专项经费。

863 计划的组织实施，大大提高了我国高技术研究开发能力和实力，对于我国科学技术的发展、科技体制改革乃至人们思想观念的转变等都产生了深刻影响。863 计划实施二十年来，通过典型示范作用引导带动了我国高新技术以及相关科学技术的发展，使我国高技术产业在国际高技术研究开发和应用方面有了一席之地，计划的实施经验也引起国际上一些研究机构的关注，有的甚至作为一种成功经验来研究。

③国家重点基础研究发展计划（973 计划）

973 计划是由科技部组织实施的国家重点基础研究发展计划。制定和实施 973 计划是党中央、国务院为实施"科教兴国"和"可持续发展战略"，加强基础研究和科技工作作出的重要决策，是实现 2010 年以至 21 世纪中叶经济、科技和社会发展的宏伟目标，提高科技持续创新能力，迎接新世纪挑战的一项举措。

973 计划的战略目标是加强原始性创新，在更深的层面和更广泛的领域解决国家经济发展中的重大科学问题，提高我国自主创新能力和解决重大问题的能力，为国家经济发展提供科学支撑。973 计划的定位以国家目标为宏观导向确定工作总体部署，形成合理布局，体现为技术创新提供动力和源泉，为经济、社会的可持续发展提供支撑的要求。在 973 计划项目的安排过程中，加强了对于国家重大需求的分析和战略研究，围绕国民经济产业结构调整和高新技术产业发展问题，提高人民生活质量和健康水平、有效利用自然资源和生态环境问题，社会协调发展和西部大开发等国家重大问题，开展重大科学问题的研究。

973 计划项目的立项原则是资助对国家的发展和科学技术的进步具有全局性的、需要国家大力组织和实施的重大基础性研究项目。项目的立项按照"统观全局，突出重点，有所为，有所不为"的指导思想，鼓励优秀科学家和研究集体面向我国未来经济建设和科学技术发展的需要，围绕国民经济、社会发展及科技自身发展的国家需求和有重大影响、能在世界占有重要一席之地的重点学科领域进行研究，瞄准科学前沿和重大科学问题，开展多学科综合研究和学科交叉研究，为国家提供解决重大关键问题的理论依据和形成未来重大新技术的科学基础。

973计划项目按照专家评议、择优支持的工作方针和"择需、择重、择优"、"公开、公平、公正"的原则遴选，强调国家需求与重大科学问题的结合的原则。

973计划由科技部负责，会同国家自然科学基金委员会及各有关主管部门共同组织实施。科技部成立专家顾问组，对国家重点基础研究规划的发展战略、政策以及973计划项目的立项、评审及组织实施中的重大决策性问题进行咨询、顾问、监督、评议，以保证973计划项目立项和管理的科学性与民主性。

973计划项目自实施以来，面向国家重大需求，立足科学前沿，统筹规划，突出重点，从战略性、前瞻性、科学性和可行性出发，自1998年起至2002年，已先后启动了132个项目，经费25亿元，2005年年度经费达到10亿元。经过10余年的发展，973计划已经成为我国基础科学领域的重要科学研究计划，成为我国创新体系的一个重要的组成部分。

④国家自然科学基金

除科技部组织管理的科学研究计划外，由国家自然科学基金委员会负责组织实施的国家自然科学基金也是我国科学研究中的重要组成部分。国家自然科学基金委员会成立于1986年2月，隶属国务院。国家自然科学基金经费主要来自国家财政拨款，同时依法接受国内外社会团体、机构和个人的捐赠。开始时每年一亿多元人民币，以后逐年有所增加，现在年项目经费近30亿元，2004年财政拨款22.46亿元。"十一五"以后，国家加大了对科技的投入，项目研究经费大幅增加，2007年，资助项目经费达到39.9亿元，2008年仅资助项目经费就达到51.4亿元，2008年比2007年项目经费增幅超过22%，面上项目平均资助额度

32.34 万元，重点项目平均资助额度 183.4 万元，杰出青年项目平均资助额度 195 万元。

国家自然科学基金会的主要任务是："有效运用科学基金，指导、协调、资助基础研究和部分应用研究。""部分应用研究"指的是应用基础研究。

国家自然科学基金工作的主要指导原则是：a. 全面合理地处理好理论基础研究与应用基础研究项目的资助比例；b. 充分地依靠科学家和专家系统；c. 保证超脱于任何局部利益之上，在国家的水平上公平竞争、优中择优；d. 培养人才与出成果并重；e. 大力开展国际合作研究，促进国内外学术交流，增强基础研究竞争能力。公正、权威、高门槛是中国科学界对我国自然科学基金工作的一致评价。

国家自然科学基金面向全国，是国家创新体系的重要组成部分，主要资助自然科学基础研究和部分应用研究，重点支持具有良好研究条件、研究实力的高等院校中和科研机构中的研究人员，基金由国家自然科学基金委员会负责实施与管理。

国家自然科学基金项目实行课题制管理，根据项目类型、规模以及管理工作的实际需要，实行成本补偿式和定额补助式两种经费资助方式。就目前情况而言，除重大项目实行成本补偿方式的经费资助以外，其余项目类型均实行定额补助方式，基金项目的依托单位须具备开展基金项目研究所必要的条件。

国家自然科学基金的资助结构大体上可以分为"研究项目"和"人才培养体系"两大资助板块（简称"项目板块"和"人才板块"）。"项目板块"主要包括：面上项目、重点项目、重大项目、重大研究计划、专项基金项目和国际合作与交流项目等。"人才板块"主要包括：国家杰出青年科学基金、海外青年学者合作研究基金、香港澳门青年学者合作研究基金、创新研究群体科学基金、基础科学人才培养基金、国际合作的两个基地等。自然科学基金会根据需要可以对项目类型进行调整。

思想的共享与创新

除资助科学研究项目外，国家自然科学基金还有许多专项、联合基金以及国际合作项目。设立的专项有科学仪器基础研究专款、科普专项、研究成果专著出版基金、重点学术期刊专项、优秀国家重点实验室研究项目、委主任基金、科学部主任基金、青少年科技活动专款、数学天元基金、复杂性科学研究专款等。设立的联合基金有"NSAF"联合基金、钢铁研究联合基金、黄河研究联合基金、节能环保联合基金、航空科技联合基金、民航联合研究基金、GM－中国科学研究基金；与微软中国研究院、朗讯贝尔实验室中国基础科学研究院等联合资助项目。国际合作项目有国际（地区）合作研究项目、在华召开国际学术会议、出国参加国际学术会议、海外留学人员短期回国工作讲学（含"两个基地"项目）、重大国际（地区）合作研究项目、国家重点实验室国际合作交流专项、自然科学基金会——香港联合资助局（RGC）联合科研基金、中德科学基金研究交流中心项目（中德科学基金研究交流中心简称中德科学中心）。

国家自然科学基金项目的立项、遴选和管理工作遵循"依靠专家、发扬民主、择优支持、公正合理"的原则，执行"平等竞争、科学民主、激励创新"的运行机制，遵守回避和保密的有关规定。近两年来，为了进一步客观公正地对项目进行评审，同时使我国基础研究项目逐渐与国际接轨，国家自然科学基金项目的评审广泛邀请海外专家参与。

国家自然科学基金是我国目前在基础理论和应用基础理论研究方面重要的科学研究计划，承担国家自然科学基金项目已成为衡量一个单位科学研究水平的一个重要标志（特别是重点项目），是我国创新体系的一个重要组成部分。

⑤ 国家社科基金

1991年6月中央决定在中央社科规划领导小组下面成立全国哲学社会科学规划办公室，主管全国的社会科学规划工作，设立了国家社科基金，用以资助我国的社会科学研究。全国哲学社会科学规划办公室的主要职责是：a. 负责制订全国哲学社会科学发展规划和年度计划方案；b. 具体管理和筹措社会科学基金；c. 检查中长期规划和年度计划实施情况，交流社会科学研究信息；d. 组织对重大科学研究成果的鉴定、验收和推广。经过十几年的发展，基金经费从最初的 1300 万元（1992 年），发展到 2005 年的 16400 万元。

全国哲学社会科学规划领导小组下设若干个学科规划小组，学科规划小组由学科评审专家组成。现设有马列·科社、党史党建等 22 个学科规划评审小组。国家社科基金项目由学科规划小组的学科评审专家通过召开评审会议评选产生，其研究经费主要来自国家财政拨款。国家社科基金经过十几年的发展在我国的社科界产生了较大的影响，在繁荣我国哲学社会科学，促进学术研究，弘扬民族文化，促进精神文明建设等方面起到了积极的作用。近年来，国家社科基金的影响越来越大，申报国家社科基金的人员也越来越多，项目申报数每年超过 1 万项。

（3）加强科技基础条件平台建设

加强科技基础条件平台建设也是国家创新体系的一个重要组成部分，政府在这方面也作了很大的努力。早在 1998 年，为解决我国科技投入不足且分散，导致大型科学仪器装备水平低、大型科学仪器利用效率低等突出问题，科技部进一步加强了对大型科学仪器的管理，出台了《国家大型科学仪器中心管理暂行办法》，联合有关部门、地方以共同投资、专管共用、按出资比例分配机时的共建共享模式开展了国家大型科学仪器中心建设。到目前为止，科技部已会同中国科学院、国土资源部、教育部、卫生部和北京市、上海市、广东省、吉林省等部门和地区以共建共享方式建立了 10 个国家大型科学仪器中心，这些中心的建立一定程度上增强了我国大型科学仪器的装备水平，推动了大型科学仪器资源的高效共享。

在进一步总结大型科学仪器共建共享经验的基础上,科技部于 2004 年 4 月 20 日,在科技部内部成立自然科技资源平台管理联合办公室。2004 年科技部会同发展改革委、财政部、教育部,提出《2004—2010 年国家科技基础条件平台建设纲要》,提出在我国建成与跻身科技大国相适应的资源丰富、布局合理、技术先进、功能完备、运行高效的科技基础条件平台的目标。同年 7 月,国务院办公厅转发了此纲要,国务委员陈至立指出,国家科技基础条件平台建设是提高我国科技国际竞争力的必要前提,是国家创新体系建设的重要组成部分,是确保科技能力持续积累和科技资源高效利用的客观要求,也是实施人才强国战略、深化科技体制改革和完善科技宏观管理的有效举措。当前重点要加强研究实验基地和大型科学仪器设备共享平台、自然科技共享平台、科学数据共享平台、科技文献共享平台、科技成果转化公共服务平台、网络科技环境平台六大共享平台的建设工作。并强调,国家科技基础条件平台建设是一项具有战略意义、复杂的系统工程,国务院有关部门、地方政府要相互配合,把平台建设作为一项重点工作切实抓紧抓好。一是有关部门要各负其责,紧密合作;二要突出共享,加强相关政策法规体系建设;三要稳定专业队伍,培养专业化技术及管理人才;四要加强平台建设投入管理,提高资金利用效率;五要积极开展国际交流与合作,充分利用国际科技资源。

(4)人才政策

为适应国家创新体系建设的需要,国家加大了人才培养和引进人才工作的力度,通过设立博士后流动站、引进优秀留学人员归国服务等措施,积极吸引高层次人才,为广大科技人才提供广阔的发展空间。

①博士后流动站

我国的博士后制度是经国务院批准,于 1985 年开始实施的一项培养和使用高层次人才的制度，由国家人事部主管。十几年来，经过各有关部门、地区和单位的共同努力，博士后事业从无到有，不断创新发展，取得了显著成绩。目前，在全国 310 个高等学校和科研院所中共设立了 947 个博士后科研流动站，在企业建立了 256 个博士后科研工作站，形成了学科专业齐全、部门和地区分布广泛、产学研合作日益密切的博士后工作网络体系，建立了一套行之有效的管理制度。博士后制度培养造就了一大批高水平的年轻专门人才和学术技术带头人，出站的博士后人员绝大多数走上了高级专业技术和管理岗位。他们在各自的岗位上，取得了一系列令人瞩目的科研成果，促进了学术交流和相关学科、交叉学科、前沿学科的发展，加快了科研成果转化为生产力的速度。我国的博士后制度，是一项适合我国国情，能够促使人才脱颖而出、人才尽出、富有成效的制度，在高层次人才的使用和培养中具有独特的不可替代的作用，成为国家创新体系的一个重要方面。

②吸引海外归国人才

2002 年 5 月 7 日，中共中央办公厅和国务院办公厅联合发出通知，开始实施《2002—2005 年全国人才队伍建设规划纲要》，在该《纲要》中将"海外和留学人员的吸引与使用"专门列为一章，对留学人员回国工作服务的方式、使用原则、各类待遇以及重点引进的对象均作了具体阐述。它明白无误地向世界传达了一个信息：中国需要海外人才，尤其需要海外一流人才。

建立政府支持、指导，社会各方面协作参与的体制。政府主管人才引进和留学工作部门要加强领导，科学管理，发挥主导作用，发展与国际人才市场中介机构的关系，推进引智工作，努力建立"海外人才信息库"、"留学人员信息库"，沟通与海外人才联系。企事业单位要为吸引人才积极创造条件，工作上尽可能为他们提供必要的资金设备、试验条件并创造宽松和谐的人际关系，在解决住房、家属安置、子女入学、医疗服务、文化生活等方面尽量给予关心照顾。

人才的流动，预示着新一轮经济发展的启动。最近，人才市场出现如下流动热潮：归国创业热，国内日益完善的创业环境吸引着留学生归国投资创业。近年来，许多早期出国，在美、英等发达国家留学或工作的高级人才纷纷回国创业。"易趣"的谭海音、"亿唐"的唐海松和常东升、"搜狐"的张朝阳、"中国人"的陈一舟等，就是归国留学生的代表人物。他们大多毕业于世界名校，在国外一般都能得到高薪的职位，但在国内日益宽松的人才环境和创业环境吸引下，他们更愿归国干一番事业。

（5）科技园区建设

20世纪90年代初，为了迎接新技术革命的挑战，中国政府做出了加速发展高新技术产业的战略决策，国家高新技术产业开发区应运而生。高新技术产业的发展以先进的技术和持续的创新为基础，将知识迅速转化为产品，构成了现代知识经济中最具活力的部分，成为推动科技与经济的结合、提高科技创新服务社会的重要渠道，为加快国民经济的结构调整和培育新的经济增长点积累了宝贵经验。

在社会主义市场经济条件下，企业只要有技术创新的能力，有开拓市场的本领和经营管理水平，再加上社会为其提供科技成果快速商品化、产业化的环境，就能够在市场竞争中发展起来。高新区正是创造了这样的环境条件，使得一批年轻的高新技术企业，在短短的几年时间里，迅速成长为国民经济发展中的新生力量，充分显示了中国高新技术产业发展的巨大潜力。随着知识经济时代的来临，国家高新技术产业开发区的作用日趋重要，必将为中国，乃至世界高新技术产业的腾飞做出杰出的贡献。

1991年以来，国务院先后共批准建立了53个国家高新技术产业开发区。建区以来，中国高新技术产业开发区得到了快速发展，取得了举世瞩目的成就，探索出一条具有中国特色的发展高新技术产业的道路。中国高新技术产业开发区以智力密集和开放环境条件为依托，主要是依靠国内的科技和经济实力，充分吸收和借鉴国外先进科技资源、资金和管理手段，通过实施高新技术产业的优惠政策和各项改革措施，实现软硬环境的局部优化，最大限度地把科技成果转化为现实生产力而建立起来的集中区域。建设高新技术产业开发区，是中国经济和科技体制改革的重要一环，其主要目的是进一步依靠体制创新和科技创新，强化功能建设，营造吸引优秀科技人员和经营管理者创新创业的良好环境，使高新技术产业开发区成为科技创新和产业化发展的重要基地，在区域经济发展中发挥辐射和带动作用。2005 年，国家高新区内企业创造的工业增加值达 6820.6 亿元，占全国的 9.0%；出口总额达 1116.5 亿美元，占全国的 14.7%；北京、苏州、武汉、长春、西安、南京、吉林、长沙、合肥等 31 个国家高新区工业增加值占所在城市工业增加值的比重已超过 20%，成为拉动地方经济快速增长的重要力量。2005 年，国家高新区企业投入的 R&D 经费达到 806.2 亿元，占全国研发投入的近 1/3；在全国高新区 521 万名从业人员中，40.6% 具有大专以上学历，其中，留学归国人员 2.1 万人，硕士 14 万人，博士 2.3 万人，国家高新区成为了我国创新创业人才最集中的区域；截至 2005 年末，全国高新技术创业服务中心累计毕业企业 17135 家，创新基金支持了近 5000 家企业的产业化项目。自 1997 年至今，国务院先后批准北京、西安、苏州、合肥、烟台、武汉、上海、深圳、成都和杨凌十个高新区为向 APEC 成员特别开放的科技工业园区，以促进 APEC 成员与中国在高新技术产业领域的合作与交流，显示出中国高新区走向世界的决心。选择有条件的国家高新技术产业开发区建立国家高新技术产品出口基地，是实施科技兴贸战略的重要内容。发挥园区内高新技术产业集中、机制灵活、人才密集的优势，充分利用园区的良好发展环境，积极引导高新技术企业开拓国际市场，促进出口产品结构的优化，加快园区的国际化进程。2000 年以来，科技部和外经贸部联合认定北京、天津、上海、深圳、苏州等 20 家国家高新区为"国家高新技术产品出口基地"。

此外，为加速我国软件产业的发展，科技部自 1995 年开始依托国家高新区组建国家火炬计划软件产业基地。集中地区软件产业优势，创造适合软件产业发展的优化环境，推进软件技术创新、产品开发、企业孵化、人才培训和出口创汇。先后认定东大软件园、齐鲁软件园、西部软件园、长沙软件园、北京软件园、天津华苑软件园、湖北软件基地、杭州高新软件园、福州软件园、金庐软件园、西安软件园、大连软件园、广州软件园、上海软件园、南京软件园、长春软件园、厦门软件园、合肥软件园和南软件园等 19 个园区为国家火炬计划软件产业基地。这些基地已经成为全国软件产业的支柱力量。

技术创新支撑服务体系已初具规模。在传统的计划体制下，科研部门和生产部门的联系很少，这阻碍了科研成果向生产力的转化。为了解决科技成果向市场转化难的问题，政府推出了加强成果转化的一系列措施，如建设技术创新的支撑服务体系，这包括为解决科研与生产相脱节而设立的工程（技术）研究中心、为中心企业和乡镇企业服务的生产力促进中心、为高科技企业服务的科技创业服务中心等机构。同时用创建技术市场、建立高新技术园区等形式推动科技成果的市场化，把原来政府的职能让位给市场来解决，在技术和应用之间架起桥梁。技术市场发展速度惊人，技术交易的内容和形式不断丰富。如面向中小企业的生产力促进中心不断发展与完善，现已有 200 多家，覆盖全国各地和多个行业。国家建立高新技术园区是一项创举，它形成了一个有助于推动科技经济结合的环境，形成了一个区域创新体系。

在国家创新体系中，政府是国家创新体系建设的主要推动者，承担着制定科技政策、把握政策方向、协调各主体关系、促进协调发展的职能，在国家创新体系建设中占主导地位。我国的创新体系是在计划经济向市场经济的转化中逐步形成和完善起来的，因此，政府在国家创新体系中的作用就显得尤为重要。例如国家科技部，不仅担负着制定我国科技发展的宏观战略、制定科技政策、编制国家科学技术发展的中长期规划和年度计划、组织实施科学研究计划等任务，还肩负着促进科技成果转化、组织开展技术创新、推动科技服务体系的建设等工作。此外，政府在促进科技咨询、完善科技评价体系等方面也都发挥着不可替代的作用。

10－3. 企业技术创新

企业在创新能力和组织建设上都有较大发展，已不再是过去的生产车间的角色。企业已成为创新体系中的重要一员。在我国，长时期以来，企业以生产为经营管理的核心，企业内部的创新意识不强，企业决策者对竞争的激烈性、残酷性认识不足，企业总是追求产品数量的增长，企业规模的增长，而产品却可以几十年一贯制，如解放牌汽车便是。这种模式造成了企业产品生产的单一，不能以创新的产品来丰富市场，这种在低技术层次上的产量能力的上升，并不是一件喜事：一旦这种生产的扩大超过了市场的需求，产品过剩、积压便难以避免，经济发展便会陷入困境。我国现在的钢铁、纺织等的生产产量都成了世界第一，但同时，我们又进口大量的钢材、面料等原材料。许多产业并非都是生产能力不行，而是没有创新，最终造成了企业濒临破产的局面。因此，是到了用技术创新作为经济发展新战略的时候了。2000 年国内研究开发（R&D）经费总支出为 896 亿元，占国内生产总值的比重首次达到 1.0%，其中各类企业支出 540.6 亿元，占 R&D 总支出的 60.3%，上述两个比重都比 20 世纪 90 年代中期的比值翻了一番。① 2001 年国内研究开发经费总支出为

① 陈至立著：《加强科技基础条件平台建设，在贯彻落实〈2004－2010 年国家科技基础条件平台建设纲要〉全国电视电话会议上的讲话》，2004 年 11 月 4 日。

1042.5 亿元，2002 年达到 1287.6 亿元，2006 年则达到 3003.1 亿元。其中，企业 R&D 经费支出为 2134.5 亿元，比上年增长 27.5%，占全国总支出的 71.1%，我国企业研究与开发 R&D 经费投入占全社会 R&D 投入的比例大幅提升，已初步形成以企业为主体的技术创新体系，企业自主创新能力不断提高，产业竞争力不断增强，技术创新正成为我国经济发展和结构调整的强大动力。2007 年，我国高技术产业保持较快发展，高技术产品在国际市场的竞争力进一步提高。全年规模以上高技术产业企业实现工业总产值 51207 亿元，比上年增长 20.4%；完成增加值 11551 亿元，比上年增长 17.8%。当年，我国高新技术产品出口贸易总额为 3478 亿美元，比上年增长 23.6%，高新技术产品出口贸易占全部商品出口贸易总额的比重达到 28.6%。

为了推动企业技术创新，1993 年开始，由国家经贸委、财政部、国家税务总局和海关总署联合开展企业技术中心的国家认定。截至 2002 年年初，共有 289 家企业的技术中心通过了国家认定。在促进科技成果转化方面，国家技术转移中心在一批重点高等院校建立起来；海尔、长虹等一批技术创新试点企业，逐步建立了符合市场竞争要求和企业发展需要的技术创新体系，提高了产品和技术开发能力，形成了一些具有自主知识产权的核心技术，强化了主营业务的市场竞争力；一批主业突出、拥有自主知识产权、核心能力强、具有国际竞争力的大公司和企业集团正在发展形成。

据统计，289 家国家认定的企业技术中心所在企业，2001 年实际支出的技术开发经费达到 517.72 亿元，2001 年技术开发经费实际支出超过亿元的企业数从 1999 年的 55 家、2000 年的 74 家，扩展到 2001 年的 97 家，促进了企业创新的积极性，保证了企业自身的技术开发活动，同时也为地区和行业更多的企业服务，使企业技术中心成为区域创新系统和国家创新系统的重要技术平台。

民营科技企业异军突起，在科技创新中发挥了十分重要的作用。据统计，1992 年至 2001 年 10 年间，全国民营科技企业技术开发累计投入为 2463 亿元，平均占技工贸总收入的 3.63％，年均每三家企业就有两项新产品推向市场。据统计，在民营科技企业的从业人员中，科技人员所占比例平均在 25％以上，多年来一直保持较高的研究开发经费投入，其中高新技术企业一般占总收入的 5％以上。深圳市华为公司成立十几年来，用于研发的经费始终保持占销售额的 10％以上，2006 年公司收入为 110 亿美元，其中 10％投入到了技术研发中，公司 6 万职员有 48％参与了研发工作，仅在 3G 方面的投入就已经超过 40 亿元。截至到 2008 年，已经获得各项专利二万余件。

10－4. 科研机构

目前，科研机构在我国重大基础研究、重大科学工程和战略高技术研究工作以及社会经济发展等方面发挥着重要作用，初步形成了以中国科学院为中心的自然科学研究体系和以中国社会科学院为中心的社会科学研究体系。

中国科学院成立于 1949 年 11 月 1 日，经过 50 多年的努力，中国科学院已发展成为国家在科学技术方面的最高学术机构和全国自然科学与高新技术的综合研究与发展中心。50 多年来，中国科学院取得了诸如"两弹一星"等一系列重大科研成果，为我国的科技事业、国民经济和社会发展及国防建设做出了重要贡献。现有 2 个研究院、4 个研究中心、36 个研究所、2 个天文台、1 个天文工作站、1 个人造卫星观测站，这些研究机构除北京地区外，还分布在沈阳、长春、上海、南京、合肥、武汉、广州、成都、昆明、西安、兰州、新疆、山西等全国各地，构成了学科齐全、布局合理、纵横全国的科学研究体系。中国科学院还设有研究生院，累计招收研究生 45000 余名，培养了一大批优秀科技创新人才。

近年来，我国进行了科技体制改革，通过改革，科研机构为经济建设服务的格局已基本形成。现在我国已有几百家科研机构转制，建立现代企业制度，政府拨款已不再是科研机构资金的主要来源，60％以上的科研经费来自于企业和其他社会渠道。科研机构不再只是基础知识的生产者，而已成为应用知识的生产者，成为重要的创新源和新兴产业的重要创业者。面向经济建设主战场的意识已初步形成。中国科学院在进一步加强高技术领域的前沿基础性研究、不断增强自主创新能力的同时，为了强化研究转化能力和工业配套能力，在国家支持下，建成一批工程中心，并按现代企业制度管理，初步形成了高技术企业群体，承担了国家重点基础研究规划、国家重点科技攻关、国家高技术研究发展计划等国家重大科技任务，取得了一系列有显著成效的成果。加速科技成果转化，积极推动高新技术产业化是中科院知识创新工程的重要组成部分。中科院将成熟的高新技术成果转移到国内各行业的同时，还投资兴办了一批高新技术企业。全院现有近 300 家科技企业，组成了中科实业集团（控股）公司、深圳科健集团有限公司等六个院直接投资公司；形成了许多有相当经济实力的研究开发型企业，如上海尼塞拉传感器有限公司、成都地奥制药公司、大连凯飞股份有限公司等等。中科院科技企业积极参与市场竞争，建立了适应市场经济的技术创新机制和管理机制，有力地促进了我国高新技术产业的形成和发展。

此外，中科院还大力推进与工业部门、行业归口部门以及大中型企业的合作，促进科技与经济的有效结合；十分重视与省市的技术经济合作，已同 10 多个省市签署了合作协议。2004 年各持股企业年度合计销售收入 467 亿元，净利润为 9.38 亿元，比上年分别增加 7％和 20％。25 家持股企业的净资产为 72.9 亿元，比上年增加 8.2％。大部分持股企业都完成了经营目标。

除中国科学院以外，各省、市、自治区也相应设立科学院，民间企业以及国外跨国公司也纷纷在中国兴办科研机构，构成了我国多层次、多渠道的立体型科学研究体系。

中国社会科学院是中国哲学社会科学研究的最高学术机构和综合研究中心。中国社会科学院于 1977 年 5 月建立，其前身是中国科学院哲学社会科学学部经济研究所等 14 个研究单位。中国社会科学院现有研究所 31 个、研究中心 45 个，涵盖二、三级学科近 300 个，其中重点学科 120 个。全院总人数 4200 多人，有科研业务人员 3200 多人，主要从事政治、经济、哲学等哲学社会科学领域的基础理论研究和应用研究，是我国创新体系的一支重要力量。

中国社会科学院除组织各研究所承担相当数量的国家哲学社会科学规划重点研究项目外，还根据国家社会主义物质文明建设、精神文明建设、民主法制建设的需要和各学科的特点及其发展，确定院重点项目和所重点项目。同时积极承担国家有关部门提出或委托的国家经济与社会发展中具有全局意义的重大理论问题和实际问题的研究任务。许多重大课题，由多学科的学者参加，利用多学科综合优势，进行跨学科综合研究，形成了综合性跨学科的研究特色。此外，中国社会科学院还主办了《中国社会科学》、《哲学研究》等 82 种公开学术刊物，主要发表中国社会科学研究方面的学术研究成果和学术信息。此外，还有以出版学术著作为宗旨的中国社会科学、社科文献和经济管理三个出版社，主要出版我国社会科学研究方面的学术著作。除中国社会科学院以外，各省、市、自治区以及许多大中城市也都设有社会科学院，形成了我国哲学社会科学研究方面除高等院校以外的重要学术研究队伍，2005 年全国社科院系统承担国家社科基金项目 103 项，占项目总数的 8.6％，是我国哲学社会科学研究方面的一个重要组成部分。

10－5. 中国国家创新体系的不足

从市场经济体系的角度出发，并从对美国和日本的国家创新体系的分析中，可以看到我国现有的创新体系表现出以下几个方面的缺陷和需改进之处，突出表现在：

（1）计划体制惯性的影响

这主要表现在：①转轨时期市场经济体制不完善，政府在有些方面仍然干预过多，宏观调控的职能还不能自如地发挥，市场机制在配置资源方面的作用"力不从心"。②技术创新涉及多个部门，各个部门分工不同，各司其职，而各个部门的相互衔接、协调的问题尚未解决，科研机构、高校、企业、政府之间职能分割，由政府负责的科技与经济的职能分工使两方面的资源不能真正集成起来。军民两大研发及产业体系之间相互分离，形成两大创新体系的割裂和封闭。经济部门没有把技术创新真正放在重要的位置上，而国家的一些重大科技计划主要面向科研机构，企业则很少参与。③技术改造、技术引进和技术创新脱节，在传统体制下，企业技术改造经费远远超过其科技经费规模；在技术改造中，由于企业可以获得较优惠的低风险的政策贷款，可以从国外购买先进技术，于是造成大企业无心与科研部门相关联、许多国内企业从国外盲目、重复引进技术的局面；同时在技术创新工作上，科研部门与企业脱节，即出现了科技与经济发展脱节的局面。

（2）企业技术创新主体地位尚未真正确立

由于产权不清晰，管理体系不健全，在计划体制的惯性作用下，企业在一定程度上还处于生产车间的角色，企业只关注知识的使用，不关注知识的生产、传播，公有制企业其资产和能力构成具有严重的缺陷，企业的生产能力远远大于研究开发能力，缺乏创新的动力和相应的实力。转轨时期，企业在创新能力和组织建设上有了较大发展，开始成为国家创新体系中的一员，但企业的技术创新机制还没有真正建立起来，企业还不是技术创新的主体。历史经验表明，科学发现要转化为商品，需要大量的工程化的和市场的知识，这些知识是产业技术创新的基础。而这些知识具有局域性，具有产业或企业特定的特点，是科研院所难以提供的，只能来自企业。因此，在应用知识生产体系中，企业应当成为技术创新的主体。而企业改革滞后使企业缺乏技术创新动力，企业技术创新的组织机制还不完善，同时大多数企业技术创新投入相当低下，基础研究经费投入严重不足。2006 年高技术产业中的国有企业产业规模有明显减小的趋势，高技术产业中三资企业的产业规模呈现较快的发展水平，三资企业在我国高技术产业的主体地位继续巩固，2006 年三资企业的增加值占我国高技术产业总体的比重达到 64.3%，高技术产业依赖三资企业的格局依然没有改变。2006 年我国高技术产业 R&D 强度（R&D 经费占工业总产值的比重）为 1.08%，同年全部制造业的 R&D 强度仅为 0.57%，不到发达国家的 1/10，我国高技术产业的研发投入强度明显不足。

（3）中介机构和支撑服务体系薄弱

中介机构是沟通知识流动特别是科研部门与中小企业间知识流动的重要环节。加速科技成果转化和提高广大中小企业技术能力的重要途径之一是建设完善的中介机构和支撑服务体系。为了解决科技成果向市场转化难的问题，政府推出了加强成果转化的一系列措施，以建设技术创新的支撑服务体系，这包括为解决科研生产相脱节的工程（技术）研究中心、为中心企业和乡镇企业服务的生产力促进中心、为高科技企业服务的科技创业服务中心等机构。同时用创建技术市场、建立高新技术园区等形式推动科技成果的市场化，把原来政府的职能让位于由市场来解决，在技术和应用之间架起桥梁。但我国现有的技术创新中介机构和支撑服务体系还很薄弱，缺乏有力的支持，不能满足企业技术创新的需要。

（4）作用于创新体系的外部环境不健全

在完善的市场经济体系中，国家对企业的最强有力的支持体现在企业创新环境的培育，包括创新文化价值观的培植、知识产权的保护、教育培训的提供、能源交通通信等基础设施的完善、创新信息服务体系的建立等。这些方面主要是通过制订与实施相关的政策来实现的，如财政政策、金融政策、知识产权政策、分配政策、人力政策、科技成果评价与奖励政策等。从我国目前阶段来看，创新系统作用的外部环境仍不健全，如作为知识载体的人的流动还存在许多障碍（工资、住房、社会保障体系等），人力政策与社会保障政策、分配政策等政策之间缺乏衔接和配套；银行等金融机构的借贷的决策不是项目的创新性，而是非经济利益占主导因素，风险资金尚没有建立起来，科技型企业融资困难，阻碍了有创新价值的项目及时转化。

从以上的论述中，我们可以看出：各国国家创新体系虽不尽相同，但其对国民经济持续发展所起的支撑作用日益增大。注重知识创新和技术创新的美国，经济发展势头良好，其相对完善的国家创新体系成为国民经济可持续发展的基础。21世纪，知识经济将占据主导地位，国家创新系统建设的重要性更为明显，国家创新体系将成为21世纪经济可持续发展的动力源泉。大力促进和提高知识和技术的开发、扩散与应用的水平、规模和效率是建立创新体系的基本任务。对于中国来说，要实现经济转轨，完成工业化、现代化的任务，积极契合知识经济的发展，就必须构建一个良好的国家创新系统。从现实来看，中国存在着一个国家创新系统。然而这个系统正处于从基于计划体制向基于市场体制的转换之中，存在着一些矛盾和问题。因此，有必要创建一个完善的有机的国家创新体系，形成有效的创新机制。

11. 构建创新型城市

　　构建创新型城市，观念创新是先导，技术创新是主干，知识创新和管理创新是保障。企业是技术创新的主体，通过企业的技术创新，实现城市社会经济和谐及可持续发展是构建创新型城市的重要目标。然而，企业的技术创新需要知识创新的支撑，高校和研究机构是知识创新的主体，企业要实现技术创新的目标，特别是原始性创新需要高校及研究机构的合作。此外，政府在构建创新型城市中担负着制定政策和协调各创新主体间关系的职责。通过制定政策引导社会资源加大对科技创新的投入，是政府不可推卸的责任。另一方面，政府还需要在构建城市创新机制、建设创新平台方面有所作为，因为创新机制建设涉及政策方面的问题，创新平台建设则是公益性事业，所以，只有政府才能担当起这个责任。构建城市创新机制和创新平台，需要政府转变观念，转变作风，提高效率。政府要切实认识到创新对促进城市发展的重要意义，在知识经济时代，知识对经济增长的贡献率越来越高，未来的竞争是知识的竞争、人才的竞争，只有站在人才和知识的制高点上，城市的发展才会有后劲，才能实现城市和谐与可持续发展。

　　在管理创新方面，政府的管理创新比企业的管理创新更为重要。一方面，政府的职责是对城市进行宏观管理，其对城市的影

响比企业要大得多；另一方面，在市场经济条件下，企业的管理
创新是通过市场机制来实现的，优胜劣汰的市场法则会促使企业
进行管理创新。与市场的强制性力量相比，政府的外部压力要小
得多，相反，政府在管理创新方面会面临更大的阻力，首先是观
念的阻力，惰性和多年来行政管理的惯性是政府管理创新的绊脚
石，传统的官本位意识和长官意志会阻碍管理创新的进程；其
次，既得利益也是影响政府管理创新的阻力，因为管理创新必定
会使政府管理更科学、更规范，这势必会影响到一部分人和一部
分团体的既得利益，所以必然会受到这部分既得利益者和团体的
阻碍。因此，政府如何通过管理创新，切实发挥在构建创新型城
市中的主导作用，是创新型城市建设成功与否的关键。

11－1. 构建创新型城市的理论基础

　　根据国家创新体系理论、知识管理理论以及虚拟组织理论，
运用便捷的网络通讯技术，在一个城市或地区建立智力资源共享
平台，最大限度地促进知识在不同组织、不同地域间的转移与传
播，可以提高一个城市或地区的创新能力。一方面，国家创新体
系理论、知识管理理论以及虚拟组织理论各自主要的研究领域不
同，国家创新体系理论主要是研究一个国家如何利用财政、金
融、税收等宏观政策来调控社会资源向影响创新的领域或部门集
中，因此，国家创新体系理论主要解决的是构建创新型国家中的
资源配置问题；知识管理理论主要研究的是如何在资源投入不变
的情况下，通过建立知识共享机制促进创新的问题，涉及政府的
管理创新问题；虚拟组织理论研究的是如何利用现代化的网络通
讯设施，更好地利用域外智力资源实现知识共享的问题，涉及方
式方法。另一方面，以上三个方面的研究又是相辅相成、互为促
进的。在国家创新体系中如何促进不同创新主体间的互动，也是
构建国家创新体系的重要内容，如何选择沟通工具促进组织成员

之间的有效沟通既是知识管理研究的重要内容，也是虚拟组织研究的重要内容，因此，以上三种理论的有机结合对构建创新型城市有重要的指导作用。

国家创新体系理论告诉我们，构成国家创新体系的主要是政府、高校和科研机构、企业以及中介组织等四大主体，在构建国家创新体系的过程中，国家通过财政政策、金融政策、税收政策以及科技政策等可以调节各种资源在不同主体以及不同产业部门中的配置，从而促进科技创新。OECD 的研究成果也显示促进以上四大主体间的互动，可以促进一个国家或地区的创新水平。

如何促进一个城市或地区的科技创新水平，与构建国家创新体系既有相似之处，又有特殊性。地方政府在运用财政政策、金融政策、税收政策以及其他科技政策，宏观调控社会资源在不同创新主体中的资源配置方面，可以参考国家创新体系建设的一些做法和经验，如通过地方财政等政策，保证政府在科技方面的投入保持相对合理的增长率，以确保基础研究和基础应用研究方面的资金投入，促进高校科研机构与企业的合作，再者，可以通过政策引导科技资金的投向与地方政府的经济发展战略相一致；通过金融和税收政策，鼓励社会资源向高新技术产业倾斜，从而促进城市高新技术产业的发展，促进科技创新。此外，金融税收政策还可以在调整招商引资的优先发展行业或领域方面发挥作用，以促进城市产业结构和技术发展水平的提升。

构建创新型城市，除了从政策层面入手，通过政策激励等措施调整社会资本加大对科技创新的投入之外，德国弗鲁库曼建立的关于创新型城市的模型具有参考价值。知识管理理论认为：知识是可以共享的，隐性知识的共享比显性知识共享更为重要。我们知道，知识具有非独占性和可共享性，一个人占有知识，并不排除其他人占有同样的知识，人的知识可以与他人共享。在物物交换中，一个人如果同他人交换物品，交换的结果是丧失自己原有的物品，得到他人的物品；但是如果一个人与他人交换知识的话，其结果是交换双方都同时增加了对方的知识，这就是知识产品与物质产品的最本质的区别。因此，从理论上讲，在一个城市或地区知识存量不变的情况下，通过加速知识转移，增加知识流量的做法可以促进知识创新。知识存量是指某一特定时点某个组织系统的知识总量，是依附于组织系统内部人员、设备和组织结构中所有知识的总和，反映了组织系统生产知识的能力和潜力，体现了组织系统的竞争能力。知识存量可以反映一个组织或地区知识资源的总量、规模、结构及变化趋势，反映了一个组织或地区的知识生产状况和创新潜力，也是测度知识产出的起点；知识流量是指某一时段流入和流出本系统的知识资源的数量。知识流量指标可以用来描述知识的分配和扩散的基本状况，可以反映出某个时段该组织应用知识资源的状况以及知识资源的利用效率。

知识存量结构主要可以分为以下三个方面：

①以人为载体的人力知识资源：指现在从事或有潜力从事知识的生产、传播、应用和管理等活动的人力资源，其核心组成部分是科技人力资源。知识对人力资源具有高依存性，尤其是隐性知识是以人为载体的。人是知识的生产者、储存者和使用者。

②以物为载体的科技文献、专利等。

③以社会为载体的知识产业：按照马克卢普提出的知识产业分类模式，知识产业由五个方面构成：教育、研究与开发、通信媒介、信息设备和信息服务。以上的知识产业除了研究与开发直接与知识创新有关外，教育、通信媒介、信息设备和信息服务都直接与知识传播有密切联系。

在以上三个方面中，人是最重要、最活跃的因素，人是连接其他两个要素的中心环节，人也是科技创新过程中知识获取、知识吸收、知识交流的主体，是知识存量和知识流量的核心。

知识存量是一个静态概念，具有相对的稳定性。正因为知识存量具有相对稳定性，因此，对一个组织或地区来说，知识存量的增长是一个循序渐进的过程。知识流量则是一个动态概念，可以反映出某个时段该组织应用知识资源的状况以及知识资源的利用效率。因此，在单位时间内通过加大组织内部或本地区知识流动的效率，可以大幅度提高知识流量，以促进知识转移。

促进知识流量扩展的途径主要有：

①教育与培训；

②组织（或地域）内以及组织（或地域）间的知识转移；

③知识传播；

④人员流动。

人员流动的重要性不仅仅在于促进专门知识的转移，更重要的是获取、应用和创新知识能力的转移。

如果我们把某一时段，一个城市或地区的智力资源、科研设施、科技投入等看作是创新资源存量的话，那么，通过加大每一时点该城市知识活动的频率、提高其科研设施利用率的话，则这个城市或地区的知识流量就越大。在构建创新型城市过程中，在存量不变的情况下，通过加快知识转移速度，使一个城市的知识流量增加，最终可以促进创新。

知识可以分为显性知识和隐性知识，显性知识的载体主要是书籍、杂志等编码了的知识，隐性知识的载体是人的大脑，在今天交通和通讯高度发达的条件下，通过人的流动以促进思想和知识的转移是不受城市或地域限制的，因此，如何利用域外智力资源是构建创新型城市的一个重要方面。

11－2. 构建创新型城市的方法和手段

用于构建创新型城市、促进技术创新的方式方法很多，归纳起来包括政策层面的、管理机制层面的以及文化层面的等等。创新是一个系统工程，构建创新型城市，政策是基础，只有通过制定政策，切实从体制等方面为创新创造良好的环境，创新才会有生命力。一方面，创新是一个长期工程，需要一个相对稳定的宏观环境，需要建立长效机制来保证创新计划得到执行，只有建立相应的政策法规才能保证创新行为的连续性，任何长官意志和急功近利的思想对创新都是有害的；另一方面，创新不是某一个单位和部门的事情，是全社会的事，关系到社会经济文化教育发展的各个方面，需要社会各方面的相互协调，只有建立了促进创新的机制，才能保证创新活动的顺利进行。再者，科学技术的飞速发展改变了经济的增长方式，科学技术已成为经济增长最重要的因素，因此，在新的环境下，切实转变观念，改变传统的思维方式，建立科学的发展观，营造先进的创新文化也是促进创新的一个重要方面。

（1）政策引导

构建创新型城市可以从许多方面制定政策，以促进科技创新。如可以通过财政政策加大对教育科技等方面的投入；通过制定税收优惠政策促进企业加大向研发、技术改造方面的投入；通过制定金融政策建立风险投资机制，以加大对高新技术产业的投资，促进科研成果转化；通过制定人才政策加大培养和引进人才力度等等，以此来促进创新型城市的构建。美国等发达国家在这方面积累了丰富的经验，美国硅谷的成功案例也验证了政策引导在提高创新能力方面的重要作用。2006 年 1 月我国召开了全国科技大会，公布了《国家中长期科学和技术发展规划纲要（2006－2020 年）》，为更好地实施《规划纲要》，国务院又发出了《关于实施〈国家中长期科学和技术发展规划纲要（2006－2020年）〉若干配套政策的通知》，《通知》从科技投入、税收激励、金融支持、政府采购、引进消化吸收再创新、创造和保护知识产权、人才队伍建设、教育与科普、科技创新基地与平台建设等方面制定了相关配套措施，通过加大科技投入、制定税收优惠政策、提供低息贷款等方式加大对科技创新的支持力度，促进创新。除了国家宏观政策以外，在全国科技大会召开以后，各省、市等地方政府也相继召开了科技大会，并在国家宏观政策指导下，制定了适合当地实际情况的财政、税收、金融、科技等方面的政策，这既是对科技创新工作的促进，也是构建创新型城市的重要基础。如有的城市规定：政府对财政科技投入的增长幅度要明显高于财政经常性收入的增长幅度，以保证科技投入的稳定增长。可以说政策引导在构建创新型城市，营造创新环境中具有不可替代的重要作用。

税收政策：税收政策是指政府通过减税、退税等优惠政策鼓励和引导社会资本进入某一特定产业的做法。如前面提到的日本东京针对高技术产业制定的减税、免税政策以及减少折旧年限政策等等。我国在 2006 年 1 月，为提高自主创新能力，国务院发出《关于实施〈国家中长期科学和技术发展规划纲要（2006－2020)〉若干配套政策的通知》（国发〔2006〕6 号）（以下简称《若干配套政策的通知》），《若干配套政策和通知》提出了加大通过税收政策支持自主创新力度的措施，出台了"允许企业按当年实际发生的技术开发费用的 150％抵扣当年应纳税所得额。实际发生的技术开发费用当年抵扣不足部分，可按税法规定在 5 年内转抵扣。企业提取的职工教育经费在计税工资总额 2.5 以内的，可在企业所得税前扣除。国家高新技术产业开发区内新创办的高新技术企业经严格认定后，自获利年度起两年内免征所得税，两年后按 15％的税率征收企业所得税。对符合条件的科技企业孵化器、国家大学科技园自认定之日起，一定期限内免征营业税、所得税、房产税和城镇土地使用税"等税收政策，要求税务部门"研究制定促进产学研结合的税收政策"，以鼓励社会资本向高科技产业的投向。全国科技大会以后，各省市也提出了各自相应的税收优惠政策。在构建创新型城市中，虽然地方政府税收方面可以调整的空间有限，但税收政策仍然是政府调节社会资本投资结构的重要杠杆之一。

金融政策：金融政策是指政府通过政策性金融机构向特定行

业提供低息或无息贷款等手段鼓励技术创新的做法。国务院《若干配套政策的通知》要求，"政策性金融机构对国家重大科技专项、国际重大科技产业化项目的规模化融资和科技成果转化项目、高新技术产业化项目、引进技术消化吸收项目、高新技术产品出口项目等提供贷款，予以重点支持。引导商业金融支持自主创新。"日本东京实行的金融政策，如对信息产业增加25％的科研税务贷款、建立振兴地方技术的特别贷款制度、高新技术企业可使用贷款年限25年、利息优惠10％的低息贷款、成立小企业金融公库、对高新技术小企业发放年息仅2.7％的特别贷款等措施，无疑对促进高新技术企业的发展起到了支撑作用。

财政政策：财政政策是指政府通过财政对科技的投入，支持科学研究和技术开发，引导社会资本加大对研发投资力度的做法。为促进我国的自主创新，国务院《若干配套政策的通知》明确提出："2006年中央财政科技投入实现大幅度增长，在此基础上，'十一五'期间财政科技投入增幅明显高于财政经常性收入增幅"。在国家宏观政策引导下，各地方政府也增加了财政对科技的投入，这无疑是促进地方创新能力的重要保障。地方政府在加大财政科技投入时，应注意从制度上建立保证科技投入不低于当地财政经常性增幅，使财政科技政策常态化、制度化。在财政科技投入的投向方面，应体现以下两个原则：①财政科技投入重点支持基础研究、基础应用研究、社会公益研究和前沿技术研究的原则。②发挥财政资金对企业自主创新引导作用的原则。之所以要遵循这两个原则，是由财政资金的社会公益性质所决定的。

西安市为了促进创新型城市建设，近年来制定并实施了"区域创新体系规划纲要"，整合区域科技资源，建设创业中心、大学科技园、留学生创业园和软件、光电子、生物医药等各类技术创新专业孵化器群，建设专业技术创新孵化基地40余家，设立了政府财政资金引导的"种子资金"、风险投资基金、技术创新扶持基金、融资担保基金和各类成果转化基金。财政方面，2005

年各级财政引导性投入达 3 亿元，近年出台的保护知识产权资助基金和相关政策，激发了企业自主创新的激情。为提高原始创新能力，西安高新区设立了"院士创业基金"，凡由院士领衔创办的具有自主知识产权的高新技术企业，基金支持 100 万元，目前已有 21 位院士正式加盟。此外，西安还有 350 多家风险投资、技术交易、融资担保等社会化中介机构群体，激活和提升了自主创新效率，推动了区域原始创新、系统集成创新和引进消化吸收再创新能力的持续提升。高新技术产业实现工业产值 470 亿元，占全市工业总产值的 31％；科技创新对全市的经济增长贡献率达到 46％。

上海市为了鼓励企业创新，自 2001 年开始，设立了中小企业创新资金计划，与国家中小创新基金共同支持本市科技型中小企业的发展，为鼓励大学生创新创业，进一步培育活力，2005 年启动了上海市大学生科技创业基金计划，市政府每年投入 5000 万元，进一步提升新生科技力量对地方经济的贡献率。目前，上海共建立孵化器 31 家，为在孵企业提供了一定的服务条件和环境，加快了产业的集聚和形成。在支持新能源方面，从 2000 年开始，每年对太阳能技术和应用给予立项支持。上海太阳能科技有限公司通过实施西藏日喀则地区 42 个光伏电站等十几项重大工程项目，建立了国家太阳能光伏发电产品检测中心、单晶硅电池生产线、装备制造生产线，促进了这一产业的发展，实现批量产品出口，年销售额达到 10 亿元人民币。此外，上海市还在复旦大学创建科技创新园区，成立了"科技成果转化促进会"，为科技成果转化提供支持，为企业与高校的合作牵线搭桥，首期已经引进了企业的 500 万元资金。实施了"科技小巨人工程"，专门设立了中小企业创新专项资金，科技型中小企业技术创新项目由财政给予资助。2007 年 5 月，上海市还专门制定了"国家重大（科技）专项和上海市重大科技项目资金配套管理办法（暂行）"，对承担国家重大（科技）专项的单位给予配套资金奖励，最多可获得10％的配套资金奖励。

深圳是中国内地改革开放最早的城市，具有先发优势，初步建立了以市场为导向、以产业化为目的、以企业为主体，官、产、学、研、资、介紧密结合的区域创新体系，涌现了一批具有较强自主创新能力和国际竞争力的企业，造就了一支富于创新精神的企业家和技术专家队伍，拥有大量技术专利和一批自主品牌，奠定了在国内自主创新方面的优势。其主要做法是：

①加快发展多层次资本市场

深圳利用深交所的优势，全力协助深交所办好中小企业板，不断扩大中小企业板规模，努力把深圳建成国内中小企业融资中心，为创新型中小企业提供资本市场服务平台。大力培植和发展风险投资企业，1999年8月，成立深圳市创新投资集团有限公司，2000年10月成立由深圳地区创业投资及相关担保、咨询、服务机构自愿结成的深圳市创业投资同业公会，目前，创业投资同业公会有会员单位55家，为高新技术企业融资提供了支撑。2007年获得创投项目10余个，风险投资业的发展促进了高新技术产业的发展。

②建立完善技术产权交易市场

通过承办中国国际高新技术成果交易会、建设中国（华南）国际技术产权交易中心等契机，创新交易模式和运作机制，促进科技成果转化和产学研合作，促进知识产权交易。通过支持技术产权交易中心与深交所建立合作机制，共享市场信息和市场资源，畅通非上市中小股份制企业产权流通渠道，对促进高新技术产业的发展提供了有效支撑。

③建设"深港创新圈"

充分利用与香港接壤的优势，完善深港科技合作机制，通过促进两地创新要素的合理流动，建立联合创新信息平台、联合培训基地、联合实验室、联合教育体系等措施，实现信息互通、实验室共用、研究经费共担和研究成果共享。在共享科技基础设施、公共平台和支持服务机构方面，深圳市政府推动深圳企业充分利用香港各大学科研院所、研发中心、公共技术平台，并给予资助。同时，大力推动香港重点实验室、研究中心与深圳高新技术产业形成创新链上下游互动关系，而香港科研机构和大学也积极促进双方科研力量的合作。据统计，目前香港院校在深注册企业22家，注册资金人民币近2亿元、港币3500多万元；设立研发中心10家，总投资港币1800多万元。"深港创新圈"的建设一方面实现了资源共享，这主要包括两类资源：一类是实验测试仪器设备等硬件资源；另一类是人才、智力、管理经验等软件资源。此外，还实现了要素融合，主要包括金融要素、产业要素及中介要素的融合。此外，"深港创新圈"还力争成为内地和海外进行沟通的桥梁和载体，最终实现通道的共用及教育同城化、产业同构化。

此外，深圳积极参与泛珠三角区域的科技资源共享、合作组建科技组群、联合科技创新、科技人才培养四大科技行动。深圳积极通过各种途径扩大横向联系，通过整合资源，引进智力，实现共享。鼓励企业"走出去"，在最接近技术源头的海外城市建立研发机构，对其开展的符合产业政策的应用基础研究给予资金支持。鼓励海内外企业、高校、科研院所、行业协会及其他投资主体来深创办各种形式的创新机构，承担重大科研计划项目。鼓励跨国公司和有实力的外资企业在深设立研发机构，利用其技术外溢提升深圳消化吸收再创新能力。创新可分为持续式和跨越式两类，研究表明，跨越式创新更多的是由外部人才的参与完成的。鼓励企业"请进来"、"走出去"对建设创新型城市非常重要。

国际上这方面的例子也有很多。2000年以来，日本东京开始创新型城市建设工程，出台了一系列的引导政策，促进了高新技术产业的发展。根据《促进基础技术开发税制》，东京对高新技术企业采取多种减免税收政策，免征计算机物产税、固定资产税，购置电子设备减缴7%所得税，并允许当年进行30%的特别折旧，还设立了软件研发免税储备金制度和意外损失储备金制度，免征技术开发资产税 7%；金融政策方面，对信息产业增加 25%的科研税务贷款，建立了振兴地方技术的特别贷款制度，高新技术企业可使用低息长期贷款，贷款年限可长达 25 年，利息优惠 10%，东京还专门成立了小企业金融公库，对高新技术小企业发放年息仅 2.7%的特别贷款。此外，政府在选择支持项目时，有严格的选审标准，向日本原来薄弱的基础性原创领域倾斜；政府还资助高校研究者与企业开展"共同"开发研究，其成果的转化个人可得专利收入 50—80%；政府还鼓励产业界与高校建立"共同研究中心"，由日本科技厅专款补贴。近几年，面向上市高科技小企业的东京 OTC 股票交易市场发展势头良好，交易量和影响力不断扩大，为众多高科技小企业的扩张提供了资金支持。

韩国政府在 20 世纪 70 年代，投入 15 亿美元在大田市开发建设大德科学城，1990 年，韩国高等科学技术学院迁入大德科学城，促进了大德科学城的发展。此后，科学城在 10 年里迅速崛起，成为大田经济发展的助推器和动力。大田市现有近 70 多家政府和民间的科研和教育机构，900 余家高科技企业，形成了总体规模大、设施先进的专业化科研基地，大德科学城集科研与成果转化为一体，科研与产业密切结合，成为高科技企业孵化基地，形成了一座科学城，科学城又推动相关产业和相关区域的经济发展。

（2）构建平台、完善程序

通过财政、金融、税收、人才等政策引导，可以促进人力、物力、财力等社会资源向高新技术领域的投放，从而促进一个城市或地区科技创新能力的提升。然而，仅仅制定政策是不够的，还需要有相应的配套机制和程序来保证各种政策的顺利实施。此外，科技财政政策还应包括科技经费的管理机制建设，政府要加强对财政性科技经费使用的监督，建立财政科技经费的绩效评价体系，明确绩效目标，建立追踪问效机制。

①构建科技设施共享平台

虽然近几年来我国研发经费增长很快，但与发达国家相比科技投入仍然偏低，一方面，需要进一步加大科技投入；另一方面，科研设施重复建设严重，共享不足。因此，建设科技设施共享平台也是政府的一项重要工作。我国早在 1998 年就开始了科技平台建设工作，2004 年，科技部成立自然科技资源平台管理联合办公室，2004 年科技部会同发展改革委、财政部、教育部，提出《2004—2010 年国家科技基础条件平台建设纲要》，2004 年 11 月，国务委员陈至立主持落实《国家科技技处条件平台建设纲要》电视电话会议，要求各级政府把平台建设作为一项重点工作切实抓紧抓好，要各负其责，紧密合作；要突出共享，加强相关政策法规体系建设；要加强平台建设投入管理，提高资金利用效率；要充分利用国际科技资源。平台主要由大型科学仪器设备和研究实验基地，科学数据和文献资源共享服务网络、科技成果转化公共服务平台等信息保障系统，以及以共享为核心的制度体系和专业化技术人才队伍三方面组成。目前，科技部已着力进行大型科学仪器设备和研究实验基地平台、科学数据共享平台、自然科技的保护与共享平台、科技文献资源建设与共享服务网络平台、网络科研环境平台和科技成果转化服务平台建设，并已取得成效，许多省市也开始了建设本地区科技平台的工作。

2004 年 7 月，上海研发公共服务平台投入使用，该平台共分科技文献、科学数据、仪器设施、资源条件、试验基地、专业技术、行业检测、技术转移、创业孵化、管理决策等十个子系统，每个系统下包含若干个子平台。平台的信息资源丰富，服务内容和服务对象涵盖了各行各业。平台定位于满足科技创新创业需求，营造良好的创新环境，特别是将中小企业的技术创新需求作为平台建设与服务的导向。平台不仅服务于科技创新的上游（科学研究）和中游（技术开发），还延伸到下游（技术转移和创业孵化），突出了为自主创新主体服务的思想。平台还建立了服务呼叫中心（800－820－5114），组建了一支高水平的专家咨询队伍，形成了专家咨询、服务配送等直接面向用户需求的综合服务能力。此外，系统本身还自动对各平台服务的数量和质量建立了档案记录，这对各平台的服务进行评估提供了量化依据。

研发公共服务平台整合集成上海地区各类离散的科学数据资源，建设并开放多领域数据中心，面向上海支柱产业、重点行业和优势学科发展需求，建立高效、便捷、开放的科学数据共享服务系统，为企业技术创新提供了强有力的支撑。

研发公共服务平台开通以来，其服务不仅涵盖上海市的企业，其大型科学仪器协作公用网的服务覆盖了全国除青海省以外的其他省市，这不仅盘活了研发资源，提高了加盟设备使用率，为企业缩短了研发时间，也为企业降低了研发成本。

上海研发公共服务平台在促进科技信息、科技文献、大型设备、科学数据、技术检测的共享等方面发挥了巨大的推动作用，为企业技术创新提供了强有力的支撑。但是，上海研发公共服务平台也并非完美无缺，该平台在促进智力资源共享以及即时互动方面还有待于加强。

②构建智力资源共享平台

研究表明，在国家创新体系中，企业、政府、大学和科研院所、中介机构这四大主体之间的互动，对促进创新具有重要作用，创建创新型城市促进各创新主体间的互动同样重要。知识管理理论认为，知识可以流动，知识在流动过程中不但不会被消耗反而会增加。通过建立机制，促进知识在企业、政府、高校以及中介机构间的快速流动可以促进创新。在美国硅谷，企业间进行激烈竞争的同时，也通过各种方式进行着非正式的交流，通过共同承担项目、通过与研究会以及大学之间的联系，不断地得到市场和技术变化的信息，由于硅谷企业存在较高的人员流动率，通过人员流动，技术也得到转移和传播，技能与资金也得到重组，其结果是促进了硅谷的发展。除了科学仪器、实验数据等方面的共享平台，建立促进各主体间沟通互动的机制也是促进知识共享和科技创新的重要方面。因为科技创新是通过人来完成的，科技创新的主体是人，通过建立智力资源共享平台，促进各不同创新主体之间的互动，激发科技人员的创造性思维，是促进科技创新的根本。在实施科技计划过程中，通过强化科研项目管理、项目验收、项目鉴定和科技成果转化等环节建立科学完善的程序和机制，真正实现知识在企业、高校、政府等创新主体间的双向流动，是促进科技创新的重要手段。

不同城市应根据各自特点选择不同的方式来促进智力资源共享和技术转移。例如，像北京、上海、西安、广州等城市，科研院所和大专院校相对较多，各种层次的人才相对集中，因此，促进域内各主体间的知识转移和智力资源共享应该成为这些城市的重点；而对于一些大专院校和科研机构较少的中小城市来说，怎样通过与域外著名高校、研究所联姻，通过与这些机构的合作，引进、消化高校科研机构的研究成果，则是应该关注的课题。江苏常熟的梦兰集团通过与中科院计算机研究所的合作，成功引进域外研究成果和智力资源，形成了集研发、生产低价位电脑、机顶合 IT 产品的产业链，为当地的经济注入了活力。在构建创新型城市过程中，是以共享本地区智力资源为主，还是以引进外部智力为主，只有根据本地区的人才状况、科技发展水平等，制定切实可行的机制，才能更好地为科技创新服务。

共享域外智力资源，首先要与域外智力资源建立紧密的联系。许多城市通过经贸洽谈会、展览会、各种文化节、民俗节等方式促进招商引资工作，特别是通过引进高新技术产业或科研院所等来促进创新型城市建设，有的城市还为引进高新技术产业提供各种各样的优惠政策，这无疑是一种促进产业结构调整，发展高新技术产业的重要方法。还有的城市通过科技成果转化洽谈会、各种评审会、研讨会以及学术报告会等加强与高校、科研院所的交流与沟通，通过这些活动促进域外高层次专家来开展形式多样的创新活动，以便激发各方面的专家对城市发展的兴趣。但是，联系建立起来以后，如何经常性地与这些人员进行沟通，则是一个长期的工作。如何做好短期工作与长期利益的统一、会期交流与会后相互联系的统一，是特别需要注意的问题。从管理学的视角出发，促进不同创新主体之间、不同地域之间建立沟通平台和机制，是促进知识共享的重要环节，由于这种平台和机制具有社会公益性质，因此这个任务就自然而然地落到政府的肩上了。

智力资源共享平台包括硬件环境建设和软性机制建设。硬件环境建设主要包括建设智力资源共享系统的开发建设，系统应该包括数据库、专家库、信息发布模块、科技成果转化模块、学术沙龙模块以及寻求帮助模块等，系统开发的宗旨是如何方便各创新主体中所有科技人员的使用，服务的对象是承担整个城市科技创新任务的广大一线科技人才，而不是个别的管理部门或管理人员。因此，系统要注重人性化设计，界面要友好，信息要准确，信息更新要及时，要注重开发促进科技人才之间互动沟通的工具，真正使平台成为出现问题时帮助解决问题的助手、科技成果转化的助手、激发创造性思维的助手。系统还应考虑到共享域外智力和共享本地区智力的不同需求，开发可供不同沟通需要的沟通方式，建立以电子邮件、移动通讯、手机短信以及视频会议等为主体的立体沟通体系，为促进知识转移和思想的共享提供支撑。智力资源共享体系的软件环境主要是指建立如何使用智力资源共享系统的规则和机制。另一方面，建立智力资源共享系统固然重要，但是如何让各创新主体都熟知这个系统，并有效地利用这个系统，进行沟通交流同样重要。政府可以利用政策性和经济性杠杆，鼓励和支持相关人员经常使用该系统，充分利用该系统积极开展和参与有关的活动。不管是利用域内智力资源还是共享域外的智力资源，智力资源共享系统都是非常理想的创新帮手。

12. 共享智力和思想的案例及其分析

梦兰集团与中科院计算机研究所共同设立龙芯应用产品产业化基地，可以说是一个成功利用域外智力资源的案例。江苏常熟的梦兰集团是一个从事家纺产品的企业，2005年该企业与中科院计算机研究所联合组建国内芯片领域唯一拥有自主知识产权的梦兰龙芯产业化基地，并成功研发出龙芯税控机、龙芯网络视频监控服务器等新专利成果，成功进入国内低价位电脑市场。这个案例可以说是一个引进高科技产品和域外智力的典范。

梦兰集团从为苏州绣品厂加工刺绣产品起家，经过30年的发展，2000年已成为国内知名的家纺和床上用品的企业集团。2001年，梦兰集团开始了与中科院计算机研究所的合作，2005年4月18日，科技部、中国科学院和信息产业部共同主办"龙芯2号"成果发布及产业化基地成立大会，会上中科院与梦兰集团签署了《关于设立龙芯产业化基地的战略合作协议》，决定在常熟梦兰科技园共同设立龙芯应用产品产业化基地，"龙芯2号"落户常熟。目前，"龙芯CPU产业化应用"项目已被列入江苏省科技厅科技成果转化基金重点支持项目。该基地已建成了3万多平方米标准厂房，并配套了5千多平方米的职工宿舍等。产业化基地的核心企业，中科梦兰电子科技有限公司通过引入成熟的市场和生产组织管理机制，形成了单班年产40万套电子产品的生产能力，税控收款机、电视机顶盒、专用桌面 PC 机、网络计算机、龙芯 CPU IP 核等产业化业务已全面展开。该公司还与海尔结成战略同盟，共同推出面向教育市场的教育专用机，并开拓包括税控收款机在内的新兴产品市场；该企业与上海振业电子科技有限公司达成协议，成为其数字电视机顶盒产品的主要供应商。中科梦兰还组建了梦兰龙芯产业化研究开发中心，该中心集聚了包括龙芯 CPU 课题组核心技术人员在内的一批高科技人才，开发能力涵盖集成电路设计、电子产品研发、嵌入式系统研发、应用系统研发等多个领域，成为常熟市的骨干企业。

与中科院计算机研究所的合作不仅使梦兰集团顺利进入 IT 产业，提高了产品的技术含量，扩大了盈利空间，而且在江苏常熟形成了一个具有一定规模的 IT 生产研发产业链。通过引进科研成果和技术，促进了人员交流，实现了科研院所与企业之间的知识转移，促进了科技成果转化，加快江苏省和常熟市的高新技术产业化进程，推动了当地信息产业的发展，对当地的经济建设、社会发展以及技术创新工作也起到了重要的促进作用。

利用域外智力资源就是通过建立管理机制，有效地利用其他城市或地区的智力资源为所在城市或地区的科技创新服务。在引进智力资源方面，本着不求所有，但为所用的原则，通过建立机制和平台，积极引进域外智力，是提高城市创新能力的重要方面。这里值得注意的是，引进域外智力一定要同域内智力资源的对接密切结合起来，首先，本地区内的智力资源之间需要存在相互对接的基础和平台，在此基础上，引进域外智力才能产生事半功倍的效果。德国弗鲁库曼建立的创新型城市模型为这种智力资源的对接提供了平台，在这个平台上，"知识在空中浮动，不论何人，只要感兴趣，都可加以利用。"他还认为："创新城市的口号是面对面地交谈、思考。"因为思想的共享是创新的基础，通过面对面地交谈、思考这种隐性知识的共享方式对科技创新来说可能更易产生灵感。

　　丹麦天文学家第谷·布拉赫（Tycho Brabe）与德国天文学家开普勒在天文研究方面的合作被后人传为佳话，也是共享思想的典范。第谷是一位卓越的天文观测家，他的天文观测工作既准确又细致。第谷很早就发现，过去的天文观测资料不够准确，编出的星表有很多误差，因此立志要观测 1000 个天体，编出一个准确的星表。他自己设计并制造了当时属世界一流水平的观测设备，20 多年如一日观测天体，把一生献给了天文观测工作。开普勒（J. Kepler）是天文学教授麦斯特林的得意学生，早年接受了哥白尼的学说，但是在他看来，哥白尼学说似乎还没有充分揭示出宇宙间数的和谐性，他希望用几何图形构造宇宙体系。经过思索和计算，1596 年他提出了一个用 5 个多面体来说明 6 个行星运行轨道的模型。模型虽然构思巧妙，但却缺乏事实根据。1600 年，第谷邀请开普勒做他的助手，开始了经验观察与数学理论在天文学上的结合，可是在两年之后，第谷就去世了。临终前，第谷把自己一生辛勤观测得到的宝贵资料和完成星表的遗愿一起留给了开普勒。开普勒继承了第谷的资料和遗愿，经过不懈的努力，最终提出了行星运行的基本定律——开普勒三定律。后人评价说"没有第谷翔实的资料，开普勒只能沉溺于空想之中；没有开普勒的理论概括，第谷的资料也只是一堆废纸。他俩一个追求观测的精确性，一个追求数学的和谐性；一个有一双明亮的眼睛，一个有一个聪慧的头脑"①。

　　开普勒在整理第谷的观测资料时发现，无论是托勒密体系，还是哥白尼体系，总不能同第谷的行星观测资料吻合得很好。是第谷的观测有问题，还是前人的学说存在问题呢？由于他亲眼见过第谷的观测工作，对其工作态度有着深刻的了解，因而，他对第谷观测资料的可靠性、精确性深信不疑，因此他想问题应该出在体系方面。于是他决心查明原因，揭开行星运动之谜。但是经

---

　　①　林德宏著：《科学思想史》，江苏科学技术出版社 2004 年 8 月版，第 80 页。

过几十次的计算、验证，结果与第谷观测资料总是存在 8 弧分的误差，出于对第谷的了解和信任，他认为 8 弧分的误差只能是理论方面的差错。经过多次失败后，他终于对均速和正圆轨道这两个传统观念发生了怀疑。他大胆设想，火星运行的速度是变化的，越接近太阳，速度越快。其轨道呈椭圆形，最终提出了行星运行的基本定律——开普勒三定律。1627 年，开普勒把自己的三定律同第谷的观测结合起来，出版了新的星表《鲁道夫星表》，实现了第谷的遗愿。开普勒的理论抛弃了均速、正圆的传统概念，简化了计算，确证和丰富了哥白尼体系的理论，发现了行星的运动规律，为计算各个行星的准确位置提供了理论基础。开普勒与第谷的佳话形象地说明了隐性知识在科学研究中的作用。开普勒作为第谷的助手，长期同第谷在一起工作，对第谷的思想和工作态度非常了解，他不仅继承了第谷的大批观测资料，也继承了他的思想和工作态度。因为在他的演算与以往的学说出现矛盾时，任何一点犹豫，都会使他的研究功亏一篑。正是因为对第谷观测数据的信任，促使他对以往的理论提出质疑，从而提出了大胆的设想，建立了自己的科学体系。

科学史上发现 DNA 双螺旋结构的案例也说明了思想共享的重要性。美国科学家沃森是一位病毒遗传学家，遗传学的进展引导他去探索遗传分子的结构。英国晶体学家克里克的专业领域是物理学，但他的兴趣却在遗传学方面。他们二人在英国剑桥大学卡文迪许实验室相遇，开始了现代生物学史上最富有成果和最激动人心的合作，他们决心研究和解决 DNA 的分子结构问题。当时英国的威尔金斯和弗兰克林也在进行这方面的研究。1951 年，威尔金斯通过晶体结构分析，证明在一定的温度下，DNA 呈螺旋形结构，并初步算出螺旋的直径与螺距。弗兰克林是一位 X 射线衍射结晶学专家，1951 年开始研究 DNA 分子的 X 射线衍射技术，她推测 DNA 分子呈螺旋形。1951 年 11 月，沃森在伦敦皇家学院听了弗兰克林的报告，同克里克一起提出了三股链的螺旋结构分子模型，但是他们把 DNA 的含水量算少了，把 DNA 的密度估计过大，因而模型宣告失败。不久，克里克建议数学家格里斯计算碱基之间的吸引力，计算结果表明嘌呤与嘧啶有相互吸引的趋势。克里克由此提出不同碱基相互吸引的概念。1952年 7 月，查哥夫访问剑桥，告诉克里克 DNA 中 4 种碱基的含量并不相等，克里克在查哥夫的启发下形成了碱基配对的思想。1953 年，沃森和克里克看到了弗兰克林拍得非常清晰的 X 射线衍射照片和精确的数据之后，提出了 DNA 双螺旋结构的观点。1953 年 4 月，他们在英国《自然》杂志上发表了只有一页纸的论文，宣布了他们的模型。正是这篇论文揭开了生物学史上新的一页，这篇论文成为分子生物学诞生的重要标志，沃森和克里克也因此与威尔金斯一起获得了诺贝尔奖。事实上，沃森和克里克从真正开始研究 DNA 到获得成功，前后仅仅两年多的时间。沃森 1950 年获得博士学位，1951 年来到英国，1953 年与克里克一起提出 DNA 双螺旋结构假设。而且，他们二人也没有做过有关 DNA 方面的试验。他们之所以能获得成功，得益于他们相得益彰的专业结构和配合默契的合作，还在于他们善于追踪和运用他人的研究成果，共享他人的学术成就。许多同行的研究成果给他们许多有益的启发，如弗兰克林拍的 X 射线衍射照片以及精确的数据等，这些因素使他们能够吸收和整合当时在该研究领域的最新学术思想，并使这些研究成果彼此不产生矛盾来构建了自己的假说。关于 DNA 双螺旋结构的发现，中科院院士沈文庆认为：DNA 双螺旋结构的发现实质上是物理学、化学、生物学等学科交叉的创新成果，是综合了各个研究领域科学家研究成果的结晶。英美科学界流传着这样一种说法，诺贝尔奖得主的创意有许多是来自喝下午茶。不同学科的科学家在一起喝下午茶，互相讨论、争辩，催生了创意，正是这种相互间的交流和碰撞，启发了灵感，促进了创新。

在我国，脑神经医生田增民与机器人专家王田苗的合作堪称共享知识的典范。2006 年 9 月中央电视台以"用鼠标做手术的人"为题，报道了海军总医院主任医师、第二军医大学教授、海军神经疾病研究所所长田增民与北京航空航天大学机械工程及自动化学院长江学者特聘教授王田苗合作，开发应用机器人，采用脑外科微创手术治疗大脑神经疾病的事迹。田增民教授一直从事立体定向手术的研究，曾赴美国深造。神经外科医师在施行脑手术时，常为可能造成的严重创伤所困扰。手术时必须先切开脑皮质，方能发现其下方的病变，如果病变位于重要功能区，开颅手术也难以避免造成神经损害，而且开颅会给病人带来痛苦。田增民在为病人进行手术时经常设想找到一种不开颅就能进行脑神经手术的方法。1996 年 2 月，田增民在一次归国人员座谈会上结识了北京航空航天大学机械工程及自动化学院的王田苗教授，国内最好的神经外科医生与国内顶级的机器人专家的相遇碰出了思想的火花，谈到开发医用机器人的研究，两人一拍即合，从此开始了他们的合作。1997 年第一代机器人立体定向系统研制成功，成功进行了微创脑神经手术；1999 年第二代机器人实现无框架定位手术，通过了国家 863 计划课题组验收；2001 年第三代遥控操作型机器人实现了通过互联网实施异地遥控操作手术突破，2003 年 9 月 10 日，田增民通过计算机网络，遥控远在 600 公里以外的机器人"黎元"，成功为沈阳的一名脑出血患者进行了手术。从 1997 年开始，田增民通过应用机器人已成功完成 1400 例手术，达到国际先进水平。

网络在医疗管理方面的应用还有很多，如现在很多医院开展了为孕妇提供胎儿远程监护的服务。胎儿远程监护指孕妇在家中使用胎儿多普勒进行监护，随时通过电话线路将胎儿的胎心音、胎动等信息传到医院，由医生根据传入信息进行分析，做出诊断和指导。胎儿在生长过程中，会出现脐带受压，脐带绕颈（25％以上孕妇有此症状）、宫内窘迫、宫内缺氧和胎动功能异常等症状，这时刻威胁着胎儿的健康，医生进行胎心检查的目的就是为了及早发现这些异常症状，并及时处理，保证胎儿健康，降低胎儿死亡率。胎心检查最好每天进行，但天天到医院检查会给孕妇带来很多不便，远程监护是将胎儿信息随时从家中传到医院，使胎儿状况时刻处于医生的监护之中，这样准妈妈不用挺着肚子每天跑医院，减少了到医院去的麻烦和相关支出，因此深受孕妇的欢迎。

尤尼西斯个人电脑部的软件开发在被称作"24 小时实验室"里进行，以便利用各开发单位之间的时差。在尤尼西斯，对系统软件开发研究时间要求特别高。许多公司安装了一体化的信息系统，它们的业务取决于计算机系统顺利的运作。当这些公司找到尤尼西斯要求提供服务、系统升级或开发时，迅速提供解决方案是十分关键的。尤尼西斯因此选择了不间断研究开发方式而不是轮班倒的方式。在软件业，研究开发基本上是制作规范和编写文件，产品可以根据这些规范和文件而产生出来。关键的问题是如何对工作进行分工。尤尼西斯创造了新的分工方式。尤尼西斯在圣地亚哥、东京和法国的研究开发单位参加了这一项目。项目的软件模块设计在圣地亚哥进行，然后把完成了的设计发往东京，东京把规范编程。对软件各部分的检测在法国进行。第二天早晨，在圣地亚哥测试结果。在这一跨国研究开发中，通讯起到了关键作用。跨国研究开发的效率主要取决于人。利用不同地区的时差，以及实施全球协调和国际技术转移，可以增加跨国研究开发项目的效率。

中科院高能物理研究所利用视频会议追踪国际前沿问题的例子则是共享思想的典型事例。2006 年 3 月 20 日，作者拜访了中科院高能物理研究所高杰研究员，当晚，在高能物理研究所会议室观摩了由德国 DESY 高能物理实验室研究人员 6 人、意大利 INFN 国家高能物理实验室 4 人、美国斯坦福大学直线加速器中心（SLAC）4 人、美国费米国家实验室（FERMI）10 人、日本高能加速器研究机构（KEK）9 人、中国高能物理研究所 7 人共计 40 余人参加的视频网络国际学术会议，通过这种视频会议系统，各国科学家聚集在一起，针对国际直线对撞机（ILC）重大国际合作项目研究中出现的新问题展开讨论，研究对策，共同探讨解决方案。每一个参会的科学家都可以自由发表自己的观点，也可以对他人的观点提出疑问。据参加会议的中方负责人、中科院高能物理研究所研究员高杰博士介绍，参加国际直线对撞机重大国际合作项目的各国科学家非常注重学术交流，他们的研究方式非常开放，参加项目的各研究小组组长都有权召集这样的研讨会。每当研究中出现新问题或研究有突破时，他们都是通过这种方式召集会议并在会上进行研讨，发表自己的观点。自 2005 年开始，他们利用这种形式与国际上发达国家的同行保持着频繁的交流，通过这种交流可以随时了解国外同行的研究动态，及时把握国际学术前沿问题。除定期的会面以外，2005 年，他们召开和参加这样的视频研讨会十几次，此外，科学家之间还经常通过电子邮件进行沟通。可以说他们研究的问题是与国际同步的，各国科学家频繁的互动沟通使他们彼此共享了对方的知识，促使他们与同行们共同追踪世界最前沿的科学问题。①

利用这种方式进行研讨的最大优点在于：①可以在最短的时间内组织不同地域的科学家共同探讨问题，解决问题。例如组织一个这样规模的国际视频会议，由于建立了机制，从策划到实施，只需要通过电子邮件向各国有关研究机构负责人发一个会议通知，届时在网上进行研讨即可，操作非常方便；②大大降低了成本、节省了时间，也减少了旅途的疲劳；③还可以把实验现场带到会议上来，以便更直观地解决实际问题。此外，这种方式也有利于培养人才。出席 3 月 20 日视频会议的中方人员中有几名高杰博士的研究生，每当画面上出现新的面孔时，高杰博士就向

---

① 根据对中科院高能物理研究所高杰研究员和日本高能加速器研究机构的访问整理。

学生们介绍这位学者的情况，主要的研究领域以及所取得的成就，使学生足不出户就领略了这些世界级科学家的风范，把握他们的研究动向。目前，亚洲国家中只有中、日、韩三国参加了这种机制，中国只有中科院高能物理研究所参加，预计印度在不远的将来也会参加进来。高杰博士不无感慨地说：参加这种国际合作机制与否，对国家、对科学家来说意义重大。通过参加这种机制，能够及时把握先进国家在这一领域的最新研究动态，同时也可以及时发表自己的研究成果，迅速扩大学术影响，否则，将存在被边缘化的可能，从而丧失在这一研究领域制定规则的话语权。高能物理研究所通过这种机制，得以及时跟踪国际上该研究领域的动态，了解发达国家科学家的研究动态，受益匪浅。

以上高杰研究员和他的团队利用视频会议系统参加国际会议，实际上就是构建了一种虚拟情境的"场"，通过这种"场"，各国科学家可以随时就目前所遇到的问题进行沟通，共同解决问题。

1964年10月6日，我国成功爆炸了第一颗原子弹，1967年6月17日，我国第一颗氢弹爆炸成功。从原子弹到氢弹，按其原理实验的间隔比较，美国用了7年3个月，英国是4年7个月，法国是8年6个月，苏联是6年3个月，我国仅用了2年2个月就完成氢弹原理实验，间隔2年8个月就完成了爆炸实验，创造了人间奇迹。

20世纪60年代初期，我国经济发展水平和科学技术水平还很低，科技人才奇缺，许多参加研制原子弹的人员就是刚刚毕业的大学生。陈俊祥曾在回忆录中这样回忆道："当时理论部是三本书起家，实验部一把铝壶'闹革命'。三本书是《中子输运理论》、《爆震原理》、《超音速流与冲击波》，计算工具是算盘、计算尺，较好的也仅是手摇计算机、半自动电动计算机。"然而，就是在这样的条件下，我国成功研制出了核武器。总结研制核武器的成功经验，除了国家领导人的正确决策和党的领导，科学的管理也是一个重要的经验。早在研制初期，中央领导就制定了

"大力协同，联合攻关"的原则，在研制过程中，科研技术人员坚持科研、生产、使用单位三结合，科技人员、工人、领导干部三结合，坚持发扬民主、群策群力，实事求是，保证了研制工作的顺利进行。首先，在"大力协同，联合攻关"的原则指导下，能够集中最优秀的专业人才。他们往往同吃、同住，生活在一起，这非常有利于彼此间的相互沟通、相互交流，出现了问题，他们群策群力，联合攻关，形成了有机的整体，这种机制是"两弹一星"研制成功的可靠保证；另一方面，当时的人们有无私奉献的精神，每个个体可以毫无保留地把自己的智慧贡献给群体，个体又不断地从群体那里汲取养分，丰富自己，每一道难关的攻克，都凝聚着集体的智慧，可以说"两弹一星"的研制过程，是一个非常成功的知识管理典范。

1961 年，核武器研究所承担了原子弹理论方案的设计任务，在彭桓武的倡导下，"理论设计研究室每周一上午开一次专题讨论会。在这里，没有年龄、资历的界限，独到的见解、充足的论证，就是在这里的发言权和说服力。所有的突发奇想，所有的疑义难题都可以在这里提出来，排排队，大家共探讨、同解决。卓有成效的著名科学家和初出校门的后辈济济一堂，畅所欲言，各抒己见。所有人的积极性都被充分调动了起来，所有的聪明才智都汇聚到一起。这些平日里文质彬彬的专家、学者和大学生们，往往为了一个方案、一个公式或一个数据而争得面红耳赤、情绪激动。"① 在大家的共同努力下，1962 年 9 月，原子弹理论方案诞生了。

1965 年 1 月，于敏被调到核武器研究院工作，承担了对氢弹原理的理论设计任务。1965 年 9 月，于敏率领一批科学工作者到上海华东计算机研究所，开展对加强型原子弹模型进行优化设计任务。后来于敏回忆道："和我一起去的大部分是青年同志，他们不熟悉氢弹的基本知识。这时，我深感有责任结合手头工

① 《两弹一星——共和国丰碑》，九州出版社 2001 年 8 月版，第 403 页。

作，提高他们的理论水平。于是，对几个典型计算结果作了详尽的系统分析，结合理论做了系列学术报告。这对我自己，也是教学相长的机会。""每到一个研究关键，于敏必作报告。他的学术报告全面、系统、详尽、透彻，青年们都爱听。"就这样，于敏一面分析攻关中遇到的新问题，一面随时作工作报告，组织讨论，并根据讨论中产生的新设想及时提出新课题。在这一百多天里，于敏和同伴们形成了氢弹从原理到构型基本完整的方案，后经反复讨论检验，集思广益，使方案更趋于完善。于敏率领的团队不仅完成了工作，还锻炼了队伍，培养了人才。1966 年 12 月 28 日，氢弹原理试验获得成功，1967 年 6 月 17 日，我国氢弹爆炸成功。

虽然当时知识管理理论还没有形成，但是，从知识管理的视角看，在"两弹一星"研制过程中总结出来的"大力协同"、两个"三结合"等经验就是典型的知识管理实践。理论设计研究室每周一次的专题讨论会就是野中郁次郎所倡导的"场"。在这个情景"场"里，不管是知名的学者，还是刚出校门的大学生，大家相互碰撞，相互启发，既不为名，也不为利，同心协力为"两弹一星"的研制贡献自己的聪明才智，是知识管理的最高境界。我们今天倡导发扬"两弹一星"精神，更应该注重总结"两弹一星"研制过程中先进的管理经验，使之不断发扬光大。

以上案例有的是利用技术手段实现跨地域共享知识的事例，有的是通过彼此间的了解和相互合作，从而能充分理解对方的思想以达到默契，最后提出假说或共同进行合作研究，实现创新。国际直线对撞机重大国际合作项目组通过召开视频会议，研讨解决方案的案例，是一个典型的跨国界共享思想的案例。首先，项目的成员来自不同的国家和不同的组织，这种状况使思想的交流变得更为复杂。不同成员在为不同组织服务的同时，他们还代表着各自国家的利益，此外，知识产权问题也是他们不得不考虑的问题之一。但是，探讨物质奥妙的共同目标，促使科学家们进行了富有成效的国际合作，他们依靠科技手段，在国与国、洲与洲之间建起了共同解决问题的沟通机制，形成了跨越世界三大洲的虚拟团队，通过这种机制他们彼此可以在最短的时间内共享对方的知识。"两弹一星"的经验则告诉我们，无私奉献的精神和良好的信任关系是知识管理成功的关键。美国 NCR 公司为开发新一代计算机系统事例，展示了一个通过技术手段组成虚拟团队的案例，他们虽然同属于的一个企业组织，但是地域的距离使他们远隔千里，依靠先进的沟通手段，使他们超越了地域的限制，彼此能够通过虚拟手段共享研究成果，在这种条件下，地域间的距离逐渐消失了，知识和研究成果超越了时空，在更广的范围内转移和共享。美国的施乐公司和日本的富士——施乐公司间进行不间断研究的事例，充分利用了不同地域的时差现象，在时间方面巧妙地进行了组合，使位于不同地域的研究人员既不影响正常的休息，又能够不间断地进行研究，加速了研发的进程。以上无论是组织内部的合作，还是组织间的联盟，都有效地促进了研究工作的进程，既缩短了周期，也降低了成本，是一个多赢的结局。我国神经疾病专家北京海军总医院田增民教授与机器人方面的专家北京航空航天大学王田苗教授合作，开发出 5 代远程脑神经手术机器人，在机器人的辅助下，开展了用脑外科微创手术治疗大脑神经疾病的服务并成功实现了远程手术。田增民教授与王田苗教授的合作本身就是知识共享的范例，田增民教授利用网络实施的远程手术，又是一个积极利用信息通讯技术进行医疗救治的范例。像脑神经手术这样精密的工作都可以通过网络进行，科学研究、产学研合作以及许多评审会、鉴定会等也完全可以通过网络进行。技术的进步给我们沟通思想提供了便利的条件，然而，我们在充分享受网络技术带给我们便利方面却做得很不够。虽然先进的技术使跨地域的沟通非常方便，但是我们的许多专家、学者非常热衷于在空中飞来飞去，以应付那些没完没了的鉴定会、论证会等等，好像只有飞来飞去才能证明自己忙碌的价值和意义，以至于在有人建议他们应该怎样更好地管理自己的时间成本时，他们会回答说，自己太忙，没有时间考虑这些问题。他们当中的有些人宁可把时间浪费在旅途中，也不愿意想想办法怎样把时间节省下来。虽然有些时候面对面接触对建立友谊和沟通思想是必不可少的，但是，在技术高速发展的今天，通过技术手段同样可以实现远距离沟通思想的目的。麦克卢汉把媒介称之为人类的延伸，这种延伸既是人类器官的延伸，也是人类思维的延伸。依靠这种延伸，人们可以在瞬间，在全球范围内组成一个研发团队；依靠这种延伸，人们可以与远隔重洋的人共享思想，难怪麦克卢汉把地球称为地球村，网络和通讯技术的进步延长了人类的器官，交通和通讯技术的发展使地球变小了。阻碍技术手段实现远距离沟通的原因主要不是技术本身的因素，而是人们的观念。人们要么尚未充分认识到这种方法的好处，要么实际工作中还缺乏实现共享思想的机制和途径，而政府正是建立这种机制和途径最适合的组织。

另一方面，田增民与王田苗合作开发出能够远程实施脑部手术的机器人"黎元"，首次为脑出血患者进行了远程手术，他们的成功在于两个人知识的有机结合。田增民是脑部立体定向手术方面的专家，王田苗是著名的机器人领域的专家，两人的知识相得益彰，相互补充，最终研制出可以远程实施脑部手术的机器人。在总结他们的经验时，我们大多是从他们二人的合作、他们取得的成就等方面进行总结，很少关注他们是如何相识的。实际上，他们是在一次归国人员座谈会上结识的，虽然他们的相识是一个偶然事件，如果他们彼此不具备专业研究基础等这些必然条件，他们之间偶然的相识就不会发生科研方面的合作，当然也不会产生任何科研成果。但是，他们的偶然相识毕竟促成了彼此之间的合作，与他们取得这样的研究成果是有联系的，因此，他们的相识本身也应该得到关注。另外，还可以从另外一个角度展开思考，他们的相识虽然是偶然的，但是如果从建设智力资源创新平台的视角出发，创造这种相识、交流的机会也是一种重要的平台，为何不能有意识地为研究人员创造这样相识的机会呢？我们可以假设现在有许多专家进行着各自熟悉的科学研究，如果他们恰巧也结识了不同研究领域的专家，也许也会同样碰撞出智慧的火花，从而诞生新的研究成果，从这个意义上不能否定主办那次归国人员座谈会的单位在促成他们合作中的功绩。如何有目的地为不同创新主体创造更多相识的机会，促进不同领域专家之间的交流与合作，既是政府以及科技管理部门的一项工作，也是创新型国家建设的一个重要方面。

附录：知识管理方案设计

　　2007 年秋季学期，作者在青岛大学为管理科学与工程学科的一年级研究生开设了知识管理与组织学习的课程。在讲授基本理论后，为检验学生掌握该课程基本理论的情况，给学生布置了一个作业，要求学生根据知识管理的基本理论设计一个知识管理方案。具体要求是：可以设想自己是一个组织（包括盈利性组织、政府组织以及非盈利性组织）的负责人，为该组织设计一个完整的知识管理方案，方案要求具有可操作性。现从中选择几位同学的设计方案作为资料刊发，仅供有关人员参考。

方案1：生产型企业知识管理方案

青岛大学国际商学院研究生　　陈　军

一、绪论

　　伴随着信息技术（IT）的长足发展和广泛普及，人们的生活方式、工作方式、交往方式、思维方式都发生了许许多多的变化。特别是随着 Internet 及相关网络应用的普及，人们已开始探讨、构想并实现许多创新的商业手段和商业模式，关于电子数据交换（EDI）、电子商务、虚拟企业等概念的讨论已经成为许多人关心的热门话题。① 从某种意义上讲，IT 的发展深刻地改变了我们的社会组织方式和我们对社会组织的认识，同时也改变了对传统企业的运作方式、资产构成、竞争手段和发展战略的理解。在不远的将来，基于 IT 的虚拟企业和电子商务必将在社会经济生活中扮演重要的角色，并促使我们对传统企业生存和发展的合理性、可能性进行更深入的思考。

如今国际管理信息发展的趋势是：从信息管理走向知识管理，从信息资源开发走向知识资源开发。知识管理是把信息转化为知识，用知识指导决策并付诸行动，再将该行动转化为利润。②

二、生产型企业概述

该生产型企业集家电生产和销售于一体，主要生产家用电冰箱、洗衣机、空调机，同时为满足客户个性化需求，在公司网站上提供了客户自主设计客户端，提供个性化生产。

该企业拥有自己的设计开发团队和市场营销团队，企业新产品的设计由企业研发部负责，根据市场需求和竞争者产品组合进行技术和功能的研发；市场营销团队负责企业产品的推广和销售，该企业在全国各地县、镇一级都设有营销点，产品销售网点覆盖面很广。

企业规模位于世界五百强之列，主要业务在中国大陆进行。

---

① 张燕敏著：《论企业知识管理体系及其知识库》，《数量经济技术经济研究》，2002 年第 4 期，第 22 页。

② 裴学敏、陈金贤著：《知识经济条件下的企业知识管理体系》，《管理工程学报》，1999 年第 1 期，第 1 页。

三、知识管理战略

企业在实施知识管理方案后要达到一定的目标，分为近期和远期战略目标。

近期战略目标：填补企业员工的业务知识空白，将员工的知识水平提高一个档次，加快新员工知识培训进度，在降低成本的同时提高工作效率。

远期战略目标：企业内形成主动学习和努力创新的文化氛围，将知识管理文化融入企业文化和员工心中。

四、知识管理方案设计

（一）组织架构设计

企业在施行知识管理方案初期，要对企业的组织架构进行改革和重组，在企业高层设立主管知识管理工作的副总裁是很有必要的，因为施行知识管理是一个见效缓慢又联系广泛的改革，没有企业高层的坚持不懈的支持是很难成功的，与此同时，企业在不同级管理层也要设立该部门的知识管理人员，对该部门的知识管理工作进行指导和监督，同时也为高层管理者施行知识管理提供方便。

该企业知识管理组织架构模式可见图1.1

（二）显性知识的共享

1. 知识管理信息系统

知识管理信息系统由硬件和软件构成，硬件包括：公司内部局域网、连接因特网的路由器、公司数据库服务器、各部门电脑终端和公司供员工学习使用的机房。软件主要包括知识库应用管理软件和员工实时联系平台。

思想的共享与创新

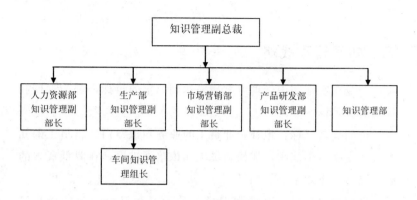

图1.1 **知识管理组织架构**

A. 知识库应用管理软件：采用 C/S 架构的数据库操作软件，提供对公司知识库的查询等功能。本企业的公司数据库分为业务数据库、产品数据库、员工信息数据库、客户信息数据库和知识库五部分。

知识库访问模型如图 1.2 所示：

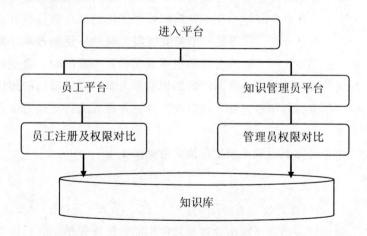

图1.2 **知识库访问模型**

B. 员工实时联系平台：员工的联系信息在登录平台时会存储到员工信息数据库中，只有具有特定权限的管理人员才能够查询。通过该平台，员工之间可以通过多种联系方式进行沟通。其作用是在保密员工个人联系方式的同时，为员工之间的联系提供了平台。

①局域网在线聊天：通过该平台的聊天系统，员工之间可以实现局域网聊天，包括发送信息、语音聊天和视频聊天（在双方都在线的情况下）。

②手机联系：如果对方不在线，主叫方可以通过该平台向对方发送手机短信，对方回复的短信也可以在该平台短信窗口显示。实现平台与员工手机的连通。

该系统的用户识别方式：呼叫人要提供个人的员工号码和呼叫密码（员工注册时设定）；呼叫人提供被呼叫人的员工号码（可以在知识库查询得到）。

员工实时联系平台模型图如图 1.3：

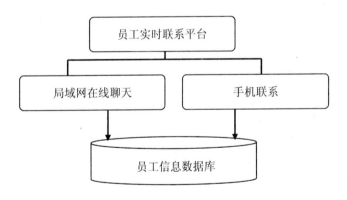

图 1.3 员工实时联系平台模型

2. 知识库

知识库是企业显性知识的集合数据库，主要包括以下内容：

A. 公司近期战略和长期战略：方便员工随时了解公司战略调整，紧跟企业发展形势，工作方向明确。

B. 公司文化：作为一个单独的部分，面向所有公司员工和公司顾客，将该链接公布在公司主页。

C. 标准业务流程：方便员工对工作中遇到的流程问题进行查询，以提高办事效率。

D. 各部门业务学习资料：为员工提供最新的业务学习资料，使员工能不断从中学习新的业务知识，提高自身的业务素质，以提高工作效率。

E. 新员工培训资料：方便新员工和实习期员工的学习，使员工尽快进入角色。

F. 公司产品资料：包括公司所有产品的详细数据资料，提供搜索查询功能，便于不同部门对产品的把握，尤其是市场营销部门。

G. 公司内部联系方式：提供包括各部门的官方联系方式（部门电话、传真、电子邮件等）和不同部门人员的员工号码、公司个人电子邮箱，但不提供个人私密联系方式（例如个人手机号码及住宅电话等）。

H. 公司各种规章制度。

I. 员工在工作过程中遇到的难关，包括科研攻关难题、技术难题和工艺难关等，便于发动员工共同思考解决办法。

知识库的管理主要由知识管理部负责，主要包括资料的更新、数据的上传、员工留言的恢复以及重大问题的反应等。知识管理部直接对公司知识管理副总裁负责，受其领导，负责对员工利用数据库的效率进行考核。

3. 知识库利用效率的控制

公司设立知识库后要对知识库的利用情况进行控制，具体的控制措施可以包括以下几点：

A. 定期对新员工进行培训效果的考核，考核期为实习期的三个月，每周考核一次，考核成绩决定以后的工资水平。

B. 定期对员工进行知识库里有关业务流程及业务资料学习的考查，考查成绩作为奖金额度的重要参考。

C. 对知识库中提出的难题有所突破的员工，公司给予奖励，奖励程度要高于公司平均奖励水平。

具体的考核方式可由知识管理部和各部门知识管理人员组织实行。

4. 客户信息数据库的利用

企业客户信息库保存客户消费数据以及建议等信息，为公司战略决策层制定公司发展战略提供原始数据，以便其进行数据挖掘，把握公司正确的战略发展方向；为产品开发部门提供数据支持，提高新开发产品的市场适应性和顾客满意度。

客户信息数据库利用流程如图 1.4：

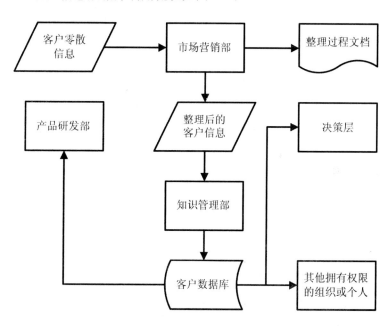

图 1.4　客户信息数据库利用流程图

（三）隐性知识的显性化和知识共享

1. 隐性知识显性化方法

企业可以通过开办内部"专家"座谈会和知识创新先进个人

评比活动达到隐形知识的共享和知识创新。

内部"专家"座谈会：由知识管理部组织企业内部技术过硬的技工或公认的内部专家召开座谈会，每月进行一次，由各部门的知识管理负责人负责传达和记录先进经验。

知识创新先进个人评选活动：由知识管理部和各部门知识管理负责人组织企业全体员工投票选举产生知识创新先进个人，每年进行一次。

2. 知识共享

A. 员工之间的知识共享：

企业各个部门内部形成一种互相帮助的工作氛围，这种氛围需要利用学习型组织来实现，措施如下：

①部门之间具有相同或相似工作性质的工作人员组成几个学习小组，小组和小组之间不存在竞争关系。

②各个部门内部根据工作性质划分不同的学习型组织。

③每个部门为一个学习型组织，部门之间评选最佳学习型组织。评选依据为部门的工作效率。

B. 企业与营销网点的知识共享：

①营销网点的企业文化要以公司企业文化为背景，在此基础上，除了定期将客户购物信息和产品销售信息发送到公司以外，还要将客户信息进行分类整理以后以文档的形式发送到公司，另外还要定期参加公司每年一次的全国营销系统年会，具体年会信息可以在公司主页查询。

年会过程包括公司代表向网点代表做公司战略规划的报告、公司新产品发布、回答网点代表的提问等。

②营销系统网络视频会议：企业每月月末采用视频会议的形式召开营销系统会议，最大限度地让全国各地的营销网点参加会议，同时提供会议的视频资料，以便没有参加会议的网点能够在会后查看会议内容。

③营销网点服务平台：平台由服务人员、服务电话和连接因

特网的电脑构成，提供电话、电子邮件等的解答、反馈服务。

（四）企业与外部知识共享

1. 与高校或者科研机构的知识共享：公司成立一个技术引进评估小组，由部分退休科研专家和部分科研项目负责人组成（15人左右），同全国各大高校和研究机构建立科研成果引进机制，定期（两周一次）对合作伙伴提供的最新科研成果进行查阅和评估，找出适合企业使用的科研成果并签订科研成果引进合同；也可以聘请高校或者科研机构成果负责人到企业指导或担任顾问等。

2. 与竞争企业的知识共享：与竞争企业的知识共享需要得到企业高层的支持，可以设立一个企业合作项目小组，直接对公司分管企业合作的副总裁负责，该项目小组可以由公司不同部门的分管副部长组成，这样便于了解公司不同部门需要企业合作的领域，在谈判过程中也能明确企业需要，采取主动。

五、公司知识管理文化的建立

在上面各种知识管理的措施背后，应该有公司文化的支持，公司要形成一个人人要求进步、人人要求创新的文化氛围，这种氛围的建立需要高层的支持和各级管理部门的配合，另外，知识管理部门需要结合需求制定相应的奖惩制度和规章。

这种氛围的建立可以考虑以下几点：

（1）管理者和员工之间形成一种宽松的人际关系，管理者鼓励自己的下属发表观点，并努力听取下属好的建议，形成一种比较民主、宽松的管理方式。

（2）把创新作为企业文化的一个核心，在鼓励创新的背后，有一个完善的创新管理体制，使创新能够尽快得到发现和重视，当然还要有完善的奖励制度。

（3）建立学习型组织，不断对员工进行业务能力考核，配合严格的惩戒制度，使员工感到危机感，形成一个自觉学习的环境。

（4）不同的部门、车间的业绩评比也是建立这种文化的一种支持。

（5）让员工知道，知识管理不仅是企业高层管理者或知识主管的责任，而是全体员工共同的责任。① 只有我们每个人都认识到这一点，知识管理文化氛围的建设才会成为我们每个人的自觉行动。

（6）对于隐性知识的转换和传播，多采用员工之间交流的方式，增加公司内人文关怀的氛围，利于增强文化的亲和力。

方案 2：个人知识管理实施方案

青岛大学国际商学院研究生　曹向明

一、导言

大概我们都会有这样的经历：为了寻找一个地址、电话号码或电子信箱而翻箱倒柜，花费许多时间，而最终却发现这个东西就在你的电脑桌面上；大概你和我一样也经历过：昨天刚看过的一份关键资料，今天起草报告要使用，却哪里也找不到了，结果工作无法完成而被领导怪罪。

为何会出现这些问题？作为一名知识工作者，我们现在的工具很多：电话、固定电脑、笔记本电脑、手机、PDA，还有许多其他五花八门的玩意儿，都声称是在帮助我们工作得更好、更有效率，企业的 OA、ERP、CRM 都说可以让我们工作得更轻松更方便，而为什么我们的感觉却是我们仍然在干许多没有效率的

---

① 陈忠理著：《基于管理创新的企业隐性知识共享与转移》，《沿海企业与科技》，2007 年第 10 期，第 100—101 页。

工作呢？是哪里出了问题呢？IDC 的研究报告显示，知识工作者做的 90％的所谓"创新工作"是重复工作，因为这些知识已经存在（存在于组织内部或组织外部）。事实是，知识工作者都有这样一个感受：大部分东西重新起草比去寻找这个已存在的东西还省力气。另一份研究报告显示：知识工作者 1/3 的时间用在了寻找某些他们永远没有找到的信息上。

我认为造成个人工作中效率低下的原因是因为没有对个人的知识进行有效的管理。当今时代，信息的数量十分庞大，我们工作中需要的知识也很广泛，作为知识工作者，应把主要的时间和精神用于那些创新性的工作，而不是日复一日地重复某项活动或操作，而由于我们对众多的知识不善于进行管理，最后造成工作的低效率。知识管理是个人的事情，也是各种组织的事情。但并非我们每个人都能决定组织的知识管理实施，即便组织实施知识管理，最终成功与否还是在于每个人的参与程度和个人的知识管理水平。进一步说，个人知识管理是每个知识工作者打造自己的核心竞争力和提高自己工作能力的有效手段。

个人知识管理的实质在于帮助个人提升工作效率，整合自己的信息资源，提高个人的竞争力。通过个人知识管理，让个人拥有的各种资料、随手可得的信息变成有更多价值的知识，从而最终利于自己的工作、生活。其实，在每个人的工作、学习、生活中都已经有了知识管理的影子，但这时候的个人知识管理还处于蒙昧状态，我们如果能在日常的工作中更加有意识地对个人知识进行管理，那么 PKM 是一件很简单的事情。本文个人知识管理的实施基于以下两个原则：

原则一：简单而有效。期望个人能够根据我们描述的个人知识管理实施方法独自对自己的知识进行管理，这种管理的效果让自己可以感觉到。

原则二：经济原则。个人知识管理的实施不需要你额外去投资什么，以利用每个普通人能得到的工具为主。

　　个人知识管理遵循知识管理中的普遍规律，但它又有自己的特点：例如个人知识管理中不涉及组织知识管理的重要一环——"组织知识的共享"，因为知识的获取、存储、利用都是个人。个人知识管理由于没有组织的约束可能实施中更容易半途而废，不能有效进行，且个人知识管理的效果难以测量。下文就个人知识管理的获取（学习）、知识存储管理、知识利用进行论述。

二、建造自己的学习网——PKM 的知识学习

　　只有在拥有很多知识的情况下，个人的知识管理才有意义，因此知识管理的第一步是知识的学习（也叫知识的获取）。其实在日常工作生活中大家都有自己的知识学习方法和系统：例如每个人都有一个人际圈子，通过这个圈子个人可以获得在书本上和其他渠道获得不到的知识。我们认为个人知识学习可以粗略地分为以下几个途径：

　　（1）学习与培训：没有参加工作的学生学习是其主要任务，公司组织的企业内部培训也是一种学习，这种学习的效果对一个人的发展很有价值，因此大家应该珍惜这种机会。除了这种正规的学习机会外，在这个的日新月异的知识经济时代，每个人都应该利用一切机会不断地学习来充实和提高自己，从而增强自己的竞争力。在这种学习中，个人学到的主要是各种显性的知识（理论）。

　　（2）人际网络：每个人的人际网络都是个人学习知识的一个重要途径。不论现在的媒体如何发达，都无法替代你在人际交往中的学习，而且人际交往中可以学到很多书本上、学习软件中学不到的知识——隐性知识，你的人际圈子越广，交往的人员素质越好，你学的知识就越多。因此我们的建议是：扩大你的交往圈子，与"柏拉图"为友，多与朋友交往，沟通、讨论，提高自己。

（3）你人际交往的圈子越来越大，对这些人的联系方式的管理也就成为一件很重要的事情。其实我们好多人想联系某个人时却找不到联系方式的原因也很简单，因为我们没有把这些东西当成一件事情认真处理，其实只要你下一点工夫，这些联系方式的管理不是很难的事情。充分利用你手头的工具，Outlook 就是一个很有用的工具，其功能很强大而我们日常工作中对其功能却用得很少，好好学习一下 Outlook 的应用对你的工作和生活一定会有帮助。还要充分利用你的手机、PDA 等工具。还有一个重要的方法是充分利用公司已有的信息系统，例如 OA、CRM 等。记住这些资料要及时更新和备份！

（4）媒体：无论你做哪一行，都会有相关的媒体，你应该注重在这些媒体中学习。例如你做销售，那么你应该关注销售方面的媒体，如果你做的是快速消费品的销售，你就应该关注快速消费品领域和销售方面的媒体有什么新的动向、新的方法，并通过媒体学习这些知识。你应该结合自己的工作建立自己的"我的媒体"，长期关注，主动地利用从媒体得来的信息分析你的工作，这必将对自己的知识结构和进步有作用。当然目前的媒体良莠不齐，你必须用自己的判断力去鉴别。

（5）互联网：互联网是人类最伟大的发明之一，同时也是人们进行学习的一件重要工具，能充分利用互联网的强大功能进行学习是现代人的一个重要标志。互联网上的知识多如牛毛，利用互联网进行学习，你必须善用搜索引擎工具。你大概会说搜索引擎我还不会用吗？我每天都用 Google！但我还是劝你拿出点时间来好好学习搜索引擎的功能，因为 Google 的使用也有很多技巧，为什么你想搜索的内容与你实际搜索的内容有那么多差距？为什么有的人可以搜到的信息你却找不到？为什么找同样的东西你比别人用的时间要长？充分利用你 IE 的收藏夹，做好分类，并定期备份你的收藏夹。

三、建立自己的知识系统架构

资料你搜集了很多，知识也学习了很多，但这些资料和知识怎么进行有效的管理呢？搜集资料只是知识管理的第一步，而怎样对这些资料和知识进行管理才是最重要的，没有对资料和知识的有效管理，就不可能有个人工作效率的提高。因此个人知识管理的第二步就是建立自己的知识系统架构。什么是知识系统架构？简单说就是你储藏知识的架构，有系统的知识架构有助于你将收集到的资料加以系统地储存和使用，缺乏系统化的分类架构，将造成日后撷取与整合资料与创造知识过程中的时间浪费，达不到通过知识管理提高个人工作效率的目的。

要建立自己的知识系统架构，首先要明白自己有哪些资料和知识需要管理。从个人的角度讲，需要管理的知识资源无外乎以下的内容：

（1）人际交往资源（如联系人的通讯录、每个人的特点与特长等）；

（2）通讯管理（书信、电子信件、传真等）；

（3）个人时间管理工具（事务提醒、待办事宜、个人备忘录）；

（4）网络资源管理（网站管理与连接）；

（5）文件档案管理。

管理以上的知识资源，在个人财力有限的约束下，有什么好的办法呢？我的建议仍然是善用个人手上已有的资源。在这里给你推荐两个工具，第一个就是微软的 MS Outlook 2002（并非 Outlook Express），通过 MS Outlook 2002，可以实现个人的人际交往资源管理、个人通讯管理、个人的时间管理等功能。根据 20/80 原则，我们大部分人都没有利用到 MS Outlook 2002 的强大功能，花点时间去学习一下 MS Outlook 的应用，你会发现很有实效。对中小企业而言，MS Outlook 甚至可以作为替代 OA、CRM 等软件的一个折中办法。

　　剩下的最重要的问题就是个人文件档案的管理，不论你是从事业务工作还是管理工作，每个人的工作中都会有许多文件需要管理，这种文件形式多样：文本、视频、音频、程序等，对这些东西该如何管理呢？计算机的利用当然对这些文件的管理有重要的作用，但即便我们的东西都存在了硬盘里面，还是有许多不方便。例如我想找自己以前起草过的一个方案，但假如这方案是一年前起草的，你还能很快找到吗？这种有明确需求的东西可能还好办，而大部分时候我们只记得以前见过这么一个资料，该去哪里找？企业的信息系统不是为个人设计的，虽然能在工作中给你一定的帮助，但当涉及你个性化的需求时这些系统就显得无能为力了。借鉴组织知识管理的理论和方法，个人可以建立自己的知识库。但个人的知识库不可能像企业的知识库那么复杂，只需要适合自己的个人需求就行。既然要建立自己的知识库，那么首先要考虑的就是你个人知识的分类。分类学是一门学问，当然不需要每个人都去研究分类学的知识，但你应该静下心来好好检查一下自己到底需要哪些知识。例如小刘是一名刚刚毕业不久参加工作的大学生，职务是程序员，那么他关注的重点是什么呢？首先要关注于他的编程技术的提高（编程技术里面又要分好多类，包括语言、软件工程、文档写作等），其次要加强对自己企业所处行业的了解。小王将来希望能成为一名优秀的项目经理，因此他需要对项目管理的知识进行管理。小王一直在自学德语，因此需要将德语知识学习的内容进行管理。根据小王的特点，可以将其知识管理的首层目录分为：技术、行业、项目管理、德语。然后每个下面又可以再分。例子中知识库只是一个大致的分类，每个人的情况各不相同，因此你的个人知识库的分类也会各不相同。每个人的知识库分类都不可能一步到位，在实践中才可能摸索出自己知识库的最佳分类方法。

个人知识库听起来不错，但该如何建立呢？这个时候信息技术的作用就凸显出来了，用 IT 技术可以帮助个人的知识管理，也可以帮助个人建立自己的知识库。互联网上许多可以下载的内容管理系统可以完成大部分个人知识库的功能。MS Outlook 和免费的个人知识库软件可以搭起你的知识系统架构，但只有舞台没人表演还是不行，因此你必须树立个人知识管理的概念，重视知识管理的工作（这是因为知识管理开始的时候会有许多琐碎的工作要做，如果没有将个人知识管理进行到底的决心，个人的知识管理就很容易半途而废!），才能保证知识管理对个人的工作和生活产生效力。

四、知识的利用

"百无一用是书生"，在古代，书生应该属于社会中的知识分子，但为什么这些古代的"知识分子"却是百无一用呢？除了历史的原因，古代的知识分子学习的知识很少能在生产或生活中应用外，还有一个重要的原因是这些人为知识而知识，对学习知识的目的没有正确的认识。作为一名现代人，我们必须明确，我们知识有一个重要的目的：使用它，利用知识创造效益，利用知识使我们的生活更美好。

对知识的掌握可以分为三个阶段：

第一阶段：我知道，就是我了解这个知识的内容。一个机械专业的本科大学生可以说他对机械设计和制造的知识有所了解，因为教科书中的内容和实习的经验让他对机械设计和制造有了掌握。这个阶段一般掌握的都是理论知识（显性知识）。

第二阶段：我会用，能将知识运用于生产中。从第一个层次到第二个层次是一个飞跃。一个机械专业的大学生经过在车间实习一段时间，就可以按照书上教授的方法做些简单的设计工作。在这个阶段会积累一些经验和教训（隐性知识）。

第三阶段：对知识我不仅会用，而且可以根据不同的情况灵活运用，做到游刃有余。在这个阶段知识已经成为个人的一部分，个人关于某个专题的隐性知识甚至比显性知识还要多，只有到了这个阶段才能说对知识彻底掌握了。

学习到理论知识后，下面的最重要的工作就是知识的利用和在知识的利用中创造新的知识，这种能力才是企业和个人的核心竞争力之所在，而这也正是知识管理中最困难的部分。在知识的利用上，一些传统的方法可能对个人知识管理有所帮助，譬如归纳和演绎。想要利用已有的知识，既可以在个人占有的大量知识基础上进行归纳，找出事物间的规律，应用于实践，从而对这种归纳结果进行检验，然后再从实践中修正归纳出的知识；也可以对原有知识进行演绎，帮助新的实践。

知识管理中知识的利用方法现在还处于探索阶段，因为它涉及不同个体的知识背景、生活环境、价值观等因素，比较复杂。但在实践中不同个体可以总结自己有效的方法，并多加交流，以提高对自己所拥有知识的利用效率，只有这样才能真正提高自己。

五、结语

在这个时代，个人知识管理对每个个体的重要性不言而喻，因此实施个人知识管理（PKM）应该是我们大家的一个共识。本文探讨了个人知识管理的简单过程，并且提出了一些简单有效的方法，期望能对您实施自己的知识管理有所帮助。

方案 3：高校知识管理的实施方案

青岛大学国际商学院研究生　张华芳

一、知识管理的概念和意义

知识管理（Knowledge Management）一词最早由美国著名的管理学家彼得·德鲁克提出，随即作为一种全新的管理思想受到企业界的重视。但是对于什么是知识管理，学术界目前还没有形成共识。很多学者和实践者根据自己的理解和研究的需要出发，对知识管理的概念提出了各自的见解。我国学者郁义鸿认为："所谓知识管理应该是组织的管理者通过对组织所拥有的知识和组织外部的知识的管理和利用，以达到提高组织创造价值的能力这一目的的一种手段和过程。"我们可以通过以下几个方面对知识管理进行认识：首先，知识管理的对象是知识，知识管理过程就是知识的收集、存储、传播、共享、运用和创造的过程；第二，知识管理的目的是为组织创造价值，进而提升组织的竞争力，其重点是促进知识共享和知识的再创造；第三，知识管理强调集体的智慧，知识管理是激励创新并实现市场价值的战略。

二、高校知识管理的现状

知识管理已经成为当前学术界、理论界热门的前沿研究领域，并将成为 21 世纪知识社会中的国家、企业和个人经营与管理活动中最重要的理论之一。但知识管理在高校管理中的应用与发展尚未成熟。其具体表现为以下几个方面：

（1）知识本身的特点影响知识资源的共享

知识分为显性知识和隐性知识，隐性知识难以用数字和公式来表达，也很难用语言来精确表述，大部分不易编码或不能编码，交流与转化速度相对较慢、成本较高，具有个体性、非正式性、非系统性、情境性、整体性、实践性等特点，因而对隐性知识进行管理存在很大的困难。虽然有学者提出了隐性知识显性化的思想，但是究竟怎样进行具体的操作，至今为止，我们并没有得到行之有效的模式或方法。知识管理原本就是一个新生事物，人们在面对新的事物时，往往有畏惧心理，何况对隐性知识进行管理存在着如此多的困难，这都影响了人们对学校知识管理理论的接受。

（2）网络技术障碍影响高校知识管理发展

技术对知识管理实施的影响主要表现在以下三个方面：一是进行知识管理要求学校具有良好的信息技术基础设施，主要包括校园网、各种各样的教学媒体、校园服务设施、各种配套教学、管理、实验设施等，在目前我国教育投入不多的情况下只有少数学校可以做到。二是在技术的应用过程中对人的要求特别是对人的信息素养方面的要求相应提高。有些教师对知识管理很感兴趣，也想进行尝试，但缺乏知识收集、处理、交流的技巧，对计算机操作、网络应用不熟悉，尤其是缺少交流沟通的技巧，因而对如何进行知识管理感到茫然。三是隐性知识管理的技术还不成熟或者说很不成熟。目前显性知识管理的技术已经比较成熟，并且可以投入应用了。但是对于隐性知识的管理，还处于摸索之中。

（3）校园文化缺乏张力制约着高校的知识管理

知识管理专家指出，在一个组织能够采纳知识管理策略之前，必须发展一种知识管理文化，形成推崇学习、提倡知识创新与知识共享的校园文化是开展知识管理的基本条件。当前，我国大多数学校内部缺少一种能促进知识流动、转化与创新的良好环境和氛围，缺乏自觉合作、自觉交流、"自觉共享"的价值观，远未形成较完善的以人为本的知识共享型的校园文化。

所以实施知识管理是各个高校亟待解决的问题。

三、高校实施知识管理的主要途径

（1）更新观念改变传统的管理模式

高等学校的管理者要解放思想，敢于向自己和传统的习惯提出挑战，敢于突破固有的思维模式，把管理模式由控制转为支持、由监督转为激励、由命令转为指导，自上而下形成共享学习的宽松环境，形成有利于完成高等学校任务和实现高等学校功能的氛围。高等学校内部推崇知识和学习、科研和创新，要具有坚定的知识信仰。

（2）完善高校知识库

虽然在高等学校里并不缺乏潜在的知识库，如财务数据库、学生管理信息数据库、图书馆等等。不同的数据库为组织运作提供所需要的内部数据信息及外部的文献和出版物。但是，很少有能够整合的知识集合体，即一种知识库或者是一系列相联系的知识库。为了促进高等学校本身以知识为本的运作方式，高等学校需要建立知识库，将内部和外部的知识整合起来。从而使其成员通过访问这种知识库，能够获得适应于他们特定需要的知识。知识库的建立主要是为了推动显性知识的共享，其核心在于捕捉和整合新的显性知识，包括从组织的内部或外部搜集，然后通过知识库的形式使其在成员中扩散，将其纳入高等学校成员的思维、文化规范、学习等领域，促进组织和成员的发展。为此，高等学校首先必须进行知识评价。其目的是清晰明确地把握不同部门的知识需求，并且知道何种知识可以在学校中得到，它位于什么地方；确定何种能力是高等学校在市场竞争中必需的，即要找出组织需要的核心能力；澄清何种学习活动已经在先前阶段被实施以掌握所要求的知识；追踪知识的传播和流动且发现谁已经接近何种知识。其次，运用技术手段创建相互联系的知识库，绘制知识地图。至少需要创建教育教学知识库，使学校成员能够获得有关教育教学方面的知识；科学研究知识库，使学校成员得以获取关于科学研究的信息，如国家资助计划、本学科的研究前沿动态等等内容；成员信息库，以提供不同成员的专长、在研项目，促进学术交流与合作。

（3）促进知识拥有者隐性知识共享

高校知识管理的另一项重要任务在于促进知识拥有者隐性知识的共享。因为在高等学校这样的学术环境中，成员的隐性知识大都与其研究领域密切相关，它对高等学校的知识创新和传播极其重要。但这种知识大多通过非正式的交流，如研究生和导师之间的讨论、局部的学术会议等等形式来传播，而图书馆或其他组织单元则不能提供。基于此种原因，高校知识管理不能流于浅层技术的运用，而应当致力于促成组织成员隐性知识的共享。使高等学校教师隐性知识得以明确与传播的一种方式是在共同活动中促成交流。比如可以通过校务会议、行政会议或学科会议、教学研究室的交流等正式的对话形式；也可以通过非正式的对话机制，如网络、人际对话等；还有如"师徒式"的教师之间的传、帮、带活动。另一种方式是通过技术性的帮助使组织成员的隐性知识得以表达出来，如鼓励教师尽可能将其隐性知识以概念、命题的形式表现出来。

（4）加强校际交流，促进知识整合

高校知识管理必须突破一种偏见，即认为知识管理仅是各高校自我的知识管理，只强调在高等学校内部下工夫营造知识管理体系。事实上，知识管理不仅专注于营造高等学校内部，更重要的是要整合高等学校与外部环境及社会群体互动而形成"知识联盟"。当前，许多高校正在努力创建和发展他们独具特色的学习环境，但并不能排斥他们学校与其他学校之间的互动与合作，这将会不断地增加高等学校在回应社会挑战中的灵活性，并且也会避免独自回应挑战而带来的高成本。因此，大学知识管理需要致力于加强高等学校的校际合作，促进知识的互动与整合，以不断优化高等学校知识传播和刺激知识创新。但是，知识的交流并不能只依赖于监督或管理体制，学校管理者之间也可以建立以探求改进"高校知识管理"为目标的团体，彼此协作、互动，共同创造与革新，这种协作可以为高等学校注入新的活力，促进高等学校之间形成一种创业关系和革新精神。

四、构建高校知识管理系统的保障措施

（1）高校领导必须转变观念，大力支持

首先，高校领导层的组织参与和支持，对于实行知识管理是必不可少的。高校进行知识管理的前提是其学校组织认同知识的作用，将知识看成是一种重要的组织资源，希望以最佳的方式对这种资源进行配置。使知识管理成为一个学校战略性的问题，所以就要求高校战略管理者的加入。其次，知识管理的建设需要大量的人力、物力和财力的支持，同时还可能要求对组织结构进行一定程度的改造，这些都必须在最终决策权与资源调配权的支持下才能顺利实现。因此，要求拥有最终决策权与资源调配权的学校高层管理者参与其中，是知识管理建设的必然要求。最后，知识管理不但是一个系统或者软件，它更多的是一种管理的观念与思维，就决定了知识管理的建设必然是一种思维变革的过程。凡是这种观念与思维的改变，都必须自上而下去实施，才可能收到预期的效果。

（2）建立有效激励机制，发展共同目标

建立知识共享的管理模式，不仅要技术支持系统更新、组织结构再造，更需要以人为本的内在激励机制以及建立员工的共同发展目标。如何建立有效的激励机制呢？阿尔德弗在需要论中指出人有三种需要：生存需要、关系需要、成长需要，各个层次的

需要获得满足越小，则人们满足这种需要的愿望就越强烈。随着教师地位的提升及其经济状况的改善，物质方面的要求相对而言，已不是教师关注的问题，现代人更注重获得工作中的成就感和成长体验。因此，作为一种促进途径，适当的物质奖励是必需的，然而，更为持续而有效的激励，应当与教师的工作成就和个人成长相联系，重在满足教师的社会需要、自我实现的需要。要让教师在知识共享的活动中，体会到与他人合作、交流对自己在人际关系、教学实践中的好处，从而实现教师之间的知识共享行为由外在制度的要求转变为内心的需要，使之自觉自愿地参与共享活动中。此外，为了培养一种知识共享的文化，消除教师间的不当竞争，在激励方式上，学校应强调的是个人激励、团队激励和组织激励的有机结合。另外，在实行激励机制的时候，学校领导者需要重视过程与程序的相对公平。人们重视过程的公平，是因为公平的过程能够满足心理的基本需求。同时这种公平有助于培养教师之间的互信氛围。

（3）建立知识管理绩效评价体系

知识既是高校的主要投入，又是高校的主要产出。衡量高校知识管理的能量与成绩离不开对知识的内涵与外延的研究、知识价值评估的研究、知识作为要素与其他要素之间的关系和知识作为产出与其他产出之间关系的研究。高校知识管理的实施是一个漫长而复杂的过程，我们必须对其过程中的定量和变量加以衡量。因此，我们建议建立高校知识管理绩效评价体系，以保证高校知识管理能够顺利有效地实施，以提高高等学校的教育教学效果，促进知识的交流与共享，实现高等学校的历史使命，努力培养人才，广泛而深入地进行科学研究，从而提升高等学校为社会服务的功能。

（4）辨证地处理好知识共享与知识产权的关系

高校实施知识管理要求实现知识的交流与共享，这就势必引发知识产权的问题。要注意知识产权保护问题以及在实施知识管理过程中做好知识产权保护工作，辨证地处理好知识共享与知识产权的关系。

结　语

本案例对高校知识管理这一课题的调查研究还是十分有限的，旨在让人们意识到，尤其是高等学校意识到实施高校知识管理的客观必然性和重要性，以引起国内更多学者和专家关注这个论题，进行更深入的理论研究和更多的实践探索。

方案4：大型数码产品生产商知识管理方案

青岛大学国际商学院研究生　张　萌

一、企业背景：

本企业为大型数码产品生产商，其主要产品有 mp3、数码相机、DV 数码摄像机、电脑等，总部设在中国，营销网络遍及全球，即研发、生产、采购、财务等部门仅在中国，国外只有销售点。此外，我们假设该企业的员工较为年轻，绝大多数熟悉电脑及互联网的应用，容易接受新事物。

本企业进行知识管理系统的建设，旨在通过知识管理系统的建设实现企业内部员工知识的挖掘和共享，并努力利用企业外部的知识，实现知识向生产力的转化，最终提高公司的效益。

二、企业的知识管理模式

为了进行知识管理系统的建设，我们采用矩阵式的组织结构，知识管理部门贯穿在其他职能部门中，知识管理部门的最高负责人是知识主管，每一职能部门中安排有若干知识工作者，这些知识工作者的工作直接向知识主管负责，而不受制于各职能部门主管，以避免多头领导的问题出现。

组织结构图如下：

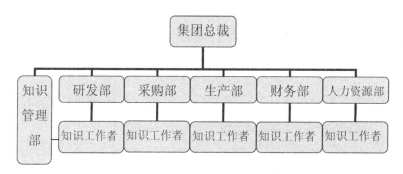

设立知识主管，其目的是为了将公司的知识变成公司的效益。知识主管的主要职责是：

①了解公司的环境和公司内部知识流向以及信息需求；

②建立和造就促进学习、积累知识和信息共享的文化环境；

③在企业内部宣传知识共享的价值观，负责公司知识库的建立；

④监督知识库内容的更新，保证知识库的质量、深度和风格；

⑤加强知识集成和新知识的创造。

设立知识工作者，其主要目的是协助知识主管在各部门进行知识管理系统的建设。知识工作者的主要职责是：

①负责企业网络平台的维护及内容更新工作；

②参与企业重要会议，记录整理会议内容，提炼有价值的知识、技能、经验教训等编入企业知识库；

③了解企业内部员工的知识需求及知识供给情况，组织员工间的沟通交流工作。

三、网络平台建设

公司的网络平台建设分为公司内部网络建设和公司外部网络建设两个部分。其中，公司内部网络建设主要针对本企业员工，为员工建立一个沟通和学习的网络平台；而公司外部网络建设又分为针对高校及科研机构的门户网络平台建设和针对目标企业的门户网络平台建设，其主要目的是吸引合作者和消费者，以充分利用公司外部的知识力量。当然，它们共用同一网络平台，只是登录模式有所区别。网络结构如下：

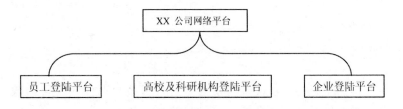

（一）公司内部网络平台建设

公司的内部网络平台是针对公司内部员工的门户网络，公司的每一个员工从进入公司的第一天起就会分配得到一个专属的员工登陆端口，就像我们的学生登录平台一样，该网络平台主要包括以下几个模块：

1. 图书中心：收录各种类别的电子图书，以供员工免费查阅；

2. 电子学习中心：可以分部门、分级别地向员工提供各种学习资源，其中包括企业在实践中总结的各项经验教训，以及知识工作者在讲堂会议中提炼的技能、知识等；

3. 员工个人信息：包括员工档案、员工编号、联系方式、员工的特长、现就职部门、职务职称、个人职业规划及同一个团队中同级别的员工以及这些人的电子邮件和电话等，同时包括员工的工作表现（该表现由员工的直接上级主管及知识主管填写），以作为职工考核的一项基础；

4. 企业信息：包括公司季度收益、产品信息、销售情况、公司新的市场战略等，便于员工了解企业发展现状及战略规划；

5. 企业要闻：要包括员工培训信息（鼓励员工自愿报名，避免实际中的信息不对称，有人钻空子）；

6. 员工个人博客：鼓励员工写工作日志，记录工作中的经验教训，员工可选择是否对其他员工公开，或对哪些员工公开；

7. 企业客户信息库：由终端销售部门提供，只对有一定权限的员工公开（如部门主管）；

8. 企业论坛：分为企业综合论坛及主题论坛；

9. 视频会议记录：各种视频会议、普通会议（包括后边将提到的技术经验交流讲堂）的录像；

10. 企业期刊电子版。

（二）公司外部网络平台建设

对外网站侧重于对公司产品和公司形象的介绍，目的是吸引合作者，便于利用外部力量。主要包括两方面：

1. 高校及科研机构：企业目前的研发需求、合作条件等；

2. 目标合作企业：提供企业产品、原材料等需求信息及合作条件，为保护企业商业机密，此门户可仅对本公司有意合作的企业开放。

四、员工培训

员工培训是多方位的，既有集中面授又有分期培训，同时还建有电子学习中心（e－Learning）、图书中心等。新加入的员工首先要接受新员工定位培训，内容包括公司的介绍、历史沿革、业务框架、经营战略、部门分工合作情况、新员工的工作职责、福利待遇、如何进行培训学习以及如何利用公司资源等。随后，公司将对员工掌握的技能进行测试评定，看是否适合上岗。接下来，公司的电子学习中心会分部门、分级别地对员工提供各种学习资源，员工可根据自己的情况在工作范围内选择要学习的内容。

选定的学习内容需经过主管经理批准后方可注册学习，学完之后需经考试测评认证。电子学习中心涉及的内容广泛，包括财务、金融、市场营销、经营战略等，有点像企业办的网上在职专业培训中心。此外，电子学习中心也给公司员工提供了一个随时随地学习培训的机会，只要登录企业内部网，就可以获得学习资料并进行自学，解决了员工工作繁忙，无法有较多时间进行脱产学习的问题，真正实现了工作学习两不误。

五、会议交流

公司的会议类型主要有以下几种：

（1）企业日常工作会议：包括日会（主要是小组内部会议）、周会（部门或者项目会议）、月会（公司会议）、年会（集团会议）；

（2）视频会议：主要针对营销网络与总部间的会议，包括定期会议及不定期会议；

（3）类似于英语角式的针对某一技术领域或者某一主题的"交流角"，当然这可以以虚拟网络的形式（主题论坛），也可以茶话会形式举行；

（4）技术经验交流讲堂：

这是本企业比较有特色的会议类型，每周举行一次，采用"主讲＋交流"的形式进行。一般由公司内部某一方面比较有经验的员工或者某一部门中的骨干精英主讲，也可以员工自愿报名介绍自己在工作中得到的经验教训，主讲者讲完后全体参会者集体讨论。鼓励各个部门的员工积极参与，综合学习、积累各方面的知识。

该讲堂由知识管理部门主办，知识工作者记录总结会议内容，并制作视频讲堂发送到企业内部网络平台上，供以后企业员工学习交流，尤其是新入员工可以凭借企业分配的员工进入端口免费观看讲堂内容。

每月进行最佳讲堂评选，主讲者给予奖金奖励，并由知识工作者记入员工个人工作表现信息库。

六、激励措施

（1）年终奖金制：年终进行知识共享贡献总评选（可以借鉴采用绩效考核制度中的方法，如 360 度考核等），对每一个员工在知识管理中的贡献分为优、良、中三个等级，针对每一等级的员工分别对应不同奖金额度。

（2）积分制：针对网上论坛中知识提供者，如解答一个问题给予一定积分，积分达到一定层级可提供一定的晋升机会或者出国学习交流机会（积分层级可以由人力资源部主管及知识主管共同设制）。

参考资料

[1] [法](日内瓦公民)让—雅克—卢梭著,洪涛译:《论语言的起源》,上海人民出版社 2003 年 8 月版。

[2] [德]恩斯特·卡西尔著:《人论》,上海译文出版社 1985 年 12 月版。

[3] [美]托马斯·M·科洛波洛格、卡尔·佛雷保罗著,陈岳、管新潮译:《知识管理》,上海远东出版社 2002 年版。

[4] [美]托马斯·A·斯图尔特(Thomas A. Stewart)著,邵剑兵译:《软资产》,中信出版社、辽宁教育出版社 2003 年 4 月版。

[5] [美]彼得·圣吉著,郭进隆译:《第五项修炼》,上海三联书店 1998 年 7 月版。

[6] [加]马歇尔·麦克卢汉,《理解传媒——论人的延伸》,商务印书馆 2000 年 10 月版。

[7] [美]C·I·巴纳德(Chester I. Barnard)著,孙耀君等译:《经理人员的职能》,中国社会科学出版社 1997 年 10 月版。

[8] [澳]约翰·C·埃克尔斯著,潘泓译:《脑的进化》,上海科技教育出版社 2004 年 12 月版。

[9] [英]大卫·J·斯卡姆(David·J·Skyrme)著,王若光译:《知识网络》,辽宁画报出版社 2001 年 1 月版。

[10] [法]孔狄亚克著:《人类知识起源论》,商务印书馆 1989

年8月版。

[11] [英]蒂姆·琼斯著,刘文华译:《创新的前言》,中华工商联合出版社2006年1月版。

[12] [美]杰西卡·利普耐克、杰里弗·斯坦普斯著,何瑛译:《虚拟团队管理》,经济管理出版社2002年1月版。

[13] [美]罗杰·菲德勒著,明安香译:《媒介形态变化》,华夏出版社2000年1月版。

[14] [美]Cliff Figallo Nancy Rhine著,祁延莉等译:《构建知识管理网络》,电子工业出版社2005年3月版。

[15] [美]丹尼尔·J·布尔斯廷著,严撷芸等译:上海译文出版社2006年6月版。

[16] [俄]列夫·谢苗诺维奇·维果茨基著,李维译:《思维与语言》,浙江教育出版社1997年9月版。

[17] [英]约翰·麦克克罗恩著,周继风译:《人脑中的风暴》,三联书店2003年11月版。

[18] [日]香取纯子著:《情報メデイア論》,日北樹出版,2002年6月版。

[19] [美]Roger R. Hock著,白学军等译:《改变心理学的40项研究》,中国轻工业出版社2004年1月版。

[20] [日]野中郁次郎,竹内弘高著:《知识创造企业》,东洋经济新报社2000年7月版。

[21] [法]莫里斯·格洛—庞蒂著,杨大春、张尧均译:《行为的结构》,商务印书馆2005年5月版。

[22] [美]Chong—Moon Lee、William F. Miller、Marguerite Gong Hancock、Henry S. Rowen编,《硅谷》,中川胜弘监译:日本经济新闻社2002年12月版。

[23] [德]迈诺尔夫·迪尔克斯(Meinolf Dierkes)、阿里安娜·被图安·安托尔(Ariane Berthoin Antal)、[英]约翰·蔡尔德(John Child)、[日]野中郁次郎、张新华主编,《组织学习与知识创

新》,上海社会科学院知识与信息课题组译:上海人民出版社 2001 年 8 月版。

[24] [美]Vrna Allee 著,刘民慧等译:《知识的进化》,珠海出版社 1998 年 9 月版。

[25] OECD 报告:《以知识为基础的经济》,机械工业出版社 1997 年版。

[26] 徐向艺著:《比较·借鉴·创新》,经济科学出版社 2001 年 6 月版。

[27] 孙顺华著:《中华文化与传播》,新华出版社 2003 年 8 月版。

[28] 陈锐著:《公司知识管理》,山西经济出版社 2000 年 9 月版。

[29] 侯传文著:《东方文化通论》,山东教育出版社 2002 年 5 月版。

[30] 尹文刚著:《大脑潜能》,世界图书出版公司 2005 年 1 月版。

[31] 何俊芳编著:《语言人类学教程》,中央民族大学出版社 2005 年 8 月版。

[32] 唐兰著:《中国文字学》,上海古籍出版社 1979 年版。

[33] 崔连仲、刘明翰、刘祚昌、徐天新等著:《世界通史》古代卷,人民出版社 1997 年版。

[34] 徐修德著:《ナレッジマネジメントにおける"场"の重要性と知識創造》,《日本下関市立大学学报》(ISSN3087−5296) 第 47 卷 第 3 号 2004 年 1 月版。

[35] 徐修德著:《管理中的沟通媒介与沟通效率研究》,《东方论坛》,2007 年第 1 期。

[36] 徐修德著:《知识管理在科研项目管理中的应用》,《现代管理科学》,2003 年第 10 期。

后　记

本书是作者多年来研究知识管理理论引发的一些思考。

知识管理倡导知识共享,主张通过建立机制等措施,在组织内以及组织间共享知识。知识管理认为知识共享与组织核心竞争力的形成有关,与组织文化之间有密切联系,良好的组织文化可以促进知识共享。知识管理更重视隐性知识共享,隐性知识共享主要是思路的共享、思想的共享、思维方式的共享。因此,我们认为思想的共享是创新永不枯竭的源泉。思想的共享主要是通过交流和沟通实现的,而交流和沟通都需要媒介的中介作用来完成。研究表明,每一次媒介的进步和发展,都促进了社会经济文化的发展,媒介在人类历史发展过程中发挥着重要作用。语言文字是最基本的交流媒介,这使我对语言的产生和发展发生了兴趣,进而开始探讨语言、文字在人类进化中的作用、人与动物的本质区别等问题,对这些问题的探讨加深了自己对共享思想重要意义的理解。本书的构成主要包括本人承担国家社科基金项目、教育部人文社科项目以及其他研究成果中的内容。

本书今天能与读者见面,得益于相关部门和亲朋好友的大力协助和支持。首先,感谢国家社科基金相关学科的评审专家,本书的很多内容来源于国家社科基金资助我的科研项目;其次,感谢青岛大学和我的同事们,本书的出版得到青岛大学学术著作出版基金的部分资助,徐宏力教授为本书题写了序言,学校为我的研究和写作提供了良好的环境;感谢我的妻子张健,在我研究和写作过程中,得到了她多方面的支持;感谢窦梅博士及其丈夫宫安静先生,关于脑神经方面的许多问题得到他们夫妻的悉心指导;感谢远在美国的孙严同学,她帮助我收集了部分资料,使我深受启发;感谢我的研究生张萌、张海波同学,他们在本书的写作、校对等方面给予我很多帮助;最后,感谢所有在本书写作和出版中给予我帮助和支持的各位朋友,你们的无私帮助始终是我开展研究和写作的动力,在困难的时候你们给我信心,在困惑的时候你们给我启发,在收获的时候你们与我分享喜悦,在此,谨献上我由衷的谢意和祝福。

由于自己水平所限,书中难免存在不足和缺陷,恳请学界同仁给予批评指正,也希望与各位关心本书的学界人士开展这方面的讨论。谢谢!

作　者

2009 年 4 月

责任编辑:贺　畅

图书在版编目(CIP)数据

思想的共享与创新——知识管理与创新的关系研究/徐修德著.
—北京:人民出版社,2009.8
ISBN 978-7-01-007934-9

Ⅰ. 思…　Ⅱ. 徐…　Ⅲ. 知识经济-关系-技术革新-研究
Ⅳ. F062.3　F062.4

中国版本图书馆 CIP 数据核字(2009)第 070483 号

思想的共享与创新
SIXIANG DE GONGXIANG YU CHUANGXIN
——知识管理与创新的关系研究

徐修德　著

人民出版社 出版发行
(100706　北京朝阳门内大街 166 号)

北京市文林印务有限公司印刷　新华书店经销
2009 年 8 月第 1 版　2009 年 8 月北京第 1 次印刷
开本:880 毫米×1230 毫米　1/32　印张:11.875
字数:304 千字

ISBN 978-7-01-007934-9　定价:29.00 元

邮购地址:100706　北京朝阳门内大街 166 号
网址:www.peoplepress.net
人民东方图书销售中心　电话(010)65250042　65289539